吴格 主编

王引之 俞樾 著

经义述闻·通说 古书疑义举例

复旦大學出版社

图书在版编目 (CIP) 数据

经义述闻·通说/(清)王引之著.古书疑义举例/(清)俞樾著.－－上海：复旦大学出版社，
2025.5
（文献学基本丛书/吴格主编.第一辑）
ISBN 978-7-309-17143-3

Ⅰ.①经… ②古…　Ⅱ.①王… ②俞…　Ⅲ.①经学-训诂-研究②经学-文字学-研究
③古汉语-语法-研究　Ⅳ.①Z126.2②H131.6③H141

中国国家版本馆 CIP 数据核字 (2023) 第 247801 号

经义述闻·通说　古书疑义举例
[清]王引之　著　[清]俞　樾　著
责任编辑/顾　雷

复旦大学出版社有限公司出版发行
上海市国权路 579 号　邮编：200433
网址：fupnet@ fudanpress.com　http://www.fudanpress.com
门市零售：86-21-65102580　　团体订购：86-21-65104505
出版部电话：86-21-65642845
上海盛通时代印刷有限公司

开本 890 毫米×1240 毫米　1/32　印张 8.125　字数 174 千字
2025 年 5 月第 1 版
2025 年 5 月第 1 版第 1 次印刷

ISBN 978-7-309-17143-3/Z · 123
定价：49.00 元

总　序

　　源远流长之中华文明,其声教文物及典章制度,历数千年而迄未中断,实赖于文献之记载与传承。晚近以来文化转型,传统文献以外,又加入外邦文化,中国文献学之畛域大为拓展。生于今世而身为文献学人,非仅知识储备应加宽加厚,研究能力尤须加精加细,然而盱衡中外,实际现状则未容乐观。现代学制及其课程之设置,培养目标以通用型人材为急务,专业学科人材之造就,则有待分阶段完成。置身科技日新时代,人文学科人材之培养本已不易,而文献学人材之造就尤觉其难。文献学之范畴甚广,昔人治史,素重史料、史学及史识,若以此指代文献学研究之内容、方法及观念,两者之内涵庶几相近。文献学作为人文、社科研究之基础学科,征文考献,乃为其根本宗旨。有志研习文史者,舍文献学训练而欲解读先民遗存之典籍,进而认识古代社会之生活及文化,自不免举步艰难,所视茫然,而郢书燕说,所在多有。因此常闻人言,对母语及故国文化之荒疏,已为今人之通病及软肋。

　　文献学研究无所不包,举凡先民创造所遗,莫不可为考释古今文化现象之材料。其内容虽以文字记载为主,亦包含实物文献;其文本以图书典籍为主,亦重视各类非书资料;其取材以本土文献为主,亦关照域外观念及古书。面对林林总总之史料,调查收集,编目整序,研读判断,整理保护,乃至深入揣摩,著书立说,门类既广,专题林立,终生投入,所获依然有限。利用科技信息技术之进步,当代学人虽拥有"穷四海于弹指,缩千里于一屏"之神通,便利远胜于昔人,但传统文献学之基本训练,如前人于目录、版本、校勘、文字、音韵、训诂诸学科之实践经验,仍不可不讲求并勤于借鉴。由识字断文、释读文本始,进而遍识群书,分析综合,加以拾遗补缺,考订遗文,又能删除枝蔓,探明本旨,至于体味古人语境,还原历史场景,应为从事文献研究之基本目标。

文献学训练与研究之主要对象,仍为传承至今之历代典籍。由基本典籍而衍生之各类著述,构成现存古代文献之大海汪洋,其中有关文献研究之专著,所示门径与方法,皆为古人遗惠后世之宝贵遗产。近代以来,文献学前辈董理国故,推陈出新,亦产生大批名家专著,足为今人研修之助。二十世纪至今之文献学名家专著,屡经重版之余,犹未餍读者之求。复旦大学出版社编辑同人有鉴于此,发起编辑"文献学基本丛书",计划由近及远,选刊久已脍炙人口、至今犹可奉为治学圭臬之要籍,重版以飨读者。选本标准,一则立足于名家专著,选择体量适中、授人以渔,既便文献教学参考,又利于各地初学自修者;二则入选诸书,皆从其朔,尽可能择用初期版本,书重初刻,未必非考镜源流之一助焉。

　　　　岁甲辰仲夏古乌伤吴格谨识于复旦大学光华西楼

总　目

经义述闻·通说

本书据中华书局民国二十五年(1936)四部备要本并参清经解本整理

目　录

通说上 四十一条

易

家大人曰，"移"、"易"二字同义，人所共晓，然书传多训"移"为易，未有训"易"为移者。今案：《盘庚》曰"我乃劓殄灭之，无遗育，无俾易种于兹新邑"，言毋使移种于新邑也。《正义》曰"易种者，即今俗语云相染易也。恶种在善人之中，则善人亦变易为恶"，失之。宣十七年《左传》"喜怒以类者鲜，易者实多"，言怒彼而移于此也。杜《注》："易，迁怒也。"襄十年《传》"女既勤君而兴诸侯，牵帅老夫以至于此，既无武守，而又欲易余罪"，言女欲移罪于余也。定十年《传》"侯犯将以郈易于齐"，言以鲁之郈移于齐也。《鲁语》曰"譬之如疾，余恐易焉"，言恐祸之移于我也。凡同义之字皆可互训，而注疏多未之及，且有误解"易"字者，故略言之。

有

家大人曰，"有"与"友"古字通，故"友"训为亲，见《广雅》。"有"

亦可训为亲；"友"训为爱，"有"亦可训为爱。《王风·葛藟篇》"谓他人母，亦莫我有"，言莫我亲爱也。故郑《笺》曰："有，识有也。""识有"即相亲爱之谓。"识"通作"职"。《方言》："怜、职，爱也。凡言相爱怜者，吴越之间谓之怜职。"《小雅·四月篇》"尽瘁以仕，宁莫我有"，义亦同也。僖二十二年《左传》"虽及胡耇，获则取之，何有于二毛"，言何爱于二毛也。下文曰："爱其二毛。"二十四年《传》"蒲人狄人，余何有焉"，言何爱于蒲人狄人也。杜《注》曰"君为蒲狄之人，于我有何义"，则是以"有"为"有无"之"有"而增字以成其义，失之矣。襄二十三年《传》"群臣若急，君于何有"，言何爱于君也。二十九年《传》"以杞封鲁犹可，而何有焉"，言何爱于杞也。杜《注》曰"何有尽归之"，愈失之矣。昭三年《传》"君若辱有寡君，在楚何害"，言辱亲爱寡君也。六年《传》"女丧而宗室，于人何有？人亦于女何有"杜《注》曰"言人亦不能爱女"是也。九年《传》"伯父若裂冠毁冕，拔本塞原，专弃谋主，虽戎狄其何有余一人"，"虽"与"唯"同，"唯"字古通作"虽"，说见《释词》。言伯父犹暴蔑宗周，唯彼戎狄，何爱于余一人也。《吴语》曰"君有短垣而自逾之，况荆蛮则何有于周室"，义与此同，韦《注》曰"荆蛮有何义于周室"，则亦误以"有"为"有无"之"有"而增字以足之矣。二十年《传》"是不有寡君也"，杜《注》曰"有，相亲有"是也。宣十五年《公羊传》"潞子离于夷狄，而未能合于中国，晋师伐之，中国不救，狄人不有"，言不与潞子相亲有也。定八年《传》"以季氏之世世有子，子可以不免我死乎"，言季氏世世亲子也。何《注》曰"言我季氏累世有女以为臣"，则亦误以为"有无"之"有"矣。《楚语》"君实有国而不爱，臣何有于死"，韦《注》曰："何惜于死。"惜，亦爱也。《管子·戒篇》"今夫易牙，子之不能爱，将安能爱君"，

《小称篇》作"于子之不爱,将何有于公"。说经者多误以"有"为"有无"之"有",故略言之。

<h1 style="text-align:center">时</h1>

《小雅·频弁篇》"尔殽既时",毛《传》曰:"时,善也。"家大人曰:古传注及小学书训"时"为善者,毛《传》而外仅一见于《广雅》,今略引经文以证之。"善"、"时"一声之转。"尔殽既时",犹言尔殽既嘉也。以类推之,则"维其时矣",犹言维其嘉矣也;"威仪孔时",犹言饮酒孔嘉维其令仪也。他若"孔惠孔时,以奏尔时,胡臭亶时"及《士冠礼》之"嘉荐亶时",皆谓善也。《内则》曰"母某敢用时日",谓善日也。犹《士冠礼》云"令月吉日"。春秋曹公子欣时字子臧,是其义也。解者多失之。

<h1 style="text-align:center">为</h1>

家大人曰,《孟子·滕文公篇》"夫滕,壤地褊小,将为君子焉,将为野人焉",赵岐注曰:"为,有也,虽小国亦有君子,亦有野人也。"又"夷子怃然为闲",注曰:"为闲,有顷之闲也。"《列子·杨朱篇》曰:"禽子默然有闲。"《庄子·大宗师篇》曰"莫然有闲",释文:"本亦作为闲。"又《晏子外篇》曰"孔子之不逮舜为闲矣","为闲"即"有闲"。又《尽心篇》"为闲不用则茅塞之矣",注曰:"为闲,有闲也。"案:赵《注》释"为"为有,足补经训

之阙,而字书、韵书皆不载其义,今略引诸书以证明之。僖三十三年《左传》曰:"秦则无礼,何施之为?"言何施之有也。《汉书·张汤传》"何厚葬为",《汉纪》作"何厚葬之有"。成二年《传》曰"臣,治烦去惑者也,是以伏死而争,今二子者,君生则纵其惑,死又益其侈,是弃君于恶也,何臣之为",言何臣之有也。杜《注》"若言何用为臣",失之。十二年《传》曰"若让之以一矢,祸之大者,其何福之为",言何福之有也。桓六年《传》曰:"其何福之有。"昭元年《传》曰"诸侯之会,卫社稷也,我以货免,鲁必受师,是祸之也,何卫之为",言何卫之有也。十三年《传》曰"国不竞亦陵,何国之为",言何国之有也。又曰"若曰无罪而惠免之,诸侯不闻,是逃命也,何免之为",言何免之有也。《周语》曰"余敢以私劳变前之大章以忝天下,其若先王与百姓何,何政令之为也",言何政令之有也。韦《注》"何以复临百姓而为政令乎",失之。《晋语》曰"若有违质,教将不入,其何善之为",言何善之有也。又曰"今范、中行氏之臣,不能匡相其君,使至于难,君出在外,又不能定而弃之,则何良之为",言何良之有也。《楚语》曰"若于目观则美,缩于财用则匮,是聚民利以自封而瘠民也,胡美之为",言胡美之有也。又曰"君而讨臣,何仇之为",言何仇之有也。又《孟子·梁惠王篇》"古之人所以大过人者,无他焉,善推其所为而已矣",《说苑·贵德篇》引《孟子》"为"作"有"。《赵策》"岂非计久长有子孙相继为王也哉",《史记·赵世家》"有"作"为"。《燕策》"故不敢为辞说",《新序·杂事篇》"为"作"有"。《史记·田儋传》"后恐为乱",《汉书》"为"作"有"。案,"善推其所为",谓善推其所有也。"善推其所有"者,有不忍人之心,斯有不忍人之政,故曰"举斯心如诸彼"也。"为"可训为有,"有"亦可训为为。《周语》曰"胡有孑然,其效戎狄也",言胡为其效戎狄也。《晋语》曰

"克国得妃，其有吉孰大焉"，言其为吉孰大也。<small>昭五年《左传》曰："其为吉孰大焉。"</small>《孟子·滕文公篇》曰"人之有道也，饱食暖衣，逸居而无教，则近于禽兽"，言人之为道如是也，若言民之为道也，有恒产者有恒心，无恒产者无恒心矣。《汉书·王莽传》"州从《禹贡》为九，爵从周氏有五"，有，亦为也，互文耳。

犹豫

　　家大人曰，"犹豫"，双声字也。字或作"犹与"。分言之则曰"犹"，曰"豫"。《管子·君臣篇》曰："民有疑惑贰豫之心。"《楚辞·九章》曰"壹心而不豫兮"，王逸注："豫，犹豫也。"《老子》曰："与兮若冬涉川，犹兮若畏四邻。"《淮南·兵略篇》曰："击其犹犹，陵其与与。"合言之则曰"犹豫"，转之则曰"夷犹"，曰"容与"。《楚辞·九歌》"君不行兮夷犹"，王注曰："夷犹，犹豫也。"《九章》曰："然容与而狐疑。""容与"亦"犹豫"也。案，《曲礼》曰："卜筮者，先圣王之所以使民决嫌疑，定犹与也。"《离骚》曰："心犹豫而狐疑兮。"《史记·李斯传》曰："狐疑犹豫，后必有悔。"《淮阴侯传》曰："猛虎之犹豫，不若蜂虿之致螫；骐骥之蹢躅，不如驽马之安步；孟贲之狐疑，不如庸夫之必至也。""嫌疑"、"狐疑"、"犹豫"、"蹢躅"，皆双声字。"狐疑"与"嫌疑"一声之转耳。后人误读"狐疑"二字，以为狐性多疑，故曰"狐疑"。又因《离骚》"犹豫"、"狐疑"相对为文，而谓"犹"是犬名，犬随人行，每豫在前，待人不得，又来迎候，故曰"犹豫"。或又谓"犹"是兽名，每闻人声，即豫上树，久之复下，故曰"犹豫"。或又以"豫"字从象,而谓"犹豫"俱是多疑之兽。以上诸说,具见于《水经注》、《颜氏家训》、《礼记正义》及两《汉书注》、《文选注》、《史记索隐》等书。夫双声之字,本因声以见义,不求诸声而求诸字,固宜其说之多凿也。

从 容

《楚辞·九章·怀沙篇》"重华不可遌兮,孰知余之从容",王逸注曰:"从容,举动也。"《广雅》同。言谁得知我举动欲行忠信。家大人曰,案,"从容"有二义,一训为舒缓,一训为举动。其训为举动者,字书、韵书皆不载其义,今略引诸书以证明之。《九章·抽思篇》曰:"理弱而媒不通兮,尚不知余之从容。"《哀时命》曰:"世嫉妒而蔽贤兮,孰知余之从容。"此皆谓己之举动非世俗所能知,与《怀沙》同意。《后汉书·冯衍传·显志赋》曰:"惟吾志之所庶兮,固与俗其不同。既俶傥而高引兮,愿观其从容。"此亦谓举动不同于俗。李贤《注》曰"从容,犹在后也",失之。又案,《中庸》曰:"诚者不勉而中,不思而得,从容中道,圣人也。""从容中道",谓一举一动莫不中道,犹云动容周旋中礼也。《韩诗外传》曰:"动作中道,从容得礼。"《汉书·董仲舒传》曰:"动作应礼,从容中道。"王褒《四子讲德论》曰:"动作有应,从容得度。"此皆以"从容"、"动作"相对为文。《中庸》正义曰"从容闲暇而自中乎道",失之。《缁衣》曰"长民者,衣服不贰,从容有常",引《都人士》之诗曰:"彼都人士,狐裘黄黄,其容不改,出言有章。""从容"与"衣服"相对为文。"狐裘黄黄",

"衣服不贰"也;"其容不改","从容有常"也。《正义》以"从容"为举动,得之。《都人士序》曰"古者长民,衣服不贰,从容有常",义与《缁衣》同。郑《笺》以"从容"为休燕,失之。《正义》曰:"此休燕有常,直谓进退举动不失常耳,即经所云'其容不改'之类。"是冲远明知"从容"之为举动,特以郑训为休燕,故迁就其说耳。《大戴礼·文王官人篇》曰:"言行亟变,从容谬易,好恶无常,行身不类。""从容"与"言行"相对为文,"从容谬易",谓举动反覆也。卢辩《注》曰"安然反覆",失之。《墨子·非乐篇》曰:"食饮不美,面目颜色不足视也;衣服不美,身体从容不足观也。"《庄子·田子方篇》曰:"进退一成规、一成矩,从容一若龙、一若虎。"《楚辞·九章·悲回风》曰:"寤从容以周流兮。"傅毅《舞赋》曰:"形态和,神意协,从容得,志不劫。"《汉书·翟方进传》曰:"方进伺记陈庆之从容语言,以诋欺成罪。"此皆昔人谓举动为从容之证。举动谓之"从容",跳跃谓之"竦踊",声义并相近,故"竦踊"或作"从容"。《新序·杂事篇》曰:"元猿居桂林之中,峻叶之上,从容游戏,超腾往来。""从容"即竦踊也。自动谓之"从容",动人谓之"怂恿",声义亦相近,故"怂恿"或作"从容"。《史记·吴王濞传》"晁错数从容言吴过可削","从容"即怂恿。《汉书·衡山王传》"日夜纵臾王谋反事",《史记》作"从容"。

无虑

家大人曰,凡书传中言"无虑"者,自唐初人已不晓其义,望文生训,率多穿凿,今略为辩之。高诱注《淮南·俶真篇》曰:"无虑,大数名也。”《广雅》曰:“无虑,都凡也。”又曰:“都,大也。”“都凡”犹言大凡,即高诱所谓“大数名”也。《周髀算经》曰“无虑后天十三度十九分度之七”,赵爽注曰“无虑者,粗计也”,义亦与“大数”同。宣十一年《左传》释文曰:“无虑,如字,一音力又反。”“无”、“虑”,叠韵字也。《汉书·食货志》“天下大氐无虑皆铸金钱矣”,颜师古注曰:“大氐,犹言大凡也。无虑,亦谓大率无小计虑耳。”《赵充国传》“亡虑万二千人”,“亡”与“无”同。注曰:“亡虑,大计也。”案,师古以“无虑”为大计,是也,而又云“无小计虑”,则凿矣。《后汉书·光武纪》“将作大匠窦融上言,园陵广袤,无虑所用”,李贤注曰:“《广雅》曰:‘无虑,都凡也。’谓请园陵都凡制度也。”案,《后汉书》中多称“无虑”,李贤皆引《广雅》以释之,故不误也。总计物数谓之“无虑”,总度事宜亦谓之“无虑”,皆都凡之意。《礼运》曰“圣人耐以天下为一家,以中国为一人者,非意之也”,郑注曰:“意,心所无虑也,心所无虑,谓心揣其大略也。”《正义》乃云“谓于无形之处用心思虑”,失其指矣。宣十一年《左传》“使封人虑事,以授司徒”,杜《注》曰:“虑事,无虑计功。”“无虑计功”,犹言约略计功也。《正义》乃云“城筑之事,无则虑之,讫则计功”,愈失之矣。“无虑”或但谓之“虑”。《荀子·议兵篇》“焉虑率用赏庆刑罚埶诈而已矣”,杨倞注曰:“虑,大凡也。”《汉书·贾谊传》“虑亡不帝制而天子自为者”,颜师古注曰:“虑,大计也。”言诸侯皆欲同帝制而为天子之事,是“虑”亦都凡之意也。“无”、“勿”一声之转,故“无虑”或谓之“勿虑”。《大戴礼·曾子立事篇》曰:“君子为小由为大也,“小”谓家,“大”谓国,“由”与“犹”同。居由仕也,备则未为备也,而勿虑存焉,事父可以事君,事兄可以事师长,使子犹使臣也,使弟犹使承嗣也。”案,“勿虑”即“无虑”，言孝者所以事君，弟者所以事长，慈者所以使众，道虽未备，而大较已存乎此也。卢辩不晓“勿虑”二字之义，乃以“勿虑存”为不忘危，其凿也甚矣。“无虑”之转又为“摹略”。《墨子·小取篇》曰：“摹略万物之然，论求群言之比。”“摹略”者，总括之词，犹言“无虑”也。又转之为“孟浪”，《庄子·齐物论篇》“夫子以为孟浪之言，而我以为妙道之行也”，李颐曰：“孟浪，犹较略也。”崔譔曰：“不精要之貌。”左思《吴都赋》“若吾之所传孟浪之遗言，略举其梗概，而未得其要妙也”，刘逵注曰：“孟浪，犹莫络，不委细之意。”“无虑”、“勿虑”、“摹略”、“莫络”、“孟浪”，皆一声之转。大氐双声叠韵之字，其义即存乎声，求诸其声则得，求诸其文则惑矣。

菑

家大人曰，“菑”可训为立，而字书、韵书皆无此训。案《考工记·轮人》“察其菑蚤不齵”，先郑司农云：“菑，读如‘杂厕’之‘厕’，谓建辐也。泰山平原所树立物为菑，声如胾，博立枭棋亦为菑。”《释文》：“菑，侧吏反。”《尔雅》“木立死椔”，《释文》作“甾”，侧吏反，一音侧其反。郭璞曰“不弊顿”，引《诗》“其椔其翳”。今《大雅·皇矣篇》“椔”作“菑”，毛传曰：“木立死曰菑。”《释文》：“菑，侧吏反，又音缁。”《汉书·沟洫志》“隤林竹兮揵石菑”，师古曰：“石菑者，谓臿石立之，以土就堵塞也。菑，亦臿耳，音侧吏反，义与傳同。”《蒯通传》“不敢事刃于公之腹”，李奇曰：“东方人以物臿地中为事。”师古曰：“事，音侧吏反，字本作傳。《考工记》又作菑，音皆同耳。”《张安世传》注引《续汉书》云：“菑矛戟幢麾班弩。”菑，插也。

《周官·大宰》"以任百官"，郑《注》曰："任，犹傧也。"《释文》："傧，侧吏反。"疏曰："傧，犹立也。东齐人以物立地中为傧，欲使百官皆立其功也。"《郊特牲》"信事人也"，注曰："事，犹立也。"《释文》："事，侧吏反。"正义曰："妇人立身之道，非信不立。"《释名》曰："事，傧也。傧，立也。凡所立之功也，故青徐人言立曰傧也。"今本"傧"误作"伟"，卢氏抱经已正之。"事"、"傧"并与"畜"通，故《贾子·修政语篇》曰"强于行而畜于志"，谓立于志也。是"畜"、"事"、"傧"皆有立义。

归

家大人曰，《吕氏春秋·顺说》《求人》二篇注并曰"归，终也"，而字书、韵书皆不载此训。今案，"归"与"终"本同义，物之所归即物之所终也，故《杂卦传》曰："归妹，女之终也。"《周语》曰"匹夫专利，犹谓之盗，王而行之，其归鲜矣"，言厉王之必不能终也。上文"王能久乎"，是其证。韦《注》谓"归附周者鲜"，失之。班固《典引》曰"受克让之归运"，谓终运也。僖七年《左传》："齐管仲谏桓公曰：'君以礼与信属诸侯，而以奸终之，无乃不可乎？'"宣十一年《传》："楚申叔时谏庄王曰：'以讨召诸侯而以贪归之，无乃不可乎？'"归，亦终也。

终 周

家大人曰，"终"、"周"二字可以互训，而字书、韵书皆无之。

案:《月令》"数将几终",郑《注》曰:"言日月星辰运行于此月,皆周帀于故处也。"襄九年《左传》"十二年矣,是谓一终,一星终也",杜《注》曰:"岁星十二岁而一周天。"《淮南·俶真篇》"智终天地",谓智周天地也。《系辞传》曰:"知周乎万物而道济天下。"昭二十年《左传》"吾将死之以周事子",注曰:"周,犹终竟也。"《管子·弟子职篇》曰"周则有始",言终则又始也。《蛊》、《恒》二《象传》并云:"终则有始。""有"皆读为"又"。"终"、"周"一声之转,故《大戴记·盛德篇》"终而复始",《后汉书·光武纪》注引"终"作"周";《史记·高祖纪赞》"终而复始",《汉纪》作"周"。

参

家大人曰,"参"字可训为直,《邶风·柏舟·释文》引《韩诗》曰:"直,相当直也。"今作"值"。故《墨子·经篇》曰:"直,参也。"《论语·卫灵公篇》"立则见其参于前也",谓相直于前也。包咸曰"参然在目前",《释文》"参,所今反",皆未安。《吕氏春秋·有始篇》"夏至日行近道,乃参于上",谓直人上也。高《注》以"参"为三倍,失之。《淮南·说山篇》"越人学远射,参天而发,适在五步之内",谓直天而发也。高《注》"参,犹望也",亦以意解。

手

家大人曰,手,持也。字书、韵书无此训。《檀弓》"子手弓而可",谓持弓也。庄十二年《公羊传》"仇牧手剑而叱之",何《注》曰:"手剑,持拔剑。"今本"拔"误作"技",据宋本改。又十三年《传》"曹子手剑而从之"、《逸周书·克殷篇》"武王乃手大白以麾诸侯",《史记·周纪》"手"作"持"。又《吴世家》"专诸手匕首刺王僚"、《楚世家》"庄王自手旗左右麾军",义并与"持"同。

巷

　　家大人曰,古谓里中道为"巷",亦谓所居之宅为"巷"。故《广雅》曰:"衖,凥也。""凥"今通作"居"。"衖"、"巷"古字通。《后汉书·延笃传》"笃以病免归,教授家巷","家巷",谓所居之宅也。汉《司隶校尉鲁峻碑》"休神家衖"。《论语·雍也篇》"在陋巷","陋巷",谓隘狭之居,《说文》"陋,陀陕也",今作"隘狭"。即《儒行》所云"一亩之宫,环堵之室"也,故曰"一箪食,一瓢饮,在陋巷",而《孟子·离娄篇》亦言"颜子居于陋巷"也。曹植《谏取诸国士息表》曰"蓬户茅牖,原宪之室也;陋巷箪瓢,颜子之居也",应璩《与尚书诸郎书》曰"陋巷之居,无高密之宇;壁立之室,无旬朔之资",则"陋巷"为隘狭之居明矣。《庄子·列御寇篇》"处穷闾厄巷",闾,亦居也。《广雅》:"闾,居也。"《让王篇》曰:"颜阖守陋闾。"故"穷闾"或曰"穷巷"。《秦策》曰"穷巷堀门,桑户棬枢之士",今本"堀"讹作"掘","棬"讹作"捲"。《楚策》曰"堀穴穷巷",《韩诗外传》曰"穷巷白屋",《史记·陈丞相世家》曰"家乃负郭穷巷,以弊席为门",则"巷"为所居之宅又明矣。今之说《论语》者以"陋巷"为"街巷"之"巷",非也。

披

　　家大人曰，披，旁也。旁，步光反。《说文》曰："从旁持曰披。""披"古读若"坡"，凡字从皮声者，古音皆在歌部，说见《唐韵正》。《士丧礼下篇》"设披"，《释文》："披，彼义反。"案，古声不分平去。郑《注》曰："披络柳棺上，贯结于戴，人君旁牵之以备倾亏。"《释名》曰"两旁引之曰披。披，摆也，各于一旁引摆之，备倾倚也"，即所谓"从旁持曰披"也。《周官·丧祝》"掌大丧劝防之事"，杜子春云："防，当为披。"案，"防"、"旁"声相近，"旁"、"披"声之转。《周髀》曰："滂沱四隤而下。""滂沱"即陂陀也，"滂"、"陂"亦声之转，故杜氏读"防"为"披"矣。披之言陂也。《说文》"陂，阪也"，《陈风·泽陂·传》曰"陂，泽障也"，皆在旁之名。故《释名》曰："山旁曰陂，言陂陁也。"司马相如《子虚赋》"罢池陂陀"，郭璞曰："言旁颓也。"《汉书·礼乐志·郊祀歌》"腾雨师，洒路陂"，师古曰："路陂，路旁也。"《淮南·兵略篇》"精若转左，陷其右陂"，"右陂"谓右旁也。是"披"、"陂"皆有旁义。

　　又曰，披，傍也。傍，步浪反。《史记·五帝纪》"披山开道"，徐广曰："披，他本亦作陂，旁其边之谓也。字亦作被。"《汉书·韩王信传》"国被边"，师古曰："被，犹带也。"余谓《魏策》曰"殷纣之国，前带河，后被山"，则"被"非带也。"国被边"者，国傍边也。《史记·苏秦传》曰"秦被山带渭"，汉娄敬、贾谊并云"秦地被山带河"，《上林赋》"被山缘谷，循阪下隰"，皆谓傍山也。故徐广曰："披，旁其边之谓也。""披"、"被"古今字耳。《后汉书·冯衍传》"陂山谷而闲处分",李贤亦曰"陂谓傍其边侧也",引《史记》"陂山通道"为证矣。字又作"波",《汉书·诸侯王表》"波汉之阳至九嶷",郑氏曰:"波,音陂泽之陂。"谓傍汉水之阳也。《西域传》"从鄯善傍南山,北波河,西行至莎车",《后汉·西域传》"波"作"陂"。波,亦傍也。是"披"、"陂"、"被"、"波"皆有傍义。

世

家大人曰,《曲礼》"去国三世",卢植、王肃并云:"世,岁也,万物以岁为世。"案,《晏子·杂篇》曰"以世之不足也,免粟之食饱",《史记·淮南传》曰"万世之后,吾宁能北面臣事竖子乎",《汉书·食货志》曰"世之有饥穰,天之行也",皆谓"岁"为世。故《荀子·非相篇》"千世之上",《韩诗外传》作"千岁"。

贯

家大人曰,《广雅》曰"贯,行也"。《论语·卫灵公篇》:"子贡问曰:'有一言而可以终身行之者乎?'子曰:'其恕乎?'"《里仁篇》:"子曰:'吾道一以贯之。'曾子曰:'夫子之道,忠恕而已矣。'""一以贯之"即一以行之也。《荀子·王制篇》云:"为之贯之。"贯,亦为也。《汉书·谷永传》云:"以次贯行,固执无违。"《后汉书·光武十王传》云:"奉承贯行。"贯,亦行也。颜师古训"贯"为联续,失之。

《尔雅》："贯，事也。""事"与"行"义相近，故事谓之贯，亦谓之服；行谓之服，亦谓之贯矣。

乎、呼皆通作于

家大人曰，《吕氏春秋·审应览》"然则先生圣于"，高注曰："于，乎也。"《庄子·人间世篇》"不为社者，且几有翦乎"，《释文》："乎，崔本作于。"《列子·黄帝篇》"今女之鄙至此乎"，《释文》："乎，本又作于。""乎"，本字也；"于"，借字也。《论语·为政篇》"孝于汉石经《论语》残碑作"于"，皇侃本同。惟孝"，《释文》："孝于，一本作孝乎。"《白虎通·五经篇》引作"孝乎"，《闲居赋序》同。"于"亦"乎"之借字。苞注曰："孝于惟孝，美孝之辞也。"皇本如是。《闲居赋》注引作"孝乎惟孝，美大孝之辞"，盖"孝乎惟孝"，言唯有孝也。《仲尼燕居》"礼乎礼"，郑《注》曰"礼乎礼，唯有礼也"，文义正与此同。彼是美礼之辞，此亦美孝之辞也。王氏《尚书后辨》以作"乎"者为非，则不知"于"为"乎"之假借也。皇侃训"于"为於，失之。东晋《古文尚书·君陈篇》误以"惟孝"二字下属为句，详见《尚书后辨》。引之谨案，"呼"亦通作"于"。《孟子·万章篇》"舜往于田，号泣于旻天、于父母"，《列女传·母仪传》作"号泣曰呼旻天、呼父母"，则"于"为"呼"之假借可知。《列子·周穆王篇》"王乃叹曰'于于'"，《释文》音"呜呼"，是其例也。《史记·屈原传》"人穷则反本，故劳苦倦极，未尝不呼天也，疾痛惨怛，未尝不呼父母也"，文义与此相近。不然，则舜往于田时不在父母之侧，何得曰"于父母"乎？赵《注》不读"于"为"呼"，失之。

朝廷谓之本朝

　　家大人曰,朝廷者,一国之本,故曰"本朝"。《汉书·李寻传》曰"宜固志建威,闭绝私路,拔进英隽,退不任职,以强本朝,夫本强则精神折冲,本弱则招殃致凶",是其义也。《秦策》曰:"韩、魏本国残,社稷坏,宗庙堕。"国谓之"本国",犹朝谓之"本朝"也。《大戴礼·保傅篇》"贤者立于本朝,而天下之豪相率而趋之",《管子·重令篇》"谨于乡里之行,而不逆于本朝之事",《晏子·谏篇》"本朝之臣,惭守其职",《问篇》"谁曰齐君不肖,直称之士,正在本朝也",《孟子·万章篇》"立乎人之本朝而道不行,耻也",《荀子·仲尼篇》"与之高国之位,而本朝之臣莫之敢恶也",《儒效篇》"人主用之,则执在本朝而宜",又"儒者在本朝,则善政",《王霸篇》"立隆政本朝而当",《吕氏春秋·音律篇》"本朝不静,草木早槁",《应言篇》"诸侯之士在大王之本朝者,尽善用兵者也",皆谓朝廷为"本朝"。

鹯鸢不同字

　　《说文》云"鹯,雕也",引《诗》曰:"匪鹯匪鸢。"又云"鸢,鸷鸟也,从鸟弋声",音与专切。徐铉曰"弋非声,疑从崔省,今俗别作鸢,非是。"戴侗《六书故》曰:"'鸢'非'与专'之声,此即'鸦'字,孙音误也,《说文》无'鸢'字。"引之谨案,戴说是也。家大人曰,《说文》"羿"、"蜉"、"鸢"三字以羿为声,则"鸢"字当与"羿"、"蜉"二字同音五各反。只因《小雅·四月篇》"匪鹑匪鸢",《说文》引作"匪鷻匪鸢",后人遂以"鸢"为"鸢",而不知谐声之不可通也。《玉篇》"鸢"次"鸢"下,云"同上",则已误读为"鸢"。而《广韵》与专切内有"鸢"无"鸢",《集韵》逆各切内"鸭"、"鸢"并见,则韵书尚有不误者。其"鸢"字《说文》未载,以谐声之例求之,则当从鸟、戈声而书作"鸢"。"鸢"字古音在元部,古从戈声之字多有读入此部者,故《说文》"閖"从戈声而读若"县","戉"从戈声而读若"环","鸢"之从戈声而音与专切,亦犹是也,此声之相合者也。"鸢"字上半与"武"字上半同体,故隶书减之则讹为"鸢",隶书从戈之字或省作"弋"。汉《曹全碑》"攻城野战","战"作"戓";"威牟诸贡","威"作"威"。《李翊夫人碑》"世有皇兮气所裁","裁"作"栽"。《张迁碑》"开定畿寓","畿"作"幾",是也。故"鸢"字从戈而省作"鸢"。《夏小正》"鸣弋",《传》曰:"弋也者,禽也。""弋"即"鸢"之讹。盖本作"鸢",省作"鸢",后又脱其下半耳。金履祥曰:"弋,当作鸢。"增之则又讹为"戴"。《急就篇》"鸢鹊鸱枭惊相视",《皇象碑》本"鸢"作"戴"。《中庸》"鸢飞戾天"、《尔雅》"鸢,鸟丑",《释文》并云:"鸢,字又作戴。"昭十五年《左传》"以鼓子戴鞮归",《释文》云:"戴,本又作鸢。"《史记·穰侯传》"魏将暴鸢",《韩世家》"鸢"作"戴"。《汉书·五行志》"泰山山桑谷,有戴焚其巢"、《地理志》"交趾郡朱戴县"、《梅福传》"戴鹊遭害"、《张公神碑》"戴鹄剿兮乳徘徊",皆"鸢"之讹也。此文之可考者也,后人以"鸢"为"鸢",失之矣。引之谨案:"鸢"字见于《小雅》、《大雅》、《周官·射鸟氏》、《曲礼》、《中庸》、《尔雅·释鸟》、《仓颉篇》,《大雅·旱麓·正义》、《后汉书·盖勋传》注并引《仓颉解诂》曰:"鸢,鸱也。"是《仓颉篇》有"鸢"字。不应《说文》不载,盖《鸟部》有此字而传写者脱之也。其"鷻"字注引《诗》"匪鶲匪鸢"，当作"匪鶲匪鸢"，盖本作"鸢"字，因下与"鸢"字篆文相连，写者遂误为"鸢"耳。后人不知，改"匪鸢"为"匪鸢"以复《说文》之旧，乃以误写之"鸢"为古之"鸢"字，而音篆文之"鸢"为与专切，遂使"鸢"字失其五各反之本音，"鸢"字失其从鸟戈声之本字，而《说文》之原文谲乱不可复识矣。苟知"匪鸢"为"匪鸢"之误，则知"鸢"之与"鸢"《说文》本未尝合为一字，何至展转错谬若此之甚哉？

段氏《说文注》曰："《诗》'匪鶲匪鸢'，《正义》'鸢'作'鸢'，引孟康曰'鸢，大雕也'，又引《说文》'鸢，鸷鸟也'。是孔冲远固知'鸢'即'鶚'字。陆德明本乃作'鸢'，云'以专反'，今《毛诗》本因之。"又曰："《大雅》'鸢飞戾天'与《四月》相类，'鸢'亦当为'鸢'。《笺》云：'鸢，鸥之类。'云'类'则别于'鸥'，经文字本为'鸢'明矣。"段意谓"鸢"即是"鸥"，今不直云"鸥"而云"鸥之类"，则其字不当作"鸢"而当作"鸢"。案，鸢乃雕之大者，非鸥类也，不得以鸢为鸥之类。引之案，段说非也。《正义》曰："《说文》云'鶲，雕也'，从敦而为声，字异于'鶚'也。雕之大者又名鶚。孟康《汉书音义》云：'鶚，大雕也。'《说文》又云：'鸢，鸷鸟也。'鶲、鸢皆杀害小鸟，故云贪残之鸟，以喻在位贪残也。"以上《正义》。《正义》引《汉书音义》者，以明雕为鶚类，非谓经文有"鸢"字也。自"《说文》云'鶲，雕也'"至"鶚，大雕也"，皆释《传》"鶲，雕也"三字。至"《说文》又云'鸢，鸷鸟也'"，《旱麓·正义》亦引《说文》云："鸢，鸷鸟也。"盖《说文》"鸢，鸷鸟也"，唐初已误以为"鸢"字，故冲远引作"鸢"。引作"鸢"字则不以为"鶚"字矣，何得云冲远知"鸢"即"鶚"字。乃释"鸢"字，又以解《传》"雕鸢，贪残之鸟"也。《正义》节次甚明，不得谓所据经文作"鸢"。若所据经文作"鸢"，则当云"鸢，古'鶚'字，孟康《汉书音义》云'鶚，大雕也'"，方合依经作解之例，何得但云"雕之大者又名鶚"而不及经文

"鸢"字乎？《正义》又云："毛以为雕也,鸢也,贪残之鸟,乃高飞至天。今在位非雕也,鸢也,何故贪残骄暴,如鸟之高飞至天也。郑以为若鹑若鸢,可能高飞至天,性非能然,为惊骇避害故也。"字皆作"鸢"不作"鹪"。再以《传》、《笺》考之,经文若是"鹪"字,则《传》当云"鹑,雕也"、"鹪,大雕也",训诂方备,《传》即不释"鹪"字,《笺》亦当补释之。今《传》与《笺》皆不为"鹪"字作解,则经文之作"鸢"不作"鹪"可知矣。《正义》引王肃述毛云"在位者非雕鸢也,何为贪残骄暴,高飞至天",则肃所据《毛诗》亦作"鸢"不作"鹪"明甚,何得径改其字为"鹪"？至谓《大雅》"鸢飞戾天""鸢"字亦当作"鹪",则尤为舛误。《大雅·正义》引《苍颉解诂》云"鸢,鸱也",以经文是"鸢"字,故引之也,若是"鹪"字,则与"鹗"同,不得引"鸢"字之训矣。况《中庸》引《大雅》正作"鸢飞戾天",彼《释文》云"鸢,悦专反,字又作䲰",彼《正义》云《诗》本文云:'鸢飞戾天。'喻恶人远去",则《大雅》字本作"鸢",而非"鹪"字之讹矣。段君不知以《诗》之"匪鹨匪鸢"正《说文》"匪鹨匪鹪"之误,反欲以《说文》传写之误字改经文之字之不误者,不亦颠乎？

弔

引之谨案,"弔"字有祥善之义,而学者皆弗之察。《大诰》曰"弗弔天,降割于我家",《多士》曰"弗弔旻天,大降丧于殷",《君奭》曰"弗弔天,降丧于殷","弗弔天"、"弗弔旻天"俱当连读,谓天之不祥也。《小雅·节南山》曰"不弔昊天,乱靡有定",郑《笺》曰:"弔,至也。至,犹善也。"《汉书·五行志》载哀十六年《左传》"旻天不弔”，应劭注曰：“闵天不善于鲁。”《家语·终记篇》作“昊天不弔”，王肃注曰：“弔，善也。”《逸周书·祭公篇》“不弔天降疾病”与此同。魏《横海将军吕君碑》“不弔闵天，降兹灾咎”，“不弔闵天”四字连文，正合《诗》《书》之指。作《书传》者以“弗弔”绝句，解为殷道不至、周道不至，固属龃龉不安。颜师古注《汉书·翟义传》“不弔天降丧于赵、傅、丁、董”曰“不弔，不为天所弔悯”，亦于文义不协。皆由古训未通，故句读亦舛矣。书传“弔”字多有祥善之义，请略言之。《柴誓》曰“善敹乃甲胄，敿乃干，无敢不弔”，郑《注》曰：“弔，至也。至，犹善也。”下文曰“备乃弓矢，锻乃戈矛，砺乃锋刃，无敢不善”，则“弔”与“善”同义。《小雅·天保》曰：“神之弔矣，诒尔多福，民之质矣，日用饮食。”弔，祥善也。“诒尔多福”，所谓弔也。“日用饮食”，所谓质也。《大雅·瞻卬》曰：“不弔不祥，威仪不类。”弔、祥、类皆善也。庄十一年《左传》：“宋大水，公使弔焉，此“弔”字不在内，下“弔于卫”、“弔者东面致命”并同。曰：‘天作淫雨，害于粢盛，若之何不弔。’”襄十四年《传》：“卫侯出奔齐，公使厚成叔弔于卫曰：‘寡君使瘠，闻君不抚社稷，而越在他竟，若之何不弔？以同盟之故，使瘠敢私于执事。’曰：‘有君不弔，有臣不敏，君不赦宥，臣亦不帅职，增淫发泄，其若之何？’”“有君不弔”，谓不善也，“若之何不弔”，即所谓如何不淑。《杂记》：“弔者东面致命曰：‘寡君闻君之丧，寡君使某如何不淑。’”淑，亦善也。“淑”、“弔”古字通。哀十六年《左传》“闵天不弔”，郑仲师注《周官·大祝》引作“闵天不淑”。汉《冀州从事张表碑》“闵不淑兮降沧霜”，即“不弔”字。成十三年《左传》：“穆为不弔。”襄十三年《传》：“楚共王卒，吴侵楚，养由基奔命，子庚以师继之，战于庸浦，大败吴师，君子以吴为不弔，《诗》曰：‘不弔昊天，

乱靡有定。'"不吊,亦不祥,言伐人之丧不祥,所以败也,《越语》曰
"助天为虐者不祥"是也。又成七年《传》:"中国不振旅,蛮夷入伐
而莫之或恤,无吊者也夫,《诗》曰:'不吊昊天,乱靡有定。'其此之
谓乎? 有上不吊,其谁不受乱。"此言蛮夷入伐而莫之或恤,皆由中
国之无善君也,善君谓霸主也。昭十六年《传》曰"齐君之无道也,
兴师而伐远方,会之,有成而还,莫之亢也,无伯也夫",语意与此相
似。下文"有上不吊,其谁不受乱",亦谓中国无善君,则诸侯皆受
其乱。"有上不吊"与"有君不吊"文正相似。又襄二十三年《传》"纥不
佞,失守宗祧,敢告不吊"。昭二十六年《传》"天不吊周",言天不善
于周也。又曰"帅群不吊之人",群不善之人也。《逸周书·祭公
篇》"女毋泯泯芬芬,厚颜忍丑,时维大不吊哉",孔晁注曰:"如此则
大不善也。"后人"吊"音丁击反者训为至,多啸反者训为闵伤,强加
分别,而"吊"之为善,卒无知之者,故《玉篇》、《广韵》并不收"吊,善
也"之训,盖失其传久矣。

孝

　　引之谨案,《尔雅》"善父母为孝",推而言之则为善德之通称。
《逸周书·谥法篇》曰"五宗安之曰孝,慈惠爱亲曰孝,孔晁注:"言周爱
亲族也。"《魏书·甄琛传》作"慈惠爱民曰孝"。秉德不回曰孝",则所包者广
矣。《文侯之命》曰"追孝于前文人",言追善德于前文人也。《大
雅·文王有声篇》"遹追来孝"。遹,辞也;来,往也。言追前世之善
德也。前世之善德,故曰往孝,即所谓追孝于前文人也。郑《笺》训

"遹"为述、"来"为勤,谓述追王季勤孝之行,非是。说见前"遹追来孝"下。《周语》"宣王欲得国子之能导训诸侯者,樊穆仲曰'鲁侯孝'",亦谓鲁侯有善德也。下文曰:"肃恭明神而敬事耆老,赋事行刑,必问于遗训而咨于故实,不干所问,不犯所咨,是所谓孝也。"《楚语》"明施舍以道之忠,明久长以道之信,明度量以道之义,明等级以道之礼,明恭俭以道之孝。以施舍为忠,以恭俭为孝,则非指事君事亲言之",韦《注》"恭俭所以事亲",非也。《管子·小匡篇》曰"度仪光德,继法绍终,以遗后嗣,贻孝昭穆",亦谓贻善德于子孙也。

孝　慈

引之谨案,《尔雅》"善父母为孝,善兄弟为友","孝"与"友"不同而同取义于善,故善于兄弟亦可谓之"孝友"。《晋语》曰"文王孝友二虢",俗本"孝"作"敬",后人改之也,今从宋明道本。而惠慈二蔡",韦《注》曰:"二虢,文王弟虢仲、虢叔是也。"或谓之"孝慈",《史记·五帝纪》曰"舜顺适不失子道,兄弟孝慈"是也。因而善于亲族亦可谓之"孝",《逸周书·谥法篇》曰"五宗安之曰孝,慈惠爱亲曰孝",孔晁《注》"言周爱亲族"是也。因而秉心仁爱亦谓之"慈孝",贾子《胎教篇》曰"子孙慈孝,不敢淫暴",《史记·太史公自序》曰"敦厚慈孝"是也。《墨子·经篇》曰:"孝利亲也。"《广雅》:"利,仁也。"贾子《道术篇》曰:"亲爱利子谓之慈,子爱利亲谓之孝。""孝"与"慈"不同,而同取爱利之义,故孝于父母亦可谓之"孝慈"。《曲礼》曰:"不胜丧,乃比于不慈不孝。""不慈"即不孝也。《孟子》言"孝子慈孙",慈,亦孝也,古人自有复语耳。《正义》曰"不留身继世，是不慈也"，非是。《齐语》曰"慈孝于父母"，又曰"不慈孝于父母，不长弟于乡里"，《墨子·尚贤篇》曰"入则不慈孝父母，出则不长弟乡里"，《非命篇》曰"入则孝慈于亲戚，"亲戚"即父母，说见前"亲戚为戮"下。出则弟长于乡里"，《管子·山权数篇》曰"君不高慈孝，则民简其亲"，《庄子·渔父篇》曰"事亲则慈孝，事君则忠贞"，《史记·楚世家》伍奢曰"尚之为人慈孝而仁，闻召而免父，必至"，《梁孝王世家》曰"孝王慈孝，每闻太后病，口不能食，居不安寝"，《白虎通义》曰"孝慈父母，赐以秬鬯，使之祭祀"，皆是也。因而孝于祖考通谓之"孝慈"。《礼运》曰："礼行于祖庙，而孝慈服焉。"《孟子·离娄篇》曰："名之曰幽、厉，虽孝子慈孙，百世不能改也。""孝子慈孙"，即《祭统》所云"孝子孝孙"也。孝慈或但谓之"慈"，或谓之"慈爱"。《内则》曰："昧爽而朝，慈以旨甘，日入而夕，慈以旨甘。"《祭义》曰："立爱自亲始，教民睦也，立敬自长始，教民顺也，教以慈睦而民贵有亲，教以事长而民贵用命。"又曰："思慈爱忘劳，可谓用力矣。""思慈爱忘劳"，谓思尽其孝而忘其劳也。《孝经》曰"慈爱恭敬，安亲扬名"，是其证。《孝经正义》曰："或曰慈者，接下之名；爱者，奉上之通称。刘炫引《礼记·内则》说'子事父母'，'慈以旨甘'。《丧服四制》云：'高宗慈良于丧。'《庄子》曰：'事亲则孝慈。'此并施于事上。此经悉陈事亲之迹，宁有接下之文，如炫此言，则知慈是爱亲也。"《大戴礼·曾子大孝篇》作"慈爱忘劳"，无"思"字。《一切经音义》卷二十五引《谥法》曰："慈爱忘劳曰孝。"《韩子·内储说》曰："宋崇门之巷人服丧而毁甚瘠，上以为慈爱于亲。"《列女传·贞顺传》曰："陈寡孝妇养姑不衰，慈爱愈固。"汉《广汉属国侯李翊碑》曰："初□处忧，勤思尽情，及继母承嗣，慈爱如前。"郑注《祭义》谓"思父母之慈爱己，而自忘己之劳苦"，则其义浅矣。《丧服四制》曰："武丁继世即位，而慈良于丧。""慈良”亦孝也,故《说文》曰:"乌,孝鸟也。"《小尔雅》曰:"纯黑而反哺者,谓之慈乌。""慈乌"犹孝乌矣。子爱利其亲谓之"孝慈",因而上爱利其民亦谓之"孝慈"。《表记》曰"威庄而安,孝慈而敬,使民有父之尊,有母之亲,如此而后可以为民父母矣",《正义》曰:"以威庄,故尊之如父,以孝慈,故亲之如母。"《淮南·修务篇》:"尧立孝慈仁爱,使民如子弟。"《魏书·甄琛传》:"慈惠爱民曰孝。"《论语·为政篇》"临之以庄则敬,孝慈则忠",语义正与此同。包咸《注》曰"上孝于亲,下慈于民,则民忠",揆之上下文义皆为不类,盖古义之失其传久矣。

物

引之谨案,"物"之为事,常训也,又训为类。《系辞传》"爻有等,故曰物",韩《注》曰:"等,类也。"桓二年《左传》"五色比象,昭其物也",谓昭其比类也。杜《注》云"示器物不虚设",失之。宣十二年《传》"百官象物而动",谓象类而动也。杜《注》:"物,犹类也。"《周语》"象物天地,比类百则","象物"犹"比类"也。《方言》曰:"类,法也。""物"训为类,故又有法则之义。《大雅·烝民篇》:"天生烝民,有物有则。"《孟子·告子篇》引此而释之曰"有物必有则",言其性有所象类,则其情必有所法效。性有象类,"秉夷"之谓也;情有法效,"好是懿德"之谓也。故下文遂曰:"民之秉夷也,故好是懿德。"《周语》:"昭明物则以训之。"物,犹则也。韦《注》训"物"为事,失之。又曰:"比之地物,则非义也,类之民则,则非仁也。"物也,则也,皆法也。隐五年《左传》:"君将纳民于轨物者也,故讲事以度轨量谓之轨,取材以章物采谓之物,不轨不物,谓之乱政。"轨也,物也,皆法也。有所法则谓之"有物"，《家人·象传》"君子以言有物而行有恒"，谓言有法行有常也，《孝经》曰"非先王之法言不敢言，非先王之法行不敢行"是也。《正义》训"物"为事，失之。《缁衣》曰"言有物而行有格也"郑《注》："物谓事验也。格，旧法也。"案，此谓言行皆有法制也。是也。不失法则，谓之"不过乎物"，《哀公问》"仁人不过乎物，孝子不过乎物，是故仁人之事亲也如事天，事天如事亲"言事亲以事天为法则，事天以事亲为法则，而孝敬相同，不差缪也。郑《注》训"物"为事，失之。是也。不如常法谓之"不物"，《地官·司稽》"掌巡市而察其犯禁者，与其不物者"，郑《注》："不物，衣服视占不与众同及所操物不如品式。"《司门》"几出入不物者"，《秋官·野庐氏》"几禁行作不时者、不物者"，《注》："不物，谓衣服操持非比常人也。"是也。解者失其义久矣。

持

引之谨案，"持"训为执，常训也，又训为守、为保。《越语》"夫国家之事有持盈，有定倾"、《吕氏春秋·慎大篇》"胜非其难者也，持之其难者也"，韦、高注并云："持，守也。"《周语》"膺保明德"，韦《注》云："保，持也。""保"可训为持，"持"亦可训为保。昭十九年《左传》"楚不在诸侯矣，其仅自完也，以持其世而已"，谓保守其世也。《孟子·公孙丑篇》"持其志，无暴其气"，谓保守其志也。故保养谓之"持养"，《荀子·劝学篇》"除其害者，以持养之"，《荣辱篇》"今以大先王之道，仁义之统，以相群居，以相持养"，杨《注》云"持养，保养也"。《议兵篇》"高爵丰禄以持养之"，杨《注》云"持此以养之"，非是。《墨子·天志篇》"内有以食饥息劳,持养其万民",《吕氏春秋·长见篇》"申侯伯善持养吾意"是也。保禄谓之"持禄",《管子·明法篇》"小臣持禄养交,不以官为事",《晏子春秋·问篇》"仕者持禄,游者养交",《荀子·臣道篇》"偷合苟容,以持禄养交"是也。保宠谓之"持宠",《荀子·仲尼篇》"持宠处位,终身不厌"是也。保寿谓之"持寿",《吕氏春秋·至忠篇》"将以忠于君王之身,而持千岁之寿也"是也。高《注》云"持,犹得也",失之。

登

引之谨案,登,加也。昭三年《左传》"陈氏三量皆登一焉",杜《注》曰:"登,加也。"由是推之,桓二年《左传》"登降有数",言加减有数也。说见《左传上》。昭十五年《传》"福祚之不登,叔父焉在",言福祚不加,叔父将焉加也。杜《注》不释"登"字,未达古训也。《周语》"若登年以载其毒,必亡",言加年齿以行其毒也。韦《注》曰:"登年,多历年也。"案,登,加也,言年齿加也。《晋语》"君子哀名之不令,不哀年之不登",言不忧年齿之不加也。韦《注》曰:"登,高也。"案,登,加也。加年谓"寿考"也,不加谓"不寿"也。

黎老

《方言》:"梨,老也,燕代之北鄙曰梨。""梨"与"黎"通。《吴语》"今王播弃黎老而孩童焉比谋",韦《注》曰:"鲐背之耇称黎老。"元、明本作"黎,冻梨,寿征也",后人所改也。宋庠《补音》出"注冻梨"三字,则所见本已然,兹从宋明道本。引之谨案"黎老"者,耆老也。古字"黎"与"耆"通。《尚书·西伯戡黎》大传"黎"作"耆",见《释文》。是其例也。作"梨"者,字之假借耳。而《方言》郭注乃云:"言面色如冻梨。"案,《释名》:"九十曰鲐背,或曰冻梨,皮有班点如冻梨色也。"梨冻而后有班点,与老人面色相似,若但言梨,则冻与不冻皆未可知,无以见其为老人之面色矣。"冻梨"之称自取皮有班点,"黎老"之称自以耆鲞为义,二者绝不相涉,不得据彼以说此也。

周

　　引之谨案,"周"有训为忠信者,《小雅·皇皇者华篇》"周爰咨诹",《鲁语》释之曰"忠信为周"是也。有训为亲、为密、为合者,文十八年《左传》"顽嚚不友,是与比周",杜《注》曰"周,密也",哀十六年《传》"周仁之谓信",《注》曰"周,亲也",《离骚》"虽不周于今之人兮",王《注》曰"周,合也"是也。《论语·为政篇》云:"君子周而不比,小人比而不周。"盖"周"与"比"皆训为亲、为密、为合。《说文》:"比,密也。"《夏官·大司马》"比小事大,以和邦国",郑《注》曰:"比,犹亲也。"《吴语》"今王播弃黎老而孩童焉比谋",韦《注》曰:"比,合也。"故辨别之如是。以义合者,周也;以利合者,比也。其合同,其所以合者则异,犹《子路篇》"君子和而不同,小人同而不和",仚为"和"、"同"字义相近故辨之也。《子路篇》又云:"君子泰而不骄,小人骄而不泰。""骄"、"泰"字义亦相近,故辨之。盖世皆言"比周",不知"比"与"周"异,君子周而不比,小人比而不周也。世皆言"和同",不知"和"与"同"异,君子和而不同,小人同而不和也。世皆言"骄泰",不知"骄"与"泰"异,君子泰而不骄,小人骄而不泰也。《晋语》:"吾闻事君者,比而不党。夫周以举义,周,犹亲也,密。韦《注》训"周"为忠信,失之。比也;举以其私,党也。籍偃曰:'君子有比乎?'叔向曰:'君子比而不别,比德以赞事,比也;引党以封己,利己而忘君,别也。'"彼之所谓"比",即此之所谓"周",皇侃《论语疏》曰:"比名亦有善者。""周以举义"者也,"比德以赞事"者也;彼之所谓"党",即此之所谓"比","举以其私"者也,"引党以封己"者也。"比"与"党"相近,则辨之曰"比而不党";"比"与"别"相近,则辨之曰"比而不别",文义正与此相类也。孔《注》训"周"为忠信,孙绰训为理备,皇侃训为博遍,皆失之。

殆

　　引之谨案,何休注襄四年《公羊传》曰:"殆,疑也。"《论语·为政篇》"学而不思则罔,思而不学则殆",谓思而不学,则事无征验,疑不能定也。何《注》读"殆"为"怠",以为精神疲殆,失之。又曰:"多闻阙疑,多见阙殆。"殆,犹疑也,谓所见之事若可疑则阙而不敢行也。范《注》训"殆"为危,失之。《史记·仓公传》"良工取之,拙者疑殆",殆,亦疑也,古人自有复语耳。《吕氏春秋·去尤篇》"以黄金投者殆",《庄子·达生篇》作"以金注者殙"。殆也,殙也,皆迷惑也。字亦作"怠"。《庄子·山木篇》"侗乎其无识,怵乎其怠疑","怠疑"即疑殆也。文十二年《公羊传》"惟诶诶善诤言,俾君子易怠",怠,疑惑也,言使君子易为其所惑也。何《注》以为轻惰,失之。今《秦誓》"怠"作"辞",借字也。彼《传》以为回心易辞,亦失之。后人但知"殆"训为危为近,而不知又训为疑,盖古义之失传久矣。

南面

引之谨案,书传凡言"南面",有谓天子、诸侯者,《说卦传》"圣人南面而听天下",《士相见礼》"凡燕见于君必辩君之南面"是也;有谓卿大夫者,《论语·雍也篇》"雍也,可使南面",《大戴礼·子张问入官篇》"君子南面临官",《史记·樗里子传》"请必言子于卫君,使子为南面"是也。盖卿大夫有临民之权,临民者无不南面,仲弓之德可为卿大夫以临民,故曰"可使南面"也。《论语摘辅像》曰:"仲弓淑明清理,可以为卿。"见《思玄赋》注。为卿则南面临民矣。而苞咸《论语注》乃以为"任诸侯",皇《疏》亦云"冉雍之德可使为诸侯",非也。身为布衣,安得僭似于人君乎?《盐铁论·殊路篇》"七十子皆诸侯卿相之才,可南面者数人",亦误以"南面"为诸侯之位。《说苑·修文篇》"孔子言雍也可使南面,南面者,天子也",又误以"南面"为天子之位。

于

引之谨案,"于"字训之、训为、训如,余于《释词》既著之矣,今考之经传,又有训为与者。《檀弓》"其变而之吉祭也,比至于祔,必于是日也接",言必与卒哭之日相接也。《论语·泰伯篇》"唐、虞之际于斯为盛",言自古人才惟唐、虞之际与此周为极盛也。"唐虞之际于斯为盛"八字作一句读,孔《注》谓"尧、舜交会之间比于此周,周最盛多贤才",尚未合经意。《孟子·公孙丑篇》"麒麟之于走兽,凤皇之于飞鸟,泰山之于丘垤,河海之于行潦,类也。圣人之于民,亦类也",言麒麟之与走兽,凤皇之与飞鸟,泰山之与丘垤,河海之与行潦,圣人之与民皆同类也。《滕文公篇》"御者且羞于射者比",孔氏所刊宋本如是,监本"于"作"与"。言御者羞与射者比也。《淮南·道应篇》"离形去知,洞于化通",言洞与化通也。"与"亦可训为于。庄三十年《公羊传》"桓公之与夷狄驱之尔",言桓公之于夷狄驱之尔也。"于"与"与"同义,故二字可以互用。《汉书·杜钦传》"况将军之于主上",主上之与将军哉。于,亦与也。

身

引之谨案:人自顶以下,踵以上,总谓之身。《考工记·庐人》"凡兵无过三其身"郑《注》曰"人长八尺,与寻齐,进退之度三寻"是也。颈以下、股以上亦谓之"身"。《艮》六四"艮其身,在艮趾艮腓之上,艮辅之下",则举中而言矣,故《象传》曰:"艮其身,止诸躬也。""躬"亦举中而言,《涣》六三"涣其躬"荀《注》曰"体中曰躬"见《集解》。是也。《论语·乡党篇》"亵裘长,短右袂,必有寝衣,长一身有半",窃谓经言亵裘而及寝衣,则寝衣,亵裘之衣也。亵裘之有寝衣,犹羔裘之有缁衣,麑裘之有素衣,狐裘之有黄衣也。谓之寝衣者,寝室所著之衣,犹言燕衣、亵衣耳。身,体中也,谓颈以下、股以上也。以今尺度之,中人颈以下股以上,约有一尺八寸,一身之长也。再加九寸,为一身之半,则二尺七寸矣。以古六寸为尺,计之得四尺又五寸,一身又半之长也。解者误谓一身为顶以下踵以上,衣长一身又半,则下幅被土,非复人情,于是不得已而以被当之。孔、郑《注》并曰"寝衣,今被也",郑《注》见《天官·玉府·疏》。《说文》亦曰"被,寝衣,长一身有半",皆由此误也。不知颈以下、股以上亦谓之"身",长一身又半,才至膝上耳,不患其太长也。寝衣在亵裘之上,不著则无以覆裘,故曰"必有寝衣",言不可有裘而无衣也。若训"寝衣"为被,则人卧时孰不有被? 何须言必有乎? 且上言"亵裘",下言"狐貉之厚以居",皆以裘言之,何得杂以与裘无涉之被乎? 况遍考经传,言"被"者皆谓之衾,无曰"寝衣"者,未可以"寝衣"为被也。或曰"寝"者,"寑"之借字。《说文》"寑,覆也",《玉篇》"寑"音"寝"。衣所以覆裘,故谓之"寑衣"也。

劳

引之谨案,"劳"训为勤,常语也。又训为勉。《月令》"孟夏之月,为天子劳农劝民",郑《注》曰:"重力来之。"今本作"重敕之",兹从《齐民要术》所引。"力来之",劝勉之也。《汉书·王莽传》"力来农事",颜《注》曰:"力来,劝勉之也。"《吕氏春秋·孟夏纪》义与《月令》同,高《注》曰:"劳,勉也。"《孟子·滕文公篇》"放勋曰'劳之来之'",谓劝勉其民,使率教也。《论语·子路篇》:"子路问政,子曰:'先之劳之。'""先之",

导之也；劳之，勉之也。《梓材》"亦厥君先敬劳"，《传》曰："亦其为君之道，当先敬劳来民。"《释文》："劳，力报反。来，力代反。"《正义》曰："即《论语》云'先之劳之'是也。"据此则"先之劳之"之"劳"当读为"劳来"之"劳"。《宪问篇》"爱之能勿劳乎？忠焉能勿诲乎"，劳亦勉也，谓爱之则当劝勉之也。"勉"与"诲"义相近，故"劳"与"诲"并称。《盐铁论·授时篇》："县官之于百姓，若慈父之于子也，忠焉能勿诲？爱之而勿劳乎？""而"与"能"古字通。《白虎通义》："臣所以有谏君之义何？尽忠纳诚也。《论语》曰：'爱之能无劳乎？忠焉能无诲乎？'"《吴志·步骘传》孙权太子登与骘书曰："夫贤人君子，所以兴隆大化，佐理时务者也。受性暗蔽，不达道数，虽实驱驱，与"区区"同。欲尽心于明德，归分于君子，至于远近士人，先后之宜，犹或缅焉，未之能详。《传》曰'爱之能勿劳乎？忠焉能勿诲乎'，斯其义也，岂非所望于君子哉！"《小雅·隰桑篇》"心乎爱矣，遐不谓矣"，《笺》曰："谓勤也。孔子曰：'爱之能勿劳乎？忠焉能勿诲乎？'"襄二十七年《左传》子产赋《隰桑》，赵孟曰"武请受其卒章"，杜注曰："赵武欲子产之见规诲！"是"劳"有劝勉之义也。孔《注》于"先之劳之"以"劳"为使民，皇《疏》于"爱之能勿劳乎"引李充说以"劳"为劳心，皆失之。

谲

引之谨案，《说文》："谲，权诈也。"训"诈"则为恶德，训"权"则亦可为美德。《毛诗序》曰"主文而谲谏，言之者无罪，闻之者足以戒"，郑《注》曰"谲谏，咏歌依违不直谏"，《正义》曰"谲者，权诈之名,托之乐歌,依违而谏,亦权诈之义,故谓之谲谏";《盐铁论·力耕篇》"昔管仲以权谲伯,而范氏以强大亡";《安平相孙根碑》"仲伯拨乱,蔡足谲权";《春秋繁露·玉英篇》"诸侯在不可以然之域者,谓之大德,大德无逾闲者,谓正经,诸侯在可以然之域者,谓之小德,小德出入可也,权谲也,尚归之以奉巨经耳"是也。《论语·宪问篇》"晋文公谲而不正,齐桓公正而不谲",谲,权也,正,经也,言晋文能行权而不能守经,齐桓能守经而不能行权,各有所长,亦各有所短也。《盐铁论·论儒篇》:"今硁硁然守一道,引尾生之意,即晋文之谲诸侯以尊周室不足道,而管仲蒙耻辱以存亡不足称也。"《遵道篇》:"晋文公谲而不正,齐桓公正而不谲,所由不同,俱归于霸。"《汉书·邹阳传》:"鲁哀姜薨于夷,孔子曰:'齐桓公法而不谲,以为过也。'"颜《注》曰:"法而不谲者,言守法而行,不能用权以免其亲也。""法"与"正"同义,"法而不谲",古人以为齐桓之过,则守正为齐桓之所长,权谲为齐桓之所短,较然甚明。然则"晋文公谲而不正",亦是嘉其谲而惜其不正可知矣。《淮南·缪称篇》"至德小节备,大节举,齐桓举而不密,晋文密而不举",高《注》云:"齐桓有大节,小节疏也;晋文有小节,大节废也。"语意与此相似,皆谓各得其一偏也。不然,则经但云"晋文公谲,齐桓公正",其义已明,何须又言"不正"、"不谲"乎?马、郑二家《注》尚未得经意。

处

引之谨案，"处"之为居、为止，常训也；而又为审度、为辨察，书传具有其义。《大戴礼·文王官人篇》"以其声处其气"，又曰"听其声处其气"，谓审其气也。《吕氏春秋·有始览》"察其情虞其形"，谓审其形也。《淮南·兵略篇》"相地形处次舍"，谓审度次舍也。《周语》"目以处义"，谓相度事宜也。《鲁语》"夫仁者讲功而知者处物"，谓辨物也。韦《注》"处，名也"，于义未确。《淮南·主术篇》"问瞽师曰'白素何如'，曰'缟然'。曰'黑何若'，曰'黗然，援白黑而示之，则不处焉'"，谓不辨也。《史记·龟策传》"观斗所指，定日处乡"，谓辨方也。

肤

引之谨案，人之颜色见于皮肤，故古人以"肤"、"色"并言，《管子·内业篇》"和于形容，刘绩曰："和，当为知。"见于肤色"，《列子·汤问篇》"肤色脂泽"，枚乘《七发》"今大子肤色靡曼"是也。"肤"、"色"相连，故色亦可谓之"肤"，《孟子·公孙丑篇》"不肤挠，不目逃"，"肤挠"，色挠也。《魏策》"唐且挺剑而起，秦王色挠"，《韩子·显学篇》"不色挠，不目逃"，正与《孟子》同义，故知"肤"即色也。挠，弱也。见《吕氏春秋·高义篇》注。又《大过·象传》"栋桡本末弱也"，"桡"与

"挠"通。面有惧色,则示人以弱,故谓之"色挠"。"不肤挠"者,无惧色也。赵《注》谓"人刺其肌肤不为挠却",失之。

养射

《孟子·滕文公篇》"庠者,养也。校者,教也。序者,射也",赵《注》曰:"养者,养耆老。射者,三耦四矢以达物导气。"《王制》"有虞氏养国老于上庠",郑《注》曰:"庠之言养也。"引之谨案,此皆缘辞生训,非经文本意也。"养国老于上庠",谓在庠中养老,非谓庠以养老名也。《州长》职云"春秋以礼会民,而射于州序",谓在序中习射,非谓序以习射名也。《王制》"耆老皆朝于庠,元日习射上功",而"庠"之名独取义于养老,何也?《文王世子》"适东序养老",而"序"之名独取义于习射,何也? 庠序、学校皆为教学而设,养老、习射偶一行之,不得专命名之义。"庠"训为养,"序"训为射,皆教导之名,其义本相近也。《文王世子》"立大傅少傅以养之,欲其知父子君臣之道也",郑《注》云:"养,犹教也。言养者积浸养成之。"《保氏》职云"掌养国子以道",此"庠"训为养之说也。"射"、"绎"古字通,《鲁颂·泮水篇》"徒御无绎",《释文》:"绎,本又作射。"《春官·龟人》"地龟曰绎属",《尔雅》"绎"作"谢",《释文》:"谢,众家本作射。"《射义》:"射之为言者绎也。"《尔雅》云:"绎,陈也。"《周语》云:"无射,所以宣布哲人之令德,示民轨仪也。则射者,陈列而宣示之,所谓谨庠序之教,申之以孝弟之义也。"此"序"训为射之说也。养、射皆教也。教之为父子,教之为君臣,教之为长幼,故曰"皆所以明人伦"也。彻者,彻也,助者,藉也;

庠者,养也;校者,教也;序者,射也。皆因本事以立训,岂尝别指一事以明之哉?

虎贲

引之谨案,虎贲有为宿卫之臣者,《夏官·虎贲氏》"掌先后王而趋以卒伍",《立政》"缀衣虎贲",《顾命》"虎贲百人"是也。有为士卒武勇之称者,《孟子·尽心篇》"武王之伐殷也,革车三百两,虎贲三千人",《楚策》"秦虎贲之士百余万"是也。虎贲是士卒,故云三千、云百余万。若《周礼》之虎贲氏,但有虎士八百人而已,不得如是之多也。《魏策》云"武王卒三千人,革车三百乘",《赵策》云"汤武之卒不过三千人,车不过三百乘",《淮南·泰族篇》"汤武革车三百乘,甲卒三千人",数并与《孟子》相合,故知虎贲即武王之卒而非宿卫之士也。不然,岂有士卒不用而唯率左右近臣以临敌者乎?《书·牧誓·序》"武王戎车三百两,虎贲三百人","三百人"当为"三千人",因上文"三百两"而误也。《吕氏春秋·简选篇》"武王虎贲三千人,简车三百乘",《贵因篇》"武王选车三百,虎贲三千",《史记·周本纪》"武王率戎车三百乘,虎贲三千人",《本纪》又云"甲士四万五千人",非也。诸书皆云武王之卒三千人,故《管子·法禁篇》引《泰誓》曰"武王有臣三千而一心",不得有四万五千人。人数皆作"三千",不作"三百",盖一车十人,古人有此兵制。闵二年《左传》"齐侯使公子无亏帅车三百乘,甲士三千人以戍曹",定四年《传》"王于是乎杀管叔而蔡蔡叔,以车七乘,徒七十人",《管子·大匡篇》"桓公筑缘陵以封杞,予车百乘，甲一千；筑夷仪以封邢，予车百乘，卒千人；筑楚丘以封卫，与车五百，今本"五"误为"三"，辨见《管子杂志》。甲五千"，又曰"大侯车二百乘，卒二千人；小侯车百乘，卒千人"，《楚策》曰"秦王遂出革车千乘，卒万人"，皆车一乘，卒十人，是其例也。故革车三百两得有虎贲之卒三千人，不得云三百人也。乃《孟子》赵《注》既误以"虎贲"为小臣，《书序》传又沿"虎贲三百人"之误而以"虎贲"为百夫长，皆考之不审也。孙奕《示儿编》不能据诸书以正《书序》之讹，反以《孟子》"三千人"为引经之误，慎矣。

朔日不谓之吉日亦不谓之吉月

引之谨案，经传凡言吉日者，与朔日不同。一月之始谓之朔日，或谓之朔月，或谓之朔。日之善者谓之吉日，或谓之吉。朔日不必皆吉，故朔日不可谓之吉日也。《月令》"季春之月，择吉日大合乐。季秋之月，为来岁受朔日"，吉日之非朔日明其。《天官·大宰》"正月之吉"，《地官·党正》"孟月吉日"，《族师》"月吉"，皆日之善者，日之善者不必在朔日也。其在月之上旬者谓之初吉，对中旬、下旬之吉日言之。《周语》曰："自今至于初吉。"初吉谓立春之日也。《周语》曰："古者大史顺时𰓣土，阳瘅愤盈，土气震发，农祥晨正，日月底于天庙，土乃脉发。先时九日，大史告稷曰：'自今至于初吉，阳气俱烝，土膏其动。'"韦《注》曰："农祥，房星也。晨正，谓立春之日晨正于午也。先，先立春日也。"案，今谓先立春之九日，初吉则谓立春之日也。韦昭以初吉为二月朔日，非是。下文稷以告王曰"距今九日，土其俱动"，正谓九日后立春土乃脉发耳，何待二月乎？立春日为吉日者，《月令》曰"先立春三日，大史谒之天子曰：'某日立春，盛德在木。'天子乃齐。立春之日，天子亲帅三公、九卿、诸侯、大夫以迎春于东郊。还，乃赏公卿、诸侯、大夫于朝”，故为吉日也。立春多在正月上旬，故谓之初吉。《小雅·小明篇》“二月初吉”，亦谓二月上旬之吉日也。《小明》曰“我征祖西，至于艽野，二月初吉，载离寒暑”，言择吉日而远行也。《离骚》曰：“历吉日乎吾将行。”上旬凡十日，其善者皆可谓之初吉，非必朔日也。而《诗》毛《传》及《周语》韦《注》皆以初吉为二月朔日，不知朔月辛卯，经有明文，谓之朔月，不谓之吉日也。郑注《周官》亦谓吉为朔日，不知《春官·大史》颁告朔于邦国，谓之朔不谓之吉也。又《论语·乡党篇》“吉月必朝服而朝，齐必有明衣布”，“吉月”当为“告月”之讹。《缁衣》引尹吉曰“惟尹躬及汤，咸有壹德”，郑《注》曰：“吉，当为告。”案：“告”字从牛，隶书“牛”字或作“丰”，故“告”字或作“吉”，与“吉”相似而讹。“告月”与“齐”对举，皆古礼也。《春秋·文公六年》“闰月不告月，犹朝于庙”，《公羊传》曰：“不告月者，不告朔也。”何《注》曰：“礼，诸侯受十二月朔政于天子，藏于大祖庙，每月朔朝庙，使大夫南面奉天子命，君北面而受之，比时，使有司先告朔，谨之至也。”盖鲁君告月之日，皮弁而朝于庙，又朝服以日视朝于内朝，群臣亦如其服也。说见刘氏端临《论语骈枝》。《论语注》当云“告月，月朔告庙也”乃得经义，而孔《注》曰“吉月，月朔也”，则所据之本已误作“吉”。古无称朔日为“吉月”者。《士冠礼》曰：“令月吉日。”又曰：“吉月令辰。”“吉月”与“令月”同义。令也，吉也，皆善也。吉月乃月之善者，非谓朔日也。知“吉月”之非朔日，则知《论语》“吉月”之讹矣。

五色之名　犁

引之谨案，五色之名，略见于《尔雅》。如"一染谓之縓，再染谓之赪，三染谓之纁，青谓之葱，黑谓之黝"是也。其后张稚让作《广雅》，又详载之。然博考书传，犹有稚让所未备者。青色之名则有若校、《夏小正》"玄校"，《传》曰："校也者，若绿色然，妇人未嫁者衣之。"若駹，详见《月令》"驾仓龙"。赤色之名则有若驳、详见《系辞传》"为驳马"。若骝、《鲁颂·駉篇·传》："赤身黑鬣曰骝。"《月令》曰："驾赤骝。"若騢、《尔雅》："马属，彤白杂毛，騢。"騢之言赮也。若瑕、《说文》："瑕，玉小赤也。"司马相如《上林赋》曰："赤瑕驳荦。"若缋、详见《周礼》"缋纯"。若黄、详见《尔雅》"黄，赤苋"。若虋、《尔雅》："虋，赤苗。"若璊，《说文》："璊，玉经色也。禾之赤苗谓之虋，玉色如之。"黄色之名则有若权、《尔雅·释草》"权，黄华"，郭《注》："今谓牛芸草为黄华、华黄。"又《释木》："权，黄英。"若蠸、《释虫》"蠸，舆父守瓜"，《注》："今瓜中黄甲小虫。"若华、详见《春秋名字解诂》"羊舌赤字伯华"。白色之名则有若繁、详见《礼记》"黄马蕃鬣"、《尔雅》"青骊繁鬣，騋"。若駹、《尔雅》"马属，面颡皆白惟駹"。若鵅、《尔雅·释鸟》郭《注》曰："茅鸱，今鸋鸱也，似鹰而白。"若骆、《尔雅》"白马黑鬣，骆"，《注》引《礼记》曰："夏后氏骆马黑鬣。"若翰、《檀弓》"殷人尚白，戎事乘翰"，郑《注》"翰，白色马也"，引《易》曰："白马翰如。"若鶾、《尔雅》"鶾雉，鷂雉"，《注》："今白鵫也，江东呼白鵫亦名白雉。"案，"鵫"当读"的颡"之"的"。的，亦白也。若鵫、见上。若枌、《尔雅》"榆，白枌"，《注》："枌榆皮色白。"是榆之白者曰枌。若羒、《尔雅》"羊牡，羒"，《注》："谓吴羊白羝。"黑色之名则有若纯、详见《周礼》"纯帛"、《仪礼》"纯衣"。若阴、《尔雅》"马属，阴白杂毛，骃"，《注》："阴，浅黑。"若铁、《月令》"驾铁骊"，《注》："铁骊，色如铁。"《诗》作"驖"。《说文》："驖，马赤黑色。"若羭、《尔雅》"羊属，牡羭"，

《注》:"黑牝。"《玉篇》"输,黑牛也",声义亦相近。若榆。《尔雅》以榆之白者为枌,则黑者为榆也,亦若羊之白为羒,黑为羭矣。皆五色之别见于物名者,可比例而得之也。

《论语·雍也篇》"犁牛之子骍且角",何《注》曰:"犁,杂文也。"皇《疏》曰:"杂文曰犁。或音狸,狸,杂文也。或音梨,犁,谓耕犁也。"《释文》:"犁牛,利之反。"之"当作"脂"。《广韵》:"犁,力脂切,牛驳。""驳"即杂文也。杂文曰犁。又力之反,色如狸也。又力兮反,耕犁之牛。"惠氏《礼说》曰"犁牛为耕牛",引《说文》"犂,耕也"、司马犁字子牛为证。刘氏《论语骈枝》曰:"《周礼》沈辜用龙,山林川泽,正当用杂色之牲。外祭用龙,则并五岳、四镇、四渎亦有时用杂色者,何故龙牛之子反有勿用之疑? 杂文之训殆曲说也。"引之谨案:"犁"与"骍"对举,则当以"杂文"之训为长。犁牛之子骍且角,则用以祀山川,犹《列子》《说符篇》云"黑牛生白犊,以荐上帝"耳。犁者,黄黑相杂之名也。《魏策》"幽莠之幼也似禾,骊牛之黄也似虎","骊"与"犁"通。《汉书·西域传》"西与犁靬、条支接",颜《注》曰:"犁,读与骊同。"犁之为骊,犹黎之为骊也。《禹贡》"厥土青黎",《史记·夏本纪》作"其土青骊"。《东山经》"鱅鱅之鱼,其状如犁牛",郭《注》"犁牛"曰:"牛似虎文者。"则"犁牛"即骊牛矣。《广韵》:"犛,黑而黄也。""犛"亦与"犁"通。然则"犁牛"者,黄黑相杂之牛也。《淮南·说林篇》"髡屯犁牛,既科以楯,决鼻而羁,生子而牺,尸祝齐戒,以沈诸河,河伯岂羞其所从出辞而不享哉","牺"与"犁"相对为文,"牺"为纯色,《鲁颂·閟宫·传》:"牺,纯也。"《曲礼》郑《注》:"牺,纯毛也。"则"犁"为不纯色者矣。故高《注》曰"犁牛,不纯色",引《论语》"犁牛之子骍且角"云云。据此则"杂文"之训确不可易,不得以为误也。经云"犁牛之子骍且角,虽欲勿用,山川其舍诸",是骍牛宜用之以祭,而犁牛色杂不宜用,《淮南·说林篇》所谓"骊驳不入牲"也。高《注》云:"牺牲以纯色。"若以犁为耕,则耕牛何必无纯色者,无以见其不可用矣。且犁牛为杂文之牛,故《东山经》"鯑鲻之鱼,其状如犁牛",以犁牛之状与他牛不同。若以为耕牛,则耕牛之状与凡牛不异,《东山经》但云"其状如牛"足矣,何所取于耕犁之牛而用以相况乎?至《周礼》"沈辜用龙",原与《论语》殊义;"山川用骍",亦与《牧人》"望祀各以其方之色牲"不合,不必据彼以难此也。《月令》曰:"命宰历卿大夫至于庶民土田之数,而赋牺牲,以共山林名川之祀。"纯色谓之"牺",而云"赋牺牲以共山川之祀",然则山川之祀亦用纯色之牲,而不纯者不用,此正与《论语》义合,旧说未可訾议也。

个

引之谨案,《说文》:"介,画也,从人从八。一曰助也,古者主有摈,客有介。"今本讹脱,只存"人各有介"四字,兹从《韵会》所引。隶书作"木",《干禄字书》并列"木"、"介"二体,云"上通下正"是也。或省作"个"。汉《祝睦后碑》"夰然清皓",《说文》:"夰,大也,从大介声。""夰"字作"夲",下畔之"个"即"介"字也。"介"字隶书作"木",省"丿"则为"个"矣。"介"音古拜反,又音古贺反,犹"大"之音唐佐反,"奈"之音奴箇反,皆转音也。后人于古拜反者则作"介",于古贺反者则作"个",而不知"个"即"介"字隶书之省,非两字也。请以七证明之。《秦誓》"如有一介臣",《释文》:"介,音界。马云:'一介,耿介,一心

端愨者。'字又作个,音工佐反。"《大学》引作"若有一个臣",《释
文》:"个,古贺反,一读作介,音界。"《正义》作"介",云:"若有一耿
介之臣。"文十二年《公羊传》引作"介",《释文》:"介,古拜反,《尚
书》音古贺反。"《汉书·孔光传》"放远谗说之党,援纳断断之介",
师古曰:"介,谓一介之人。"《后汉书·杜诗传》"一介之才",李贤
《注》引《书》作"介"。《班固传》"退有杞梁一介之死"。是"个"即"介"字。
《释文》虽强分古贺反者为"个",然《大学》释文云"个,古贺反,一读
作介,音界",则作"个"者亦可音"界"。《公羊释文》云"介,古拜反。
《尚书》音古贺反",则作"介"者亦可音"箇"。"介"与"个"岂有两字
乎? 其证一也。襄八年《左传》"亦不使一个行李告于寡君",杜
《注》曰:"一个,独使也。"昭二十八年《传》"君亦不使一个辱在寡
人",《注》曰:"一个,单使。"《释文》并曰:"个,古贺反。"案,"个"即
"介"字,《方言》:"介,特也。"《广雅》:"介,特独也。"昭十四年《传》
"收介特",《注》曰:"介特,单身民也。"是"介"字训独、训单。《传》
文是"一介",故《注》曰"独使",曰"单使"也。《杂记》曰"使一介老
某相执绋",犹《左传》之言"使一个"耳。《吴语》亦曰"一介嫡女"、
"一介嫡男",与"一个"无二义也。《杂记释文》曰:"介,音界,旧古
贺反。"昭十四年《传·释文》曰:"介,音一介,又古贺反。"是"一介
老"之"介"、"介特"之"介",兼有古贺反之音,《礼器》"诸侯七介七牢",《释
文》:"介,音界,副也。俗读古贺反,非也。"案,陆意谓"介"训为副者当音"界",训为单者
乃音"箇"。据此则"介"有"箇"音矣。《既夕》注"士苞三个",《释文》"个"作"介",古贺
反,亦"介"有"箇"音之一证。不必作"个"而后音古贺反也。其证二也。
《吴语》曰:"譬如群兽然,一个负矢,将百群皆奔。"案,《方言》"介,
特也。物无耦曰特,兽无耦曰介",郭《注》引《传》曰:"逢泽有介

麇。"《哀十四年》"一个负矢",正所谓"兽无耦曰介"也。"一介"与"百群"相对,"群"以众言之,"介"以寡言之也。其证三也。《檀弓》"国君七个,遣车七乘,大夫五个,遣车五乘",郑《注》曰:"个,谓遣奠牲体之数。"《释文》:"个,古贺反。"抄本《北堂书钞·车部上》引作"国君七介,大夫五介",陈禹谟本删去。是"个"即"介"字。《公食大夫礼·注》"下大夫体七个",《释文》"个"作"介",古贺反。《士丧礼下篇·注》"士苞三个",《释文》"个"作"介",古贺反。是音古贺反者字亦作"介",音虽有二而字则无分。其证四也。《齐语》"鹿皮四个",韦《注》曰:"个,枚也。"宋庠本如是。明道本"介"作"分",《管子·小匡篇》亦作"分"。案,《广韵》:"介,古拜切,俗作分。"是"介"字俗书与"分"相似,"四个"之"个"若非"介"字,何以明道本及《管子》皆误为"分"?明道本"介"误作"分",《注》内"枚"字误作"散","散"字义不可通。段氏乃云:"四分者,于卿大夫皆用皮。"案,齐之卿大夫非一人,诸侯将何以给之?段说非也。尹知章注《管子》谓"四分其鹿皮",亦非。"鹿皮四介",即《聘礼》之"乘皮",郑《注》曰:"物四曰乘。"皮,麇鹿皮也,四枚为一乘,其为"介"字无疑。其证五也。《大戴礼·投壶篇》"矢八分","分"即俗书"介"字之讹。郑注《小戴·投壶》曰:"投壶者,人四矢,亦人四算。"上文《司射》"执八算",盖一偶二人,人四算,二人则八算,八算则当有八矢,故曰"矢八介"。"八介"者,八枚也。孔氏《补注》以八分为矢圆径,非也。说见《大戴礼》。贾子《胎教篇》说县弧之礼曰:"五弧五分矢,"弧"下当有"各"字。皆三射,其余各二分矢。""分"亦"介"字俗书之讹。言每弧有矢五介,既发三介,犹余二介也。然则矢一枚曰"一介"。《大射仪》"搢三挟一个",郑《注》曰:"个,犹枚也。"其为"介"字无疑。《乡射礼》"搢三而挟一个",与此同。《荀子·议兵篇》"负服矢五十个",亦"介"字也。推而广之，《士虞礼》、《特牲馈食礼》、《少牢馈食礼下篇》之"俎释三个"，《注》并曰："个，犹枚也。"其皆为"介"字明矣。其证六也。《月令》"天子居青阳左个"，郑《注》曰："青阳左个，大寝东堂北偏。"案郑训"个"为偏，则其字当与"介"同。向秀注《庄子·养生主篇》曰："介，偏刖也。"_{见《释文》}。是"介"字古训为偏也，抄本《北堂书钞·岁时部二》、《初学记·岁时部上》引《月令》并作"介"，徐铉论俗书曰"明堂左右个，当作介"是也。《吕氏春秋·孟春篇》"天子居青阳左个"，高《注》曰："左右房谓之个。个，犹隔也。"_{《淮南·时则篇》注同}。案，"个"亦与"介"同。介之言界也，限也，故高《注》训为隔，王弼注《易·兑卦》曰"介，隔也"是也。《群经音辨》："个，副也，音介。《礼》明堂有左右个，副介于中室也。或通箇音。"是"个"为"副介"之"介"。梁武帝引《左传》"介居二大国之间"以释"明堂左右个"之义，_{见《通典·礼四》}。则其为"介"字无疑。昭四年《左传》"使贲馈于个而退"，《注》曰："个，东西厢。"《正义》曰："《月令》'天子居左个右个'，是个为东西厢也。"案《月令》"左个右个"为"介"字，则此亦当然，《文选·思玄赋》注、《运命论》注引《左传》"个"并作"介"。《考工记》"梓人为侯，上两个与其身三，下两个半之"，《大射仪》谓之"左个右个"，义与《明堂》之"左右个"相近。侯之有个，偏处于旁，而副介乎中，则亦"介"字隶书之省明矣。《白帖》八十五载《梓人》之文正作"上两介下两介"。《乡射礼》"适右个"，《白帖》作"适右介"，是侯之"左个右个"皆"介"字也。《大雅·生民·笺》曰："介，左右也。"《乡射礼记·注》曰："居两旁谓之个。"此犹门有左右谓之"阶"。《说文》"阶，门扇也"，胡介切。案，阶之为言介也，门扇有左右，故谓之"阶"。鱼有左右谓之"鲋"也。《吴都赋》"罩两鲋"，刘逵注曰："鲋，左右鲋，比目鱼也，须两鱼并合乃能游,故曰两鮿。"李善曰:"鮿,音介。"其证七也。"个"为"介"字隶书之省,见于汉碑者显然可据。见上。故《说文》有"介"无"个"。学者不察而强分为二字,字各为音,作"介"者必古拜反,作"个"者必古贺反,《玉篇》《广韵》以下诸书相沿不改,所谓大道以多歧亡羊也。至元戴侗《六书故》则又引唐本《说文》曰:"箇,竹枝也。二徐本皆作"竹枚也"。案,《方言》:"箇,枚也。"《说文》本于《方言》,不当改"枚"为"枝"。遍考书传,无以箇为竹枝者,盖作伪者欲弥缝半竹之说,故改"枚"为"枝",以《说文》"支"字注云"去竹之枝,从又持半竹"故也。今或作个,半竹也。"案,《说文》凡有重文,皆注云某或从某,如果有"个"字为"箇"重文,则当云"箇,或作半竹",乃合全书之例。今戴氏所引唐本《说文》则云:"今或作个,半竹也。"细审其文,乃后人私记于"箇"字注末,自道其当时有此字而又臆为之说耳,故不直曰"或作",而曰"今或作"。今者,当时之词也。不曰"箇或作半竹",而曰"半竹也",臆度之词也。通考《说文》全书无此文义,其出后人私记无疑。如《说文》"箇"字下果有"今或作个,半竹也"之训,则《玉篇》《广韵》亦当存此一说。乃《玉篇》"个"字分见于《八部》《丨部》,若个为半竹,则是象形之字,不得收于《八部》《丨部》矣。而不列于《竹部》"箇"字之下,"个"字注亦不以为半竹。《广韵·去声》弟三十八部古贺切内并列"箇"、"个"二字,于"箇"字则云"箇,数。又枚也、凡也",于"个"字则云"明堂四面偏上曰左右个也",而不云"同上",亦无半竹之解。然则《说文》"箇"字下无"今或作个"云云矣。且《说文》果有"今或作个"之说,陆德明、贾公彦、孔颖达诸人不应不见,乃陆氏《释文》屡为"个"字作音,向九《说文》"箇或作个"之说,贾、孔经疏亦不言《说文》有"个"字。二徐所据《说文》亦是相传旧本,而"箇"下俱无"今或作个"之语,鼎臣至列之

俗书讹谬中，而云"个"不见义，无以下笔。而标举"个"字并说其义
者，独见于戴氏所引之唐本，此岂足信乎？作伪者盖见《说文》"支"
字上半作"小"，解云"从又持半竹"，"又"各本误作"手"。半竹之形与
"个"字音古贺反者相似，故于"箇"下私记之曰"今或作个"，而为之
说曰"半竹也"。不知《说文》但云"从又持半竹"，不云"从又持个"。
如"支"字上半果是"箇"之或体，则《说文》当云"从又持个，个，竹枚
也"，方合全书之例，今但云"从又持半竹"，亦可知"小"为竹之半
体而非有"箇"字作"个"者也。《说文》又云"𢽳，古文支"，其字上下
各半竹，若以半竹为"箇"之或体，则上下各半竹者岂亦"箇"之或体
乎？甚矣其谬也。戴氏引鲁次公说曰："竹生非一，故兼个犹艸兼
中，丑列切林兼木，秝郎击切兼禾也。"案，《说文》"艸"字注云："从二
中。""林"字注云："从二木。""秝"字注云："从二禾。"中也，木也，禾
也，皆字也，以此例之，若有"个"字为半竹者，则"竹"字亦当云"从
二个"，而《说文》"竹"字注云"冬生艸也，象形，下垂者，箁箬也"，不
以为从二个，然则"个"非字也。凡《说文》象形之字皆不可割其半
以为字，如"羽"字注云"鸟长毛也，象形"，"开"字古贤切。注云"平
也，象二干对构，上平"，不闻分"羽"与"开"之半为某字也。"干犯"之
"干"，《说文》作"𦫳"，与此不同。"竹"字亦象形，乃割其半以为"箇"之或
体，可乎？象形之字，不可割其半以为字，此说得之顾氏子明。且《说文》部首
之例，凡叠两字为一字者，必先列所叠之字于前，而以叠之者次之，
如《王》下次以《珏部》，《口》下次以《吅部》之类是也。如《说文》果
有"个"字为半竹，则是先有"个"字而后叠为"竹"字，自当立"个部"
于《竹部》之前，而以"箇"字附于"个"下云"或从竹固声"，乃合全书

之例,不应有"个"字而不列于《竹部》之前,使后人不知"竹"字所叠者为何字也。而《说文·竹部》之前无"个部",则本无"个"字可知矣。戴氏又曰:"晁说之据籀文亦有'个'字。"案:夏竦《古文四声韵·去声箇弟三十八》引《籀韵》"个"字作"仈",此晁氏所谓籀文也。《籀韵》之书多以讹文为古体,是书之字,郭忠恕《汗简》所不收,至夏竦始采入《古文四声韵》。其字多讹谬难解,如以"饳"为"饥"、以"旹"为"春"、以"圖"为"纲"、以"驆"为"骅"、以"窤"为"响"、以"斯"为"鼎"之类,皆隶体讹误之甚者。不可尽信。盖好事者见经典"个"字音古贺反,遂仿佛其文而为此篆,其上半作"仈",乃"人"字篆文,《玉篇》"个"字在《八部》,则上半乃"八"字,非"人"字。下半作"丨","丨"音古本反,《说文》云"上下通也",从人从丨,何所取义? 此许氏所谓未睹字例之条者也。且"竹"字篆文作"艸",若个为半竹,则当作"巾"。今《籀韵》"个"字上半作"仈",既与"门"不相似,下半作"丨",与上半不连,则又与"巾"之中画上通者异矣,将以为半竹之"个",则篆体龃龉而不合,将以为从人从丨,则又义无所取,世岂有此乖剌无当之籀文乎? 其不足据亦明矣。段氏若膺《说文注》讨论精审,而于"箇"字乃依唐本"或作个"之说,而以"个"为重文,且载"半竹"之解,无乃为作伪者所惑与? 段氏曰:"《史记·货殖传》'竹竿万个',《正义》引《释名》:'竹曰个,木曰枚。'"段意盖以"竹曰个"释"半竹为个"也。案,单行本《索隐》引《释名》曰:"竹曰箇,木曰枚。"又引《方言》曰:"箇,枚也。"又云:"《仪礼》、《礼记》字为'个','箇'、'个'古今字也。"是《仪礼》、《礼记》作"个",而《释名》与《方言》则作"箇"。俗本《史记》误以《索隐》为《正义》,又改"竹曰箇"之"箇"为"个"耳,未可据此以证半竹之为个也。且"竹曰箇，木曰枚"，则竹一枚方为一箇，若以为半竹，则不足一枚矣，安得尚谓之"箇"乎？自唐以来缀学之士皆不知"个"为"介"字隶书之省，据《祝睦后碑》"齐"字作"齐"，可知"介"字省则为"个"，不省则为"尒"。左右画，"八"字也；中画之"亻"，则人字也。《玉篇》知"个"字从八，收入《八部》，而不知"丨"为"亻"之省，故误分"介"、"个"为二，而"丨"部又收"个"字。惟郭氏《佩觿》于字画相似而音义不同者皆剖析之，而独不及"介"、"个"，似有见于二字之为一字者。又不知"介"字之音可以转而为"箇"，见上。而见音古拜反者则以为当作"介"，见音古贺反者则以为当作"个"，此犹"刀"有都高、丁聊二切而俗以作"刁"者为丁聊切，"句"有九遇、古侯二切而俗以作"勾"者为古侯切，"沈"有直林、式稔二切而俗以作"沉"者为直林切也。始则强分"介"、"个"为二，既则疑《说文》之脱"个"字，而增"个"字以为"箇"之重文，于是仓史之遗文竟乱于乡壁虚造之说矣，此不可以不辩。余友顾子明文学曾以《个字说》示余，援据博而辨论明，余读而善之。而其所说尚未明隶书之省及音读之通，因又详考汉隶之变体，例以古韵之转声，乃晓然于"介"之变而为"个"转而读古贺反者，似异而未尝异也。敢具论之，以质于当世之通小学者。

古　韵　廿　一　部

　　家大人与李方伯书曰："修书甫竟，复接季冬手札，欣悉先生福履茂畅，诸协颂忱。某尝留心古韵，特以顾氏《五书》已得其十之六七，所未备者，江氏《古韵标准》、段氏《六书音均表》皆已补正之，唯入声与某所考者小异，故不复更有撰述，兹承询及，谨献所疑，以就正有道焉。入声自一屋至二十五德,其分配平上去之某部某部,顾氏一以九经、《楚辞》所用之韵为韵,而不用《切韵》以屋承东,以德承登之例,可称卓识。独于二十六缉至三十四乏,仍从《切韵》以缉承侵,以乏承凡,此两岐之见也。盖顾氏于九经、《楚辞》中求其与去声同用之迹而不可得,故不得已而仍用旧说。又谓《小戎》二章以‘骖’、‘合’、‘軜’、‘邑’、‘念’为韵,《常棣》七章以‘合’、‘琴’、‘翕’、‘湛’为韵,不知《小戎》自以‘中’、‘骖’为一韵,‘合’、‘軜’、‘邑’为一韵,‘期’、‘之’为一韵。《常棣》自以‘合’、‘翕’为一韵,‘琴’、‘湛’为一韵,不可强同也。今案,缉、合以下九部当分为二部,遍考《三百篇》及群经、《楚辞》所用之韵,皆在入声中而无与去声同用者,而平声侵、覃以下九部亦但与上去同用而入不与焉,然则缉、合以下九部本无平、上、去明矣。又案,去声之至、霁二部及入声之质、栉、黠、屑、薛五部中,凡从至、从臸、从质、从吉、从七、从日、从疾、从悉、从栗、从黍、从毕、从乙、从失、从八、从必、从卪、从节、从血、从彻、从设之字及闭、实、逸、一、抑、别等字,皆以去入同用而不与平上同用,固非脂部之入声,亦非真部之入声。《六书音均表》以为真部之入声,非也。《切韵》以质承真,以术承谆,以月承元,《音均表》以术、月二部为脂部之入声,则谆、元二部无入声矣,而又以质为真之入声,是自乱其例也。又案,《切韵》平声自《十二齐》至《十五咍》凡五部,上声亦然,若去声则自《十二霁》至《二十废》共有九部,较平上多祭、泰、夬、废四部,此非无所据而为之也。考《三百篇》及群经、《楚辞》此四部之字皆与入声之月、曷、末、黠、鎋、薛同用而不与至、未、霁、怪、队及入声之术、物、迄、没同用,且此四部有去入而无平上。《音均表》以此四部与至、未等部合为一类，入声之月、曷等部亦与术、物等部合为一类，于是《蓼莪》五章之‘烈’、‘发’、‘害’与六章之‘律’、‘弗’、‘卒’，《论语》八士之‘达’、‘适’与‘突’、‘忽’，《楚辞·远游》之‘至’、‘比’与‘厉’、‘卫’皆混为一韵而音不谐矣。其以月、曷等部为脂部之入声，亦沿顾氏之误而未改也。唯术、物等部乃脂部之入声耳。又案，屋、沃、烛、觉四部中，凡从屋、从谷、从木、从卜、从族、从鹿、从卖、从業、从录、从束、从狱、从辱、从豕、从曲、从玉、从蜀、从足、从局、从角、从岳、从昝之字及‘禿’、‘哭’、‘粟’、‘珏’等字皆侯部之入声，而《音均表》以为幽部之入声，于是《小戎》首章之‘驱’、‘续’、‘毂’、‘馵’、‘玉’、‘屋’、‘曲’，《楚茨》六章之‘奏’、‘禄’，《角弓》三章之‘裕’、‘瘉’，六章之‘木’、‘附’、‘属’，《桑柔》十二章之‘谷’、‘垢’，《左传》哀十七年繇辞之‘窦’、‘逾’，《楚辞·离骚》之‘属’、‘具’，《天问》之‘属’、‘数’皆不以为本韵而以为合韵矣。且于《角弓》之‘君子有徽猷，小人与属’，《晋》初六之‘罔孚裕，无咎’，皆非韵而以为韵矣。以上四条，皆与某之所考不合。不揣寡昧，僭立二十一部之目而为之表，分为二类：自东至歌之十部为一类，皆有平上去而无入；自支至宵之十一部为一类，或四声皆备，或有去入而无平上，或有入而无平上去，而入声则十一部皆有之，正与前十类之无入者相反。此皆以九经、《楚辞》用韵之文为准而不从《切韵》之例。一偏之见，未敢自信，谨述其大略，并草韵表一纸呈览，如蒙阁下是正其失，幸甚幸甚，某又启。”

东弟一	平	上	去
蒸弟二	平	上	去
侵弟三	平	上	去
谈弟四	平	上	去
阳弟五	平	上	去
耕弟六	平	上	去
真弟七	平	上	去
谆弟八	平	上	去
元弟九	平	上	去

续表

	平	上	去	入
歌弟十				
支弟十一			去	
至弟十二	上		去	入
脂弟十三	上		去	入
祭弟十四			去	入

续表

盖弟十五				入
缉弟十六				入
之弟十七	平	上	去	入

续表

	平	上	去	入
鱼弟十八				入
侯弟十九				
	平	上	去	入
幽弟二十				入
	平	上	去	
宵弟二十一				入
	平	上	去	

屋喔握喔喔捉捉 谷鹐谷欲谷欲谷欲 鏉醁醁鹿 鏉寁寁木沐沐 渎续 卜卦卜朴卜枝族族 嗾鋟觳 贾渍渍 賣撲瑑堺 遭讀輷樹樹頭頭頭 求椂荥荥绿绿 荥绿堺绿 僕横樸樸 汏逮逯逯 耎辱辱犀 嗾餗速谏谏嬼谏 邀邀荥荥戮 哭坱樹樹漘漘 氡涿涿毂敦豩湪漆 曲苗玉顼 蜀敕蜀蜀 踚跀曷局把 嗝飼歜飼蝓躅 蠋蠋斷断斷菜角 蛃嗝飼瓟顼 断菜角 楅确柺狂岳颐冎葛 毂鍪鍪蓇蓇 毂毂毂

通说下十二条

经文假借

引之谨案，许氏《说文》论六书假借曰："本无其字，依声托事，'令'、'长'是也。"盖无本字而后假借他字，此谓造作文字之始也。至于经典古字声近而通，则有不限于无字之假借者，往往本字见存，而古本则不用本字而用同声之字，学者改本字读之则怡然理顺，依借字解之则以文害辞。是以汉世经师作注有"读为"之例，有"当作"之条，皆由声同声近者以意逆之而得其本字，所谓好学深思，心知其意也。然亦有改之不尽者，迄今考之文义，参之古音，犹得更而正之，以求一心之安而补前人之阙。如借"光"为"广"，而解者误以为"光明"之"光"；说见《易》"光亨"、《书》"光被四表"、《国语》"少光王室""光远宣朗"。借"有"为"又"，而解者误以为"有无"之"有"；说见"迟有悔"。借"簪"为"揝"，而解者误以为"冠簪"之"簪"；说见"朋盍簪"。借"蛊"为"故"，而解者误以为"蛊惑"之"蛊"；说见《蛊》卦。借"辨"为"蹁"，而解者误以为"分辨"之"辨"；说见"剥床以辨"。借"祇"为"敍"为"疷"，而解者误以"祇"为语辞；说见"无祇悔"、"祇既平"。借"易"为"埸"，而解者误以为"平易"之"易"；说见"丧羊于易"。借"繘"为"矞"，而解者误以"繘"为绠；说见"亦未繘井"。借"井"为"阱"，而解者误以为"井泉"之"井"；说见"旧井无禽"。借"涑"为"鬻"，而解者误以为"其蕨维何"之"蕨"；说见"覆公涑"。借"时"为"待"，而解者误以为"四时"之"时"；说见"迟归有时"。借"缡"为"褵"，而解者误以为"水濡"之"濡"；说见"缡有衣褋"。借"尊"为"樽"，而解者误以为"尊卑"之"尊"；说见"谦尊而光"。借"坼"为"乇"，而解者误以为"开坼"之"坼"；说见"百果草木皆甲坼"。借"财"为"载"，而解者误以为坤富称财；说见"财成天地之道"。借"荣"为"营"，而解者误以为"荣华"之"荣"；说见"不可荣以禄"。借"闻"为"问"，而解者误以为"闻见"之"闻"；说见"终莫之闻也"，《诗》"亦莫我闻"、"则不我闻"。借"纶"为"论"，而解者误以为"经纶"之"纶"；说见"弥纶天地之道"。借"贡"为"功"，而解者误以"贡"为告；说见六爻之"义易以贡"。借"洗"为"先"，而解者误以为"洗濯"之"洗"；说见"圣人以此洗心"。借"辨"为"遍"，而解者误以为"辨别"之"辨"；说见"复小而辨于物"。借"杂"为"币"，而解者误以为"杂碎"之"杂"；说见"恒杂而不厌"。借"噫"为"抑"，而解者误以为噫乎发叹；说见"噫亦要存亡吉凶"。借"盛"为"成"，而解者误以为"盛衰"之"盛"；说见"莫盛乎艮"。借"平"为"辨"，而解者误以为古文"采"字；说见《书》"平章百姓"。借"方"为"旁"，而解者误以为"四方"之"方"；说见"汤汤洪水方割"。借"恤"为"谧"，而解者误以"恤"为忧；说见"惟刑之恤哉"。借"胄"为"育"，而解者误以"胄"为长；说见"教胄子"。借"粒"为"立"，而解者误以为"粒食"之"粒"；说见"烝民乃粒"。借"忽"为"滑"，而解者误以为"怠忽"之"忽"。说见"在治忽"。借"玑"为"暨"，而解者误以为"珠玑"之"玑"；说见"厥篚玄纁玑组"。借"犹"为"由"，而解者误以"犹"为尚；说见"兹犹不常宁"。借"明"为"孟"，而解者误以为"明暗"之"明"；说见"明听朕言"。借"暂遇"为"渐愚",而解者误以为暂遇人;说见"暂遇奸宄"。借"育"为"胄",而解者误以"育"为长;说见"无遗育"。借"沈"为"淫",而解者误以为"沈溺"之"沈";说见"沈酗于酒"。借"指"为"厎",而解者误以为指灭亡之意;说见"今尔无指告"。借"昏"为"泯",而解者误以为"昏乱"之"昏";说见"昏弃厥祀弗答"。借"谋"为"敏",而解者误以为"下进其谋";说见"聪作谋"。借"政"为"正",而解者误以为"政事"之"政"。说见"立政"、《左传》"两政"、《国语》"以为大政"。借"逢"为"豐",而解者误以为"遭逢"之"逢",且属下读;说见"子孙其逢吉"。借"考"为"巧",而解者误以"考"为父,又以为成;说见"予仁若考"、《国语》"上帝不考"。借"忘"为"亡",而解者误以为"遗亡"之"亡";说见"兹不忘大功"。《诗》"曷维其亡"。借"極"为"亟",而解者误以"極"为终;说见"予不敢不極卒宁王图事"。借"冒"为"懋",而解者误以为"覆冒"之"冒";说见"惟时怙冒"。借"衣"为"依",而解者误以"衣"为服行;说见"绍闻衣德言"。借"别"为"辨",而解者误以为"分别"之"别";说见"别求闻由古先哲王"。借"乱"为"率",而解者误以"乱"为治;说见"厥乱为民"。借"陳"为"敶",而解者误以为"陳列"之"陳";说见"惟其陳修"。借"面"为"勔",而解者误以为面见;说见"面稽天若"。借"文"为"紊",而解者误以为礼文;说见"咸秩无文"。借"依"为"隐",而解者误以为"依怙"之"依";说见"小人之依"。借"正"为"政",而解者误以为正道;说见"惟正之共"、《诗》"无俾正败"。借"阅"为"说",而解者误以为"检阅"之"阅";说见"阅实其罪"。借"咸"为"俄",《说文》读若"咸"。而解者误以"咸"为皆;说见"咸刘厥敌"。借"义"为"俄",而解者误以为"仁义"之"义";说见"三宅无义民"。借"富"为"福",而解者误以为货赂,又以为备;说见"惟讫于富"、《礼记》"不饶富"。借"择"为"斁",而解者误以为"可择";说见"罔有择言"。

借"格"为"假"，而解者误以"格"为至；说见"庶有格命"、《仪礼》"孝友时格"。借"输"为"渝"，而解者误以为输信；说见"输而孚"。借"哲"为"折"，而解者误以"哲"为知；说见"哲人惟刑"。借"忌"为"慧"，而解者误以为"畏忌"之"忌"；说见"未就予忌"。借"恶"为"诬"，而解者误以为"好恶"之"恶"；说见"冒疾以恶之"。借"方"为"放"，分罔切。而解者误以"方"为有；说见《诗》"维鸠方之"。借"墍"为"忾"，而解者误以"墍"为安息；说见"伊予来墍"。借"景"为"憬"，而解者误以为古"影"字；说见"泛泛其景"。借"众"为"终"，而解者误以为"众寡"之"众"；说见"众稚且狂"。借"能"为"而"，而解者误以为"才能"之"能"；说见"能不我知"。借"湿"为"曝"，而解者误以为"润湿"之"湿"；说见"叹其湿矣"。借"还"为"嫙"，而解者误以"还"为便捷之貌；说见"子之还兮"。借"儇"为"婘"，而解者误以"儇"为利；说见"揖我谓我儇兮"。借"寐"为"沫"，而解者误以为"瘵寐"之"寐"；说见"行役夙夜无寐"。借"直"为"职"，而解者误以为直道；说见"爰得我直"。借"子"为"嗞"，而解者误以为斥娶者；说见"子兮子兮"。借"盬"为"苦"，而解者误以"盬"为不坚固；说见"王事靡盬"。借"为"为"讹"，而解者误以为为人；说见"人之为言"。借"辰"为"慎"，而解者误以"辰"为时；说见"奉时辰牡"。借"纪"为"杞"、借"堂"为"棠"，而解者误以"纪"为基、"堂"为毕道平如堂；说见"有纪有堂"。借"讯"为"谇"，而解者误以"讯"为讪字；说见"歌以讯止"。借"偕"为"皆"，而解者误以"偕"为齐等；说见"维其偕矣"。借"誉"为"豫"，而解者误以为名誉；说见"是以有誉处兮"。借"萚"为"檡"，而解者误以"萚"为落叶；说见"其下维萚"。借"芋"为"宇"，而解者误以"芋"为大；说见"君子攸芋"。借"猗"为"阿"，而解者误以"猗"为旁倚；说见"有实其猗"。借"意"为"億"，而解者误以为"心意"之"意"；说见"曾是不意"。借"卒"为"猝",而解者误以为崒者崔嵬;说见"崒者崔嵬"。借"佻佻"为"嬥嬥",而解者误以"佻佻"为独行貌;说见"佻佻公子"。借"交"为"姣",而解者误以为与人交;说见"彼交匪敖"。借"求"为"逑",而解者误以为"干求"之"求";说见"万福来求"。借"亡"为"忘",而解者误以为"灭亡"之"亡",又以为"既葬曰亡";说见"至于己斯亡"、《礼记》"亡则弗之忘矣"。借"土"为"杜",而解者误以"土"为居;说见"自土沮漆"。借"時"为"蒔",而解者误以"時"为是;说见"曰止曰时"。借"作"为"柞",而解者误以"作"为起;说见"作之屏之"。借"栵"为"烈",而解者误以为木名;说见"其灌其栵"。借"唪唪"为"菶菶",而解者误以"唪唪"为多实貌;说见"瓜瓞唪唪"。借"溉"为"概",而解者误以"溉"为清;说见"可以濯溉"。借"随"为"隋",而解者误以为随人之恶;说见"无纵诡随"。借"垢"为"诟",而解者误以"垢"为暗冥;说见"征以中垢"。借"公"为"功",而解者误以"公"为朝廷;说见"妇无公事"。借"承"为"烝",而解者误以"承"为缵;说见"不显不承"。借"幅"为"福"、借"陨"为"云",而解者误以"幅"为广、"陨"为均;说见"幅陨既长"。借"球"为"捄",而解者误以"球"为玉;说见"受小球大球"。借"斾"为"发",而解者误以"斾"为旗;说见"武王载斾"。借"祸"为"过",而解者误分祸与过为二;说见"勿予祸适"。借"幣"为"敝",而解者误以为幣帛;说见《周礼》"幣余之赋"。借"嫔"为"宾",而解者误以为嫔妇;说见"嫔贡"。借"和"为"宣",而解者误以"始和"为改造;说见"始和布治于邦国都鄙"。借"修"为"羞",而解者误以"修"为扫除粪洒;说见"与其其修"。借"弛"为"施",而解者误以为弛力役;说见"敛弛之联事"。借"禮"为"醴",而解者误以为当作绥;说见"故书绥为禮"。借"睪"为"與",而解者误以"睪"为行;说见"王睪则从"。借"纯"为"黗",而解者误以为当作缁;说见"纯帛无过五两"、《仪礼》"纯衣"。借"會"为"譮"，而解者误以为会同盟誓之辞；说见"四曰會"。借"学"为"教"，而解者误以为修德学道；说见"以国法掌其政学"。借"发"为"拨"，而解者误以为发伤；说见"则弓不发"。借"宅"为"托"，而解者误以为去官而居宅；说见《仪礼》"宅者"。借"缩"为"蹙"，而解者误以"缩"为从；说见"磬阶间缩霤"。借"栗"为"历"，而解者误分栗阶、历阶为二；说见"皆栗阶"。借"櫛"为"即"，而解者误以为"樿櫛"之"櫛"；说见"櫛，并也"。借"辩"为"胖"，而解者误以"辩"为遍；说见"借辩无牌"。借"勿勿"为"忽忽"，而解者误以"勿勿"为勉勉；说见《大戴礼》"守此勿勿"。借"蹩"为"欨"，而解者误以"蹩"为窟；说见"蹩穴其中"。借"家"为"稼"，而今本径改为"稼"；说见"陶家事亲"。借"傅"为"敷"，而今本径改为"敷"；说见"使禹敷土"。借"汁"为"协"，而今本"汁"误作"计"；说见"计辞令"。借"倍"为"借"，而今本"倍"误作"倨"；说见"无倨立"。借"致"为"质"，而解者误以为致于尊者；说见《礼记》"操书致"。借"宰"为"采"，而解者误以"宰"为邑士；说见"有宰食力"。借"饶"为"侥"，而解者误以"饶"为多；说见"不饶富"。借"褟"为"緆"，而解者误以为褟衣；说见"袪褟之可也"。借"政"为"征"，而解者误以为"政事"之"政"；说见"无苛政"。借"奂"为"焕"，而解者误以"奂"为众多；说见"美哉奂焉"。借"龙"为"駹"，而解者误以为马八尺以上，说见"驾仓龙"。借"高"为"郊"，而解者误以"高"为尊；说见"以大牢祠于高禖"。借"刑"为"径"，而解者误以为"刑罚"之"刑"；说见"事毋刑"。借"鲜"为"散"，而解者误以为鲜少，又以为鲜絜；说见"谷实鲜落"。借"疧"为"阽"，而解者误以"疧"为病，说见"不以人之亲疧患"。借"捭"为"焷"，而解者误以"捭"为擘；说见"燔黍捭豚"。借"华"为"瓝"，而解者误以"华"为果蓏；说见"天子树瓜华"。借"齐"为"醮"，而解者误以为同尊

卑；说见"壹与之齐"。借"羶"为"馨"，而解者误以"羶"为脂气；说见"合羶
芗"。借"可"为"阿"，而《释文》不为作音；说见"择于诸母与可者"。借
"蕃"为"嶓"，而解者误以"蕃"为赤色，又以为黑色；说见"周人黄马蕃
鬣"。借"旁"为"谤"，而解者误以"旁"为妄；说见"不旁狎"。借"佔"为
"笘"，而解者误以"佔"为视；说见"呻其佔毕"。借"静"为"情"，而解者
误以为"动静"之"静"；说见"乐由中出故静"，《大戴礼》"诚静必有可信之色"。
借"狄戉"为"逃越"，而"戉"误为"成"，解者遂以为成而似夷狄之
音。说见"狄成涤滥之音作"。借"条畅"为"涤荡"，而解者误以为条畅之
善气；说见"感条畅之气"。借"气"为"器"，而解者误以乐气为歌舞。说
见"乐气从之"。借"擾"为"糅"，而"擾"误为"獿"，解者遂以为舞者如
猕猴戏；说见"獿杂子女"。借"唯"为"雖"，而解者误读如字；说见"唯某之
闻诸苌弘"，《穀梁传》"唯未易灾之余而尝可也"。借"建"为"键"，而解者误以
为"键闭"之"键"；说见"名之曰建橐"。借"侪"为"齐"，而解者误以"侪"
为辈类；说见"得其侪"。借"义"为"仪"、借"终"为"众"，而解者误以为
既禅二十八载乃死；说见"尧能赏均刑法以义终"。借"置"为"植"，而解者
误以为措置；说见"置之而塞乎天地"。借"缪"为"蓼"，而解者误以"缪"
为谥；说见"阳侯犹杀缪侯而窃其夫人"。借"察"为"际"，而解者误以"察"
为箸；说见"言其上下察也。"借"仁"为"人"，而解者误改"仁"为"民"；说
见"宽身之仁也"。借"危"为"诡"，而解者误以为高；说见"则民言不危行而
行不危言矣"。借"费"为"悖"，而解者误以"费"为惠；说见"口费而烦"。
借"敝"为"袆"，而解者误以"敝"为败衣；说见"苟有衣必见其敝"。借
"難"为"戁"，而解者误以为可畏难；说见"居处齐难"。《大戴礼》"恭而不
难"，亦"不戁不悚"之"戁"。借"诸"为"者"，而解者误以为诸子；说见《左传》
"藐诸孤"。借"径"为"经"，而解者误以"径"为行；说见"径馁而弗食"。借

"呼"为"吁"：而解者误音好贺反；说见"呼役夫"。借"咸"为"减"，而解者误以"咸"为皆；说见"咸黜不端"。借"勉"为"免"，而解者误以为"懋勉"之"勉"；说见"赖前哲以免也"、《国语》"厚其外交而勉之"。借"首"为"道"，而解者误以行首为陈前，盟首为载书之章首；说见"疏行首"。借"多"为"祇"，而解者误以为"多寡"之"多"；说见"多遗秦禽"、《公羊传》"君无多辱焉"。借"萩"为"楸"，而解者误以"萩"为蒿。说见"雍门之萩"。借"药"为"疗"，而解者误分"药"、"石"为二；说见"药、石也"。借"没没"为"昧昧"，而解者误以"没没"为沈灭之言；说见"何没没也"。借"逞"为"盈"，而解者误以"逞"为尽；说见"不可亿逞"。借"鸠"为"究"，而解者误以"鸠"为聚；说见"鸠薮泽"。借"疆潦"为"礓礰"，而解者误以为疆界有流潦；说见"数疆潦"。借"义"为"仪"，而解者误以"义"为从宜；说见"妇义事也"、《国语》"比义"。借"谆谆"为"忳忳"，而解者误以为重顿之貌；说见"谆谆焉如八九十者"。借"靖"为"旌"，而解者误以"靖"为"安靖"之"靖"；说见"不靖其能"。借"董"为"动"、"振"为"震"，而解者误以"董"为正、"振"为整；说见"董振择之"。借"举"为"与"，而解者误以为举朝；说见"寡君举群臣"。借"议"为"仪"，而解者误以"议事"为临事；说见"议事以制"。借"恪"为"格"，而解者误以"陟恪"为陟降；说见"叔父陟恪"。借"斩"为"惭"，而解者误以为斩衰；说见"孤斩焉在衰绖之中"。借"形"为"刑"，而解者误以为如金冶之器随器而制形；说见"形民之力"。借"取"为"聚"，而解者误以取人为劫人；说见"取人于萑苻之泽"。借"间"为"干"，而解者误以为间错；说见"以间先王"。借"宿"为"佋"古文"凤"字，而解者误以"宿"为安；说见"官宿其业"。借"坻"为"敊"，而解者误以"坻"为止；说见"物乃坻伏"。借"备"为"服"，而解者误以为仪物之备；说见"备物典策"。借"少帛"为"小白"，而解者误以为杂帛；说见"大各少帛"。借"慸"为"碁"，而解者误以"慸"为毒；说见"慸间王室"。借"皋"为"咎"，而解者误以"皋"为缓；说见"鲁人之皋"。借"性"为"生"，而解者误以为情性；说见《国语》"厚其性"。借"渝"为"输"，而解者误以"渝"为变；说见"弗震弗渝"。借"庸"为"融"，而解者误以"庸"为功；说见"服物昭庸"。借"迁"为"讦"，而解者误以为迁回；说见"其语迁"。借"招"为"昭"，而解者误以"招"为举；说见"尽言以招人过"。借"辩"为"遍"，而解者误以"辩"为别；说见"言教必及辩"。借"慝"为"忒"，而解者误以"慝"为恶；说见"过慝之度"。借"黜"为"屈"，而解者误以"黜"为去；说见"扬沈伏而黜散越"。借"滋"为"慈"，而解者误以"滋"为长；说见"遂滋民与无财"。借"淳"为"焞"，而解者误以"淳"为大；说见"淳燿敦大"。借"民"为"泯"，而解者误以为"人民"之"民"；说见"民烦"。借"宫"为"躳"，而解者误以"宫"为居；说见"右执殇宫"。借"类"为"率"，而解者误以"类"为善；说见"心类德音"。借"从"为"纵"，而解者误以"从"为顺随；说见"从逸王志"。借"朋"为"冯"，而解者误以"朋"为群；说见"奋其朋势"。借"扣"为"呴"，而解者误音"口"；说见"三军皆哗扣"。借"刑"为"形"，而解者误以"刑"为法；说见"天地之刑"。借"臂"为"辟"，而解者误音必赐反；说见《公羊传》"臂撽仇牧"。借"易"为"隻"，而解者误以为"易轮辙"；说见"一本又作易轮"。借"茅"为"旄"，而解者误以为用茅；说见"左执茅旌"。借"躬"为"穷"，而解者误以"躬"为身；说见"潞子之为善也躬"。借"殆"为"治"，而解者误以"殆"为疑；说见"往殆乎晋"。借"睋"为"俄"，而解者误以"睋"为望；说见"睋而曰"。借"填"为"珍"，而解者误以为填伏；说见《榖梁传》"诛不填服"。借"苞"为"俘"，而解者误以"苞"为制；说见"苞人民"。借"倚"为"奇"，而解者误以为依倚；说见"倚诸，桓也"。借"君"为"群"，而解者误以为"君上"之"君"；说见《尔雅》"林、烝、君也"。借"逐"为"疛"，而解者误以为领人之轴；说见"逐，病也。"借"鴑"为"鼠"，而解者误以为散鴑；说见"鴑，忧也"。借"繇"为"愮"，而解者误以为繇役；说见"繇，忧也"。借"伦"为"熏"，而解者误以为伦理；说见"伦，劳也"。借"危"为"诡"，而解者误以为"安危"之"危"；说见"嶠，危也"。借"哉"为"厕"，而解者误以为语词之"哉"；说见"哉，间也"。借"畛"为"珍"、借"珍"为"腆"，而解者误以"畛"为地畔之径路；说见"畛，珍也"。借"述"为"疸"，而解者误以为思念所求；说见"惟述鞠也"。借"堂"为"唐"，而解者误以为"堂室"之"堂"；说见"毕，堂墙"。借"甗"为"庐"，语偃切。而解者误以"甗"为"甗"；说见"重甗，隒"。借"杬"为"芫"，而解者误以为大木；说见"杬，鱼毒"。借"蔽"为"槷"、借"翳"为"殪"，而解者误以为树荫翳相覆蔽；说见"蔽者，翳"。借"繁"为"皤"，而解者误以繁鬣为美髦鬣。说见"青骊繁鬣，骊"。若是者，由借字之古音以考同音之本字，惟求合于经文，不敢株守旧说。他如借"子"为"慈"，说见《书》"天迪从子保"，《礼记》"孝弟睦友子爱"。借"惠"为"慧"，借"俭"为"险"，说见《大戴礼》"惠而不俭"。借"沙"为"纱"，借"泥"为"涅"；说见"百沙在泥"。借"佚"为"怢"，说见"不佚可佚"。借"殆"为"怠"，说见"殆教忘身"。借"贷"为"愿"，说见"以财投长曰贷"。借"制"为"哲"；说见"古之明制之治天下"。借"变"为"遍"，说见"变官民能"。借"惮"为"亶"，说见"观其信惮也"。借"皇"为"横"，说见"皇于四海"。借"波"为"播"，说见《左传》"波及晋国"。借"百"为"陌"，说见"距跃三百"。借"赦"为"释"，说见"犹愿赦罪于穆公"。借"迁"为"怾"，说见"子无我迁"。借"雖"为"惟"，说见《国语》"虽其慢乃易残也"。借"戰"为"憚"，说见"战以锌于丁宁"。借"口"为"叩"，说见《公羊传》"吾为子口隐矣"。借"色"为"歠"，说见"色然而骇"。虽前人所未及，犹复表而出之，以俟为朴学治古文者采择焉。

语词误解以实义

引之谨案,经典之文,字各有义,而字之为语词者则无义之可言,但以足句耳。语词而以实义解之,则扞格难通。余曩作《经传释词》十卷,已详著之矣,兹复约略言之,其有前此编次所未及者,亦补载焉。如与,以也。《论语·阳货篇》"鄙夫可与事君也与哉",言不可以事君也,而解者云不可与之事君,则失之矣。以,及也,《复》上六曰"用行师,终有大败,以其国君凶",言及其国君也,而解者训"以"为用,云用之于国则反乎君道,则失之矣。以,而也。《豫·象传》曰"先王以作乐崇德,殷荐之上帝,以配祖考",言荐此乐于上帝而又德配祖考也,解者谓以祖考配上帝,则失之矣。庄二十四年《公羊传》"戎众以无义",言众而不义也,而解者云戎师多,又常以"无义"为事,则失之矣。以,此也。《祭统》曰"对扬以辟之勤大命,施于烝彝鼎",言对扬此君之勤大命,著之于烝彝鼎也,而解者读"对扬以辟之"为句,云遂扬君命以明我先祖之德,则失之矣。攸,用也。《禹贡》曰"彭蠡既猪,阳鸟攸居",言阳鸟之地用是安居也。又曰"漆沮既从,丰水攸同",言丰水用同也。又曰"九州攸同,四隩既宅",言九州用同也。《洪范》曰"帝乃震怒,不畀洪范九畴,彝伦攸斁",又曰"天乃锡禹洪范九畴、彝伦攸叙",言彝伦用斁,彝伦用叙也。《金縢》曰"予小子新命于三王,惟永终是图,兹攸俟",言兹用俟也。《大诰》曰"予曷其不于前宁人图功攸终",言曷不于前宁人图功用终也。又曰"予曷敢不于前宁人攸受休毕",言曷敢不于前宁人用受休毕也。《雒诰》曰"无若火始炎炎,厥攸灼,叙弗其绝",言厥用灼也。《多士》曰"亦惟尔多士,攸服奔走,臣我多逊",言惟尔多士,用服奔走也。《无逸》曰"乃非民攸训,非天攸若",言非民用训,非天用若也。《小雅·蓼萧》曰"万福攸同",言万福用同也。《斯干》曰"风雨攸除,鸟鼠攸去,君子攸芋",言风雨用除,鸟鼠用去,君子用芋也。《楚茨》曰"报以介福,万寿攸酢",言万寿用酢也。《大雅·绵》曰"乃立冢土,戎丑攸行",言戎丑用行也。《棫朴》曰"奉璋峨峨,髦士攸宜",言髦士用宜也。《旱麓》曰"岂弟君子,福禄攸降",言福禄用降也。《灵台》曰"王在灵囿,麀鹿攸伏",言麀鹿用伏也。《文王有声》曰"四方攸同,王后维翰",言四方用同也。《既醉》曰"朋友攸摄,摄以威仪",言朋友用摄也。《鲁颂·泮水》曰"既作泮宫,淮夷攸服",言淮夷用服也。解者悉以"所"字释之,则失之矣。繇,于也。马本《大诰》"王若曰'大诰繇尔多邦'",言大诰于尔多邦也,"繇"与"猷"通,解者训"猷"为道,则失之矣。允,用也。《尧典》曰"允厘百工",言用厘百工也。《皋陶谟》曰"允迪厥德",言用迪厥德也。又曰"庶尹允谐",言庶尹用谐也。《大诰》曰"允蠢鳏寡",言用动鳏寡也。《论语·尧曰篇》引尧曰"允执其中",言用执其中也。襄二十一年《左传》引《夏书》曰"允出兹在兹",言用出兹在兹也。《小雅·鼓钟》曰"淑人君子,怀允不忘",言思之用不忘也。《大雅·公刘》曰"豳居允荒",言豳居用荒也。《考工记》栗氏量铭曰"时文思索,允臻其极",言用臻其极也。《大雅·大明》曰"聿怀多福",《春秋繁露·郊祭篇》引作"允怀多福"。是"允"为语词也,解者悉以"信"字代之,则失之矣。"允"又发语词也。《周颂·时迈》曰"允王维后",言王维后也。又曰"允王保之",言王保之也。《武》曰"於皇武王,无竞维烈,允文文王,克开厥后"。"於"、"允"皆语词也,解者释"允"为信,亦失之矣。为,语助也。《论语·颜渊》曰"何以文为",言何用文也,而解者云"何用文章以为君子",则失之矣。《子路》曰"虽多亦奚以为",言虽多亦何用也,而解者云"亦何所为用",则失之矣。《子张》曰"无以为也",言无用毁也,而解者云"使无以为訾毁",则失之矣。谓,奈也。《召南·行露》曰"岂不夙夜,谓行多露",言岂不欲夙夜而行,奈道中多露何哉,而解者以"以为"二字代"谓"字,则失之矣。《小雅·节南山》曰"赫赫师尹,不平谓何",言师尹不平,其奈之何也,而解者云"谓何,犹云何也",则失之矣。维,与也,及也。《鲁语》"与百官之政事,师尹维旅牧相,宣序民事",言百官之政事,师尹及旅牧相也,而解者以"维"为陈,则失之矣。云,语助也,或作"陨"。《商颂·长发》曰"幅陨既长",言福既长也,解者以"陨"为均,或谓"陨"当作"圜",则失之矣。壹,语助也。《檀弓》曰"予壹不知夫丧之踊也",言予不知夫丧之踊也。《大学》曰"自天子以至于庶人,壹是皆以修身为本",言是皆以修身为本也,而解者以"壹"为专行,则失之矣。《檀弓》又曰"子之哭也,壹似重有忧者",言似重有忧者也,而解者以"壹"为决定之词,则失之矣。夷,语助也。《大雅·瞻卬》曰"蟊贼蟊疾,靡有夷届,罪罟不收,靡有夷瘳",言为害无有终极,如病无有愈时也,而解者训"夷"为常,则失之矣。昭二十四年《左传》"纣有亿兆夷人",言有亿兆人也;《孟子·尽心》曰"夷考其行,而不掩焉者也",言考其行而不掩也。而解者训"夷"为平,则失之矣。洪,发声也。《大诰》曰"洪惟我幼冲人",《多方》曰"洪惟图天之命",皆是也,而解者训"洪"为大,则失之矣。庸,何也,安也,讵也。庄十四年《左传》"庸非贰乎",言讵非贰也;《晋语》"吾庸知天之不授晋且以劝荆乎",言安知天之不授晋且以劝荆也。或曰"庸何"。文十八年、昭元年《左传》及《鲁语》并曰:"庸何伤。"襄二十五年《左传》"将庸何归",庸,犹何也。解者训"庸"为用,则失之矣。庄三十二年《公羊传》"庸得若是乎",言何得若是也,解者以"庸"为佣佣无节目之辞,愈失之矣。台,何也。《汤誓》曰"夏罪其如台",《般庚》曰"卜稽曰其如台",《高宗肜日》曰"乃曰其如台",《西伯戡黎》曰"今王其如台",皆是也,而解者训"台"为我,则失之矣。今,即也。《召诰》曰"其丕能诚于小民今休",又曰"王厥有成命治民今休",皆谓即致太平之美也,而解者以"今休"为成今之美,下"今休"为治民今获太平之美,则失之矣。言,云也,语词也。《周南·葛覃》之"言告师氏"、"言告言归",《芣苢》之"薄言采之",《汉广》之"言刈其楚",《召南·草虫》之"言采其蕨",《邶风·柏舟》之"静言思之",《终风》之"寤言不寐"、"愿言则嚏",《简兮》之"公言锡爵",《泉水》之"还车言迈"、"驾言出游",《二子乘舟》之"愿言思子",《鄘风·定之方中》之"星言夙驾",《载驰》之"言至于漕",《卫风·氓》之"言既遂矣",《伯兮》之"言树之背",《郑风·女曰鸡鸣》之"弋言加之",《秦风·小戎》之"言念君子",《豳风·七月》之"言私其豵",《小雅·彤弓》之"受言藏之",《庭燎》之"言观其旗",《黄鸟》之"言旋言归",《我行其野》之"言就尔居"、"言归斯复",《大东》之"睠言顾之",《小明》之"兴言出宿",《楚茨》之"言抽其棘"、"备言燕私",《都人士》之"言从之迈",《采绿》之"言韔其弓",《瓠叶》之"酌言尝之",《大雅·文王》之"永言配命",《抑》之"言缗之丝"、"言示之事",《桑柔》之"瞻言百里",

《周颂·有客》之"言授之絷",《鲁颂·有駜》之"醉言舞"及《左传·僖九年》之"既盟之后,言归于好",《系辞传》之"德言盛,礼言恭",皆是也,而解者悉用《尔雅》"言,我也"之训,或以为"言语"之"言",则失之矣。宜,语助也。《周南·螽斯》曰:"宜尔子孙振振兮。""宜尔子孙",尔子孙也,而解者以为宜女之子孙,则失之矣。《小雅·小宛》曰:"宜岸宜狱。""宜岸",岸也;"宜狱",狱也。而解者云"仍得曰宜",则失之矣。字通作"仪"。《大雅·烝民》曰"我仪图之",我图之也,而解者或训为宜,或训为匹,则失之矣。又通作"义"。《大诰》曰"义尔邦君,越尔多士,尹氏御事",言尔邦君及多士、尹氏御事也,而解者云"施义于汝众国君臣上下,至御治事者",则失之矣。居,语助也。《小雅·十月之交》曰"择有车马,以居徂向",言择有车马以徂向也,而解者云"择民之富有车马者以往居于向",则失之矣。《大雅·生民》曰"上帝居歆",言上帝歆也,而解者云"上帝安而歆飨之",则失之矣。《郊特牲》曰"以钟次之,以和居参之也",言以和参之也,而解者云"以金参居庭实之间",则失之矣。能,而也。《卫风·芄兰》曰"虽则佩觿,能不我知",言虽则佩觿,而实不与我相知也,而解者云"言其才能实不如我众臣之所知为也",则失之矣。诞,语助也。《大诰》曰"殷小腆,诞敢纪其叙",又曰"诞邻胥伐于厥室",又曰"肆朕诞以尔东征",《君奭》曰"诞无我责",《多方》曰"须暇之子孙,诞作民主",《大雅·皇矣》曰"诞先登于岸",《生民》曰"诞弥厥月"、"诞寘之隘巷"、"诞实匍匐"、"诞后稷之穑"、"诞降嘉种"、"诞我祀如何",诸"诞"字皆词也,解者悉训为大,则失之矣。迪,词之用也。《皋陶谟》曰"咸建五长,各迪有功",言各用有功也。《大诰》曰"亦惟十人,迪知上帝命",言惟此十人用知上帝命也。《康诰》曰"今惟民不静，未戾厥心，迪屡未同"，《多方》曰"尔乃迪屡不静"，亦谓用屡未同，用屡不静也。《酒诰》曰"在昔殷先哲王，迪畏天显小民"，言用畏天显小民也。《无逸》曰"自殷王中宗及高宗及祖甲及我周文王，兹四人迪哲"，言惟兹四人用哲也。《君奭》曰"兹迪彝教文王蔑德"，言惟此五人用常教文王以精微之德也。又曰"亦惟纯右秉德，迪知天威，乃惟时昭文王，迪见冒"，亦谓用知天威，用见懋勉也。又曰"武王惟兹四人，尚迪有禄"，言惟兹四人，尚用有禄也。《立政》曰"迪知忱恂于九德之行"，言用知诚信于九德之行也。迪，又发语词也。《般庚》曰"迪高后，丕乃崇降弗祥"，言高后丕乃崇降不祥也。《君奭》曰"迪惟前人光，施于我冲子"，言惟前人光施于我冲子也。《立政》曰"古之人，迪惟有夏"，言古之人惟有夏也。迪，又句中语助也。《酒诰》曰"又惟殷之迪诸臣惟工"，言又惟殷之诸臣与工也。马融本《君奭》曰"我迪惟宁王德延"，言我惟宁王德延也。而解者或训为道，或训为蹈，则失之矣。

如，而也。《邶风·柏舟》曰"耿耿不寐，如有隐忧"，言耿耿不寐而有隐忧也，而解者云"如人有痛疾之忧"，则失之矣。《小雅·车攻》曰"不失其驰，舍矢如破"，言舍矢而破也，而解者云"如椎破物"，则失之矣。如，乃也。《大雅·常武》曰"王奋厥武，如震如怒"，言乃震乃怒也，而解者云"如天之震雷其声，如人之勃然其色"，则失之矣。《论语·宪问》曰"桓公九合诸侯，不以兵车，管仲之力也，如其仁，如其仁"，言管仲不用民力而天下安，乃其仁，乃其仁也，而解者云"谁如管仲之仁"，则失之矣。如，当也。僖二十二年《左传》曰"若爱重伤，则如勿伤；爱其二毛，则如服焉"，言若爱重伤，则当勿伤，爱其二毛，则当服从之也，而解者云"如，犹不如"，则失之矣。

若，此也。《曾子问》曰："子游之徒，有庶子祭者，以此若义也。"若，亦此也，而解者分"以此"为句，"若义也"为句，而训"若"为顺，则失之矣。若，而也。《金縢》曰"予仁若考"，言予仁而巧也，而解者训"若"为顺，则失之矣。若，惟也。《般庚》曰"予若吁怀兹新邑"，言予惟吁怀兹新邑也；《大诰》曰"若昔朕其逝"，言惟昔朕其逝也；《君奭》曰"若天棐忱"，言惟天棐忱也；《吕刑》曰"若古有训"，言惟古有训也。而解者训"若"为顺，则失之矣。《祭统》曰"予女铭，若纂乃考服"，言惟纂乃考服也，而解者训"若"为汝，则失之矣。若，乃也。《召诰》曰"其惟王，勿以小民淫用非彝，亦敢殄戮用乂民，若有功"，言先德教而后刑罚，用此治民，乃能有功也，解者以"若有功"为顺行禹、汤所以成功，则失之矣。来，是也。《邶风·谷风》曰"不念昔者，伊予来墍"，言不念昔者之情，而惟我是怒也；《大雅·桑柔》曰"既之阴女，反予来赫"，言我以善言荫覆汝，而汝反于我是赫怒也；《小雅·四牡》曰"将母来谂"，言我惟养母是念也；《采芑》曰"荆蛮来威"，《大雅·江汉》曰"淮夷来求"、"淮夷来铺"，皆谓荆蛮是威，淮夷是求，淮夷是病也；《江汉》又曰"王国来极"，亦谓王国是正也。而解者以为"往来"之"来"，则失之矣。斯，语助也。《周南·螽斯》曰"螽斯羽"，螽羽也；《小雅·小弁》曰"鹿斯之奔"，鹿之奔也；《瓠叶》曰"有兔斯首"，兔首也。而解者以"螽斯"为"斯螽"，以"斯首"为"白首"，则失之矣。思，发语词也，《小雅·车舝》曰"思娈季女逝兮"，《大雅·思齐》曰"思齐大任"，又曰"思媚周姜"，《公刘》曰"思辑用光"，《周颂·思文》曰"思文后稷"，《载见》曰"思皇多士"，《良耜》曰"思媚其妇"，《鲁颂·泮水》曰"思乐泮水"，皆是也。思，又语助也。《周南·关雎》曰"寤寐思服"，《小雅·桑扈》曰"旨酒思柔"，

《大雅·文王有声》曰"无思不服",《周颂·闵予小子》曰"於乎皇王,继序思不忘",皆是也,而解者以为"思虑"之"思",则失之矣。徂,及也。《周颂·丝衣》曰"自堂徂基,自羊徂牛",言自堂及基,自羊及牛也,而解者训"徂"为往,则失之矣。作,始也。《皋陶谟》曰"烝民乃粒,万邦作乂","作"与"乃"对文,言烝民乃立,万邦始治也;《禹贡》曰"沱潜既道,云梦土作乂","作"与"既"对文,言云梦土始治也;又曰"莱夷作牧",言莱夷水退始放牧也。而解者训"作"为"为",则失之矣。作,及也。《无逸》曰"其在高宗,时旧劳于外,爰暨小人,作其即位,乃或亮阴,三年不言",又曰"其在祖甲,不义惟王,旧为小人,作其即位,爰知小人之依",言及其即位也,而解者训作为起,则失之矣。子,词之嗟兹也。《唐风·绸缪》曰"子兮子兮,如此良人何"是也,而解者以"子兮"为斥娶者,则失之矣。嗟,语助也。《王风·中谷有蓷》曰:"啜其泣矣,何嗟及矣。""何嗟及",何及也,而解者云"嗟乎,将复何与为室家乎",则失之矣。《小雅·节南山》曰"憯莫惩嗟",憯莫惩也,而解者训嗟为叹词,则失之矣。终,既也。《邶风·终风》曰"终风且暴",言既风且暴也,而解者或以"终风"为终日风,或以为西风,则失之矣。字或作"众"。《鄘风·载驰》曰"许人尤之,众稚且狂",言既稚且狂也,而解者以为"众寡"之"众",则失之矣。诸,"者"之假借也。僖九年《左传》曰"以是藐诸孤,辱在大夫",言以是藐然小者,孤辱在大夫也,而解者以"诸"为诸子,则失之矣。之,于也。《檀弓》曰"之死而致死之,不仁;之死而致生之,不知",言于死而致死之则不仁,于死而致生之则不知也,而解者训"之"为往,则失之矣。《大学》曰"人之其所亲爱而辟焉",言于其所亲爱而辟也,朱《注》曰:"之,犹于也。"而解者训"之"为适,则失之矣。之，其也。《魏风·硕鼠》曰"乐郊乐郊，谁之永号"，言乐郊之民，谁其悲叹而长号者明皆喜乐也，而解者训"之"为往，则失之矣。之，与也。《考工记·梓人》曰"必深其爪，出其目，作其鳞之而"，言作其鳞与而也，而解者云"之而，颊颔也"，则失之矣。《月令》曰"天子亲载耒耜，措之于参当作"参于"。保介之御间"，谓参于保介与御者之间也，或欲改之"御"为"御之"，则失之矣。寔，语助也，或作"实"。《君奭》曰"天惟纯佑命，则商实百姓王人罔不秉德明恤"，"商实百姓王人"，商百姓王人也，解者或以"则商实百姓"为句，解为商家百姓丰实，或以"则商实"为句，解为国有人则实，则失之矣。《吕刑》曰"墨辟疑赦，其罚百锾，阅实其罪"，"阅实其罪"，说其罪也，解者云"检阅核实其所犯之罪"，则失之矣。只，耳也，或作"咫"。《晋语》曰"吾不能行咫，闻则多矣"，言吾不能行耳，所闻则已多矣，而解者训"咫"为咫尺间，则失之矣。《楚语》曰"是知天咫，安知民则"，言是知天耳，安知民则也，而解者云"咫，少也"，则失之矣。多，祇也，适也。襄十四年《左传》曰"吾令实过，悔之何及，多遗秦禽"，言若不班师，则适为秦所禽获而已，而解者云"恐多为秦所禽获"，则失之矣。属，适也，祇也。昭二十八年《左传》及《晋语》并曰"愿以小人之腹，为君子之心，属厌而已"，言祇取厌足而已，而解者训"属"为足，则失之矣。所，语助也。《大诰》曰"天閟毖我成功所"，言天慎劳我成功也，而解者以"所"为所在，则失之矣。《无逸》曰"君子所其无逸"，言君子其无逸也，而解者训"所"为处，则失之矣。《君奭》曰"故殷礼陟配天，多历年所"，言多历年也，而解者训"所"为次所，则失之矣。矧，亦也。《康诰》曰"元恶大憝，矧惟不孝不友"，言元恶大憝，亦惟此不孝不友之人也，而解者云"大恶之人,犹为人所大恶,况不善父母,不友兄弟者乎",则失之矣。又曰"不率大戛,矧惟外庶子、训人,惟厥正人越小臣诸节,乃别播敷,造民大誉,弗念弗庸,瘝厥君",言不率大常者,亦惟此瘝厥君之人也,而解者云"凡民不循大常之教,犹刑之无赦,况在外掌众子之官主训人者,而亲犯乎",则失之矣。《君奭》曰"小臣屏侯甸,矧咸奔走",言亦咸奔走也,而解者云"王犹秉德受臣,况臣下,得不皆奔走",则失之矣。矧,又也。《酒诰》曰:"女劼毖殷献臣,侯甸男卫,矧大史友、内史友,越献臣百宗工,矧惟尔事,服休服采,矧惟若畴,圻父薄违,农父若保,宏父定辟,矧女刚制于酒。""矧惟",又惟也。下云"又惟殷之迪,诸臣惟工",文正相类也。"矧大史友、内史友",言又如大史、友内史友也;"矧女刚制于酒",言又在女刚制于酒也。《召诰》曰"今冲子嗣,则无遗寿耇,曰其稽我古人之德,矧曰其有能稽谋自天",言既曰稽我古人之德,又曰稽谋自天也,而解者皆训"矧"为况,则失之矣。爽,发声也。《康诰》曰"爽惟民迪吉康",又曰"爽惟天其罚殛我",皆是也,而解者训"爽"为明,则失之矣。逝,发声也。《邶风·日月》曰"乃如之人兮,逝不古处",言不古处也。《魏风·硕鼠》曰"逝将去女,适彼乐土",言将去女也。《大雅·桑柔》曰"谁能执热,逝不以濯",言不以濯也。字亦作"噬"。《唐风·有杕之杜》曰"彼君子兮,噬肯适我",言肯适我也,解者或训为逮,或训为往,或训为去,则失之矣。率,词之用也。《尧典》曰"蛮夷率服",言为政如此,则蛮夷用服也;又曰"于予击石拊石,百兽率舞",言百兽用舞也;《般庚》曰"率吁众戚,出矢言",言般庚用呼众贵戚之臣,出誓言以晓喻之也;《多士》曰"予惟率肆矜尔",言予惟用肆赦矜怜尔也;《吕刑》曰"故乃明于刑之中,率乂于民棐彝",言能明于刑之中正,用治于民,辅成常教也,解者训"率"为循,则失之矣。《周颂·载见》曰"率见昭考,以孝以享",言用见昭考也,解者云"伯又率之见于武王庙",则失之矣。率,又语助也。《汤誓》曰"夏王率遏众力,率割夏邑,有众率怠弗协",《康诰》曰"女乃其速由兹义率杀",《君奭》曰"率惟兹有陈,保乂有殷",《立政》曰"亦越武王,率惟敉功,不敢替厥义德,率惟谋从容德","率"字皆语助也,解者训"率"为循,则失之矣。乱,犹率也,语助也。《梓材》曰"厥乱为民",厥率化民也;《君奭》曰"厥乱明我新造邦",厥率明我新造邦也;《缁衣》郑《注》曰"《君奭》'割申劝宁王之德',今博士读为'厥乱劝宁王德'","厥乱劝宁王德"者,厥率劝宁王德也;《雒诰》曰"乱为四辅",率为四辅也;又曰"乱为四方新辟",率为四方新辟也;汉石经《尚书》残字曰"乱谋面用丕训德",率谋面用不训德也。解者训"乱"为治,则失之矣。不,发声也。《西伯戡黎》曰:"我生不有命在天。""不有",有也。《君奭》曰:"尔尚不忌于凶德。""不忌",忌也。《缁衣》引《甫刑》曰:"播刑之不迪。""不迪",迪也。《邶风·匏有苦叶》曰:"济盈不濡轨。""不濡轨",濡轨也。《小雅·常棣》曰:"鄂不韡韡。""不韡韡",韡韡也。《车攻》曰:"徒御不警,大庖不盈。""不警",警也;"不盈",盈也。《桑扈》曰:"不戢不难,受福不那。""不戢",戢也;"不难",难也;"不那",那也。《菀柳》曰:"有菀者柳,不尚息焉。""不尚",尚也。《大雅·文王》曰:"有周不显,帝命不时。""不显",显也;"不时",时也。又曰:"其丽不亿。""不亿",亿也。《思齐》曰:"肆戎疾不殄,烈假不瑕。""不殄",殄也;"不瑕",瑕也。又曰:"不闻亦式,不谏亦入。""不闻",闻也;"不谏",谏也。《下武》曰:"不遐有佐。""不遐",遐也。《生民》曰:"上帝不宁,不康禋祀。"

"不宁",宁也;"不康",康也。《卷阿》曰:"矢诗不多。""不多",多也。《抑》曰:"万民是不承。""不承",承也。《召旻》曰:"维昔之富不如时,维今之疚不如兹。""不如时",如时也;"不如兹",如兹也。又曰:"池之竭矣,不云自频,泉之竭矣,不云自中。""不云",云也。又曰:"不戕我躬。""不戕",戕也。《周颂·那》曰:"亦不夷怿。""不夷怿",夷怿也。《射义》曰:"幼壮孝弟,耆耊好礼,不从流俗,修身以俟死者,不在此位也。""不在",在也。宣四年《左传》曰:"若敖氏之鬼,不其馁而。""不其馁而",其馁而也。《晋语》曰:"夫晋公子在此,君之匹也,君不亦礼焉。""不亦",亦也。《孟子·公孙丑》曰:"虽褐宽博,吾不惴焉。""不惴",惴也。《尔雅·释器》曰"不律谓之笔",《释丘》曰"夷上洒下,不漘",《释鱼》曰"龟左倪不类,右倪不若","不"皆发声也。字或作丕。《康诰》:"惟乃丕显考文王。""丕显",显也。《酒诰》曰:"丕惟曰:'尔克永观省。'""丕惟曰",惟曰也。又曰:"女丕远惟商耇成人。""丕远",远也。《召诰》曰:"其丕能诚于小民。""其丕能",其能也。又曰:"丕若有夏历年。""丕若",若也。《多士》曰:"丕灵承帝事。""丕灵承",灵承也。《君奭》曰:"丕单称德。""丕单",单也。又曰:"丕承无疆之恤。""丕承",承也。《多方》曰:"罔丕惟进之恭。""罔丕惟",罔惟也。"丕"又承上之词也。《禹贡》曰:"三危既宅,三苗丕叙。"《般庚》曰:"王播告之修,不匿厥指,王用丕钦,罔有逸言,民用丕变。"又曰:"女克黜乃心,施实德于民,至于婚友,丕乃敢大言,女有积德。"又曰:"女万民乃不生生,暨予一人猷同心,先后丕降与女罪疾。"又曰:"兹予有乱政同位,具乃贝玉,乃祖乃父,丕乃告我高后。"又曰:"迪高后丕乃崇降弗祥。"《康诰》曰:"至于旬时,丕蔽要囚。"又曰:"无作怨,勿用非谋非彝,蔽时忱,丕则敏德。"《梓材》曰:"后式典集,庶邦丕享。"
《召诰》曰:"厥既命殷庶,庶殷丕作。"《无逸》曰:"今日耽乐,乃非民
攸训,非天攸若,时人丕则有愆。"《立政》曰:"我其立政立事,准人
牧夫,我其克灼知厥若,丕乃俾乱。""丕乃",犹言于是也。字或作
"否"。《无逸》曰:"乃逸乃谚,既诞否则侮厥父母。"又曰:"乃变乱
先王之正刑,至于小大,民否则厥心违怨,否则厥口诅祝。""否则",
犹言丕乃也。解者但知"不"之训弗、"否"之训不、"丕"之训大,而
不知其又为语词,则失之矣。不,无也。《论语·先进》曰"孝哉闵
子骞,人不间于其父母昆弟之言",言子骞谕父母于道,纳昆弟于
义,故人于其父母昆弟无非间之言也,《后汉书·范升传》:"子以人不间于
其父母为孝,臣以下不非其君上为忠。"《论衡·知实篇》:"孔子曰:'孝哉闵子骞,人不间
于其父母昆弟之言。'"虞舜大圣,隐藏骨肉之过,宜愈子骞。瞽叟与象使舜治廪浚井,意
欲杀舜。舜当见杀己之情,早谏豫止,既无如何,宜避不行。何故使父子兄弟得成杀己
之恶,使人间非父弟,万世不灭。是汉世说此者,皆谓人不非其父母昆弟,非谓不非子骞
也。解者以"间"为非毁子骞,云"上事父母,下顺兄弟,动静尽善,
故人不得有非间之言",则失之矣。匪,彼也。《小雅·小旻》曰"如
匪行迈谋,是用不得于道",言如彼行迈谋也,解者云"不行而坐图
远近",则失之矣;《鄘风·定之方中》曰"匪直也人,秉心塞渊",言
彼正直之人,秉心塞渊也,解者训"匪直"为非徒、"人"为庸君,则失
之矣;《桧风·匪风》曰"匪风发兮,匪车偈兮",言彼风之动发发然,
彼车之驱偈偈然也,解者云"发发飘风,非有道之风,偈偈疾驱,非
有道之车",则失之矣;《小雅·都人士》曰"匪伊垂之,带则有余,匪
伊卷之,发则有旟",言彼带之垂则有余,彼发之卷则有旟也,解者
云"士非故垂此带也,带于礼自当有余也,女非故卷此发也,发于礼

自当有旃也”，则失之矣。无，发声也。《微子》曰“今尔无指告”，今尔指告也，解者以为无指意告我，则失之矣。《小雅·小旻》曰“如彼泉流，无沦胥以败”，沦胥以败也；《大雅·抑》曰“如彼泉流，无沦胥以亡”，沦胥以亡也。解者以“无”为戒词，则失之矣。《板》曰“携无曰益”，携曰益也，言携之者惟曰益之也，下文“牖民孔易”，即益之之事。解者云“无曰是何益”，则失之矣。《云汉》曰“靡人不周，无不能止”，不能止也，言不能止旱也，解者或云“无止不能”，或云“后日乏无不能豫止”，则失之矣。《祭义》曰“天之所生，地之所养，无人为大”，人为大也，解者云“万物之中，无如人最大”，则失之矣。毋，不也。《论语·雍也》曰“毋以与尔邻里乡党乎”，言九百之粟，尔虽不欲，然可分于邻里乡党，尔不以与之乎？解者读“毋”字绝句，则失之矣。勿，犹无也，发声也。《小雅·节南山》曰：“弗问弗仕，勿罔君子。”“勿罔”，罔也，解者或云“勿罔上而行”，或云“勿当作未”，则失之矣。僖十五年《左传》曰：“史苏是占，勿从何益。”“勿从”，从也，言虽从何益也，解者云“不从史苏”，则失之矣。善学者不以语词为实义，则依文作解，较然易明，何至展转迁就而卒非立言之意乎？

经义不同不可强为之说

引之谨案，讲论六艺，稽合同异，名儒之盛事也。述先圣之元意，整百家之不齐，经师之隆轨也。然不齐之说，亦有终不可齐者。作者既所闻异辞，学者亦弟两存其说，必欲牵就而泯其参差，反致溷殽而失其本指，所谓离之则两美，合之则两伤也。如《书序》以武庚、管叔、蔡叔为三监，《逸周书·作雒篇》以武庚、管叔、霍叔为三监，此不可强合者也，而解者欲合为一，则去武庚而以管叔、蔡叔、霍叔当之矣。辨见《尚书上》。《小雅·皇皇者华》、《左传》谓有五善，《鲁语》谓有六德，此不可强合者也，而解者欲合为一，则云"兼此五者，虽有中和，当自谓无所及，成于六德"矣。辨见《毛诗中》。《周礼·天官》有九嫔而无三夫人，《昏义》则有三夫人，此不可强合者也，而解者欲合为一，则云"三夫人坐而论妇礼，无官职"矣。《地官·均人》"丰年，则公旬用三日"，谓一旬之中用三日，《王制》"用民之力岁不过三日"，谓一岁之中用三日，此不可强合者也，而解者欲合为一，则读"旬"为"均"以牵就之矣。以上二条辨见《周礼上》。《遂人》"沟洫之制以十为数"，《匠人》以九为数，此不可强合者也，而解者欲合为一，则谓《遂人》为直度，《匠人》为方度矣。辨见程氏易畴《通艺录》。《周礼》六官为六卿，其数为六，《匠人》外有九室，九卿朝焉，其数为九，此不可强合者也，而解者欲合为一，则益以《保傅篇》之三少为九卿矣。辨见《周礼下》。《大戴礼·五帝德篇》以鲧为颛顼子，《帝系篇》以鲧为颛顼五世孙，此不可强合者也，而解者欲合为一，则于《帝系》删"五世"二字以从《帝德》，又或于《帝德》"高阳之孙"解高阳为颛顼之后以从《帝系》矣。辨见《大戴礼记中》。《考工记·匠人》"营国方九里，旁三门，凡十二门"，《月令》则但有九门，此不可强合者也，而解者欲合为一，则合东方三门不数，而云"嫌余三方，九门得出，故特戒之"矣。辨见《礼记上》。《聘礼》有宾觌，则使臣之私觌礼也，而《郊特牲》则以私觌为非礼，此不可强合者也，而解者欲合为一，则云"其君亲来，其臣不敢私见于主国君"矣。辨见《礼记中》。《礼器》"大路繁缨一就,次路繁缨七就",《郊特牲》则云"大路繁缨一就,先路三就,次路五就",此不可强合者也,而解者欲合为一,则以"七"为字之误矣。《王制》"天子诸侯宗庙之祭,春曰礿,夏曰禘,秋曰尝,冬曰烝",《郊特牲》则云"春禘而秋尝",此不可强合者也,而解者欲合为一,则云《郊特牲》"禘"当为"禴"矣。以上二条并见《郊特牲》郑《注》"禴与礿同"。《丧服小记》"殇与无后者从祖祔食",《曾子问》则云"殇不祔祭",此不可强合者也,而解者欲合为一,则云"祔"当为"备",祭之不备礼矣。见《曾子问》郑《注》。《杂记》"大夫次于公馆以终丧,士练而归",此"士"谓朝廷之士,郑《注》云"士谓邑宰",非也。辨见《礼记训义择言》。《丧大记》则云"公之丧,大夫俟练,士卒哭而归",此不可强合者也,而解者欲合为一,则云"此公谓公士、大夫有地者"矣。《间传》"又期而大祥,居复寝",《丧大记》则云"禫而从御,吉祭而复寝",此不可强合者也,而解者欲合为一,则谓《间传》之"寝"为殡宫之寝,《丧大记》之"寝"为平常之寝矣。以上二条并见《丧大记》注及正义。《周礼》"司徒掌十有二教",《内则》则云"后王命冢宰降德于众兆民,子事父母"云云,则以冢宰掌邦教,此不可强合者也,而解者欲合为一,则云"记者据诸侯,诸侯兼六卿为三,或兼职"矣。《内则》"子生三月之末,妻以子见于父",又云"由命士以上及大夫之子旬而见",旬,十日也。朱子曰:"别记异闻,或不待三月也。"此不可强合者也,而解者欲合为一,则读"旬"为"均",以为适妾同时生子,子均而见矣。以上二条并见《内则》注。《周礼·牧人》"阳祀用骍牲,阴祀用黝牲",《祭法》则云"燔柴于泰坛,祭天也,瘗埋于泰折,祭地也,用骍犊",则阴祀亦用骍犊,此不可强合者也,而解者欲合为一,则云"与天俱用犊,连言尔"矣。言祭地与祭天连言,故亦云"用骍犊",其实祭地用黝牲也,见《祭法》注。《王制》"大祖之庙谓始祖庙,庙之不祧者也",《祭法》祖考庙谓显考之父庙,庙之亲尽则祧者也,此不可强合者也,而解者欲合为一,则以祖考为始祖矣。辨见《礼记下》。《王制》"士一庙",无上士中士下士之分,《祭法》则云"适士二庙,官师一庙,庶士无庙",此不可强合者也,而解者欲合为一,则谓《王制》"士一庙"为诸侯之中士下士,名曰"官师"者矣。《曲礼》、《王制》并云"大夫祭五祀",《祭法》则云"大夫立三祀",此不可强合者也,而解者欲合为一,则谓大夫有地者祭五祀,无地者祭三祀矣。以上二条并见《王制》注。成十六《左传》晋侯伐郑"栾书将中军,士燮佐之",《晋语》则云"栾武子将上军,范文子将下军",此不可强合者也,而解者欲合为一,则云"上下,中军之上下"矣。见《晋语》韦注。襄十一年《传》"郑人赂晋侯以师悝、师触、师蠲、广车、軘车淳十五乘",《晋语》则云"郑伯嘉来纳女,工妾三十人,轭车十五乘",此不可强合者也,而解者欲合为一,则以工为乐师,轭为广车,车为軘车矣。哀十七年《左传》越败吴于笠泽,二十年十一月围吴,至二十二年十一月丁卯而灭吴,凡再举而灭吴,《吴语》则云"越王乃令其中军袭攻之,吴师大北,又大败之于没,又郊败之,三战三北,乃至于吴",《越语》与《吴语》略同,皆以为一举而灭吴,此不可强合者也,而解者欲合为一,则谓败吴于囿在哀十七年,又郊败之在哀二十年矣。《左传》夫差杀申胥在哀十一年,《越语》则在句践反国之三年,时当哀七年,此不可强合者也,而解者欲合为一,则以宦吴三年而反,为哀五年,加以反后六年,为哀十一年矣。《左传》越以伐吴之后三年围吴,又三年而灭,自伐吴至灭吴凡六年,《越语》则自反国之四年伐吴,遂居军三年,待其自溃而灭之,自伐吴至灭吴凡三年,此不可强合者也,而解者欲合为一,则谓《越语》之兴师伐吴在鲁哀十七年,吴师自溃在二十二年矣。以上四条辨见《国语下》。以两不相侔之说,而欲比而同之,宜其说之阢陧而不安矣。

经传平列二字上下同义

引之谨案,古人训诂不避重复,往往有平列二字上下同义者,解者分为二义,反失其指。如《泰·象传》"后以裁成天地之道,辅相天地之宜",解者训"裁"为节,或以为"坤富称财","不知"裁"之言载也、成也,"裁"与"成"同义而曰"裁成"。犹"辅"与"相"同义而曰"辅相"也。《随·象传》"君子以向晦入宴息",解者以为退入宴寝而休息,不知"宴"之言安,"安"与"息"同义也。以上三条辨见《周易下》。《甘誓》"威侮五行",解者训"威"为虐,不知"威"乃"烕"之讹,"烕"乃"蔑"之借,蔑、侮皆轻慢也。《盘庚》"无弱孤有幼",解者以"孤有幼"连读,不知"弱孤"犹言弱寡,皆轻忽之义也。"乃有不吉不迪,颠越不恭,暂遇奸宄",解者训为暂遇人而劫夺之,不知"暂"之言渐,"遇"之言隅,皆险诈之称也。《牧誓》"昏弃厥肆祀弗答",解者训"昏"为乱,不知"昏弃"者,泯弃也,"泯弃"者,蔑弃也,"泯"与"弃"义相近也。以上四条辨见《尚书上》。《康诰》"应保殷民",解者谓上以应天,下以安我所受殷之民众。不知应,受也,与"保"义相近也。"天惟与我民彝大泯乱",解者训"泯"为灭,不知"泯"亦"乱"也。"远乃猷裕",解者以"裕"字属下读,不知"猷"、"裕"皆道也。《梓材》"惟其陈修,为厥疆畎",解者训"陈"为列,不知"陈"、"修"皆治也。《多士》"予惟率肆矜尔",解者训"肆"为故,不知肆,缓也,缓尔之罪,矜尔之愚,义相近也。《无逸》"民否则厥心违怨",解者以为违其命,怨其身,不知"违"亦"怨"也。《君奭》"咸刘厥敌",解者训"咸"为皆,不知"咸"者灭绝之名,"咸刘"犹言遏刘、虔刘也。《吕刑》"鸱义奸宄",解者以为鸱枭之义,不知"鸱",轻也,"义",邪也,义相近也。以上八条辨见《尚书下》。《周南·卷耳篇》"我马玄黄",解者以为玄马病则黄、不知"玄"、"黄"皆病也。辨见《毛诗上》。《小雅·鸿雁篇》"谓我宣骄",解者训"宣"为示,不知"宣"者侈大之称,"宣"犹"骄"也。《节南山篇》"不敢戏谈",解者训"谈"为言语,不知"谈"者,戏调也,"谈"亦"戏"也。《小宛篇》"人之齐圣",解者训"齐"为正,不知"齐"、"圣"皆聪明睿知之称也。《大雅·文王篇》"宣昭义问",解者训"宣"为遍,不知"宣"、"昭"皆明也。《周颂·雍篇》"宣哲维人"同。以上五条辨见《毛诗中》。《生民篇》"庶无罪悔",解者训"悔"为恨,不知"悔",咎也,义与"罪"相近也。《民劳篇》"无纵诡随",解者训为诡人之善,随人之恶,不知"诡"、"随"皆谓谲诈也。《荡篇》"曾是强御",解者训为强梁御善,不知"御"犹"强"也。《商颂·烈祖篇》"我受命溥将",解者训"将"为助,不知"溥",大也,"将",长也,义相近也。《殷武篇》"勿予祸适",解者谓予之以祸,不知"祸"与"过"通,"祸适"犹谪过也。以上五条辨见《毛诗下》。《天官·宫伯》"行其秩叙",解者曰"秩,禄廪也,叙,才等也",不知"秩"与"叙"同,义皆谓宿卫之次弟也。辨见《周礼上》。《春官·大史》"正岁年以叙事",解者曰:"中数曰岁,朔数曰年。"不知"岁"与"年"同义,古人自有复语也。辨见《周礼下》。《大戴礼·曾子立事篇》"备则未为备也,而勿虑存焉",解者曰:"不忘危也",不知"勿虑"犹无虑,谓大较也。辨见《大戴礼上》。《文王官人篇》"乡党之闲，观其信惮也"，解者曰"信而见惮"，不知"惮"读为"亶"，"亶"亦"信"也。"进退工故"，解者以"故"属下读，不知"工故"犹工巧也。以上二条辨见《大戴礼下》。《曾子问》"以此若义也"，解者训"若"为顺，不知"此若"二字连读，"若"亦"此"也。《玉藻》"见所尊者齐邀"，解者曰"谦悫貌也"，不知"邀"古"速"字，"齐"亦"速"也。《少仪》问道艺曰"子习于某乎，子善于某乎"，解者以"道"为三德三行，不知"道"亦"艺"也。《学记》"呻其占毕"，解者训"占"为视，不知"占"为"笘"之借字，"笘"、"毕"皆简也。"多其讯言，及于数进而不顾其安"，解者以"言"属下读，不知"讯"与"谇"通，"谇言"犹告语也。《乐记》"志微噍杀之音作"，解者训"志"为意，不知"志"亦"微"也。"狄成涤滥之音作"，解者谓速疾而成，或谓成而似夷狄之音，不知"成"乃"戉"之讹，"戉"乃"越"之借，"狄"、"越"皆疾貌也。"以绳德厚"，解者谓准度以道德仁厚，或谓法其德厚薄，不知"德厚"犹"仁厚"也。"獶杂子女"，解者训"獶"为猕猴，不知"獶"为"糅"之借字，"糅"亦"杂"也。"名之曰建橐"，解者训"建"为键，不知"建"乃"鞬"之借字，"鞬"、"橐"皆所以戢弓矢也。以上十条辨见《礼记中》。文十八年《左传》"天下之民谓之饕餮"，解者谓贪财为"饕"，贪食为"餮"，不知"饕餮"本贪食之名，因谓贪得无厌者为饕餮，"饕"与"餮"无异也。辨见《左传上》。宣十二年《传》"旅有施舍"，解者以"施"为施惠，"舍"为不劳役，不知"施舍"之言赐予也。襄八年《传》"冯陵我城郭"，解者训"冯"为迫，不知"冯"亦"陵"也。二十四年《传》"不可亿逞"，解者训"亿"为度，"逞"为尽，不知"亿"、"逞"皆谓满盈也。"数疆潦"，解者以为疆界有流潦，不知"疆潦"乃"礓砾"之借字，谓地之多小石者也。三十一年《传》"高其闲闳","闳"误为"阁",解者遂训为止扉,不知"闲"、"闳"皆谓门也。"缮完葺墙",解者欲改"完"为"宇",不知"缮"、"完"皆谓修其墙垣,非谓屋宇也。以上六条辨见《左传中》。昭三年《传》"君若不弃敝邑,而辱使董振择之,以备嫔嫱",解者曰"董,正也;振,整也",不知"董振"即动震,谓敬谨也。七年《传》"宠灵楚国",解者谓开其恩宠,赐以威灵,不知"灵",福也,与"宠"义相近也。"叔父陟恪在我先王之左右",解者曰"陟,登也;恪,敬也",不知"恪"乃"格"之借字,"格"亦"登"也。以上三条辨见《左传下》。《周语》"服物昭庸",解者训庸为功,不知"昭庸"即"昭融","昭"、"融"皆明也。"气不沉滞而亦不散越",解者训"越"为远,不知"越",扬也,与"散"义相近也。"无天昏札瘥之忧",解者训"昏"为狂惑,不知"昏",没也,死也,与"夭"同义也。"汩越九原",解者训"越"为扬,不知"汩"、"越"皆治也。"有过慝之度",解者训"慝"为恶,不知"慝"乃"忒"之借字,"过忒"犹"过差"也。《鲁语》"固民之殄病是待",解者训"殄"为绝,不知"殄"亦"病"也。《齐语》"牛马选具",解者训"选"为数,不知"选"亦"具"也。以上七条辨见《国语上》。《晋语》"将以骊姬之惑蛊君而诬国人",解者训"蛊"为化,不知"蛊"亦"惑"也。"是先主覆露子也",解者训"露"为润,不知"露"亦"覆"也。"知羊舌职之聪敏肃给也",解者训"肃"为敬,"给"为足,不知"肃"之言"速","给"之言"急","肃"、"给"正同义也。《郑语》"夫黎为高辛氏火正,以淳耀敦大",解者训"淳"为大,不知"淳"乃"焞"之借字,"焞"、"耀"皆明也。《楚语》"若民烦可教训,蛮夷戎狄其不宾也久矣,中国所不能用也",解者训"烦"为乱,而不释"民"字,不知"民"之言"昏","昏"亦"乱"也。"敬不可久,民力不堪,故齐肃以承之",解者训"肃"为疾,而不释

"齐"字,不知"齐"亦"疾"也。《吴语》"请王厉士以奋其朋势",解者训"朋"为群,不知"朋"之言"冯","冯"、"势"皆盛怒也。以上七条辨见《国语下》。

经文数句平列上下不当歧异

引之谨案,经文数句平列,义多相类,如其类以解之,则较若画一,否则上下参差而失其本指矣。如《洪范》"聪作谋"与"恭作肃"、"从作乂"、"明作哲"、"睿作圣"并列,则"谋"当读为"敏",解者以为下进其谋,则文义不伦矣。辨见《尚书上》。《天官·宰夫》"掌百官府之征令,辨其八职,一曰正"、"二曰师"与"三曰司"、"四曰旅"并列,则当为群吏之待征令者,解者以"正"为六官之长,"师"为六官之贰,则文义不伦矣。辨见《周礼上》。《地官·乡大夫》"乡射之礼五物,一曰和"、"二曰容"、"四曰和容"、"五曰兴舞"与"三曰主皮"并列,则当皆以射言之,解者以为和载六德,容包六行,"和容"、"兴舞"为六艺之礼乐,则文义不伦矣。辨见《周礼上》。《礼器》"设于地财"与"合于天时"、"顺于鬼神"、"合于人心"、"理于万物"并列,则"设"当训为合,解者以为所设用物为礼,各是其土地之物,则文义不伦矣。辨见《礼记上》。桓十八年《左传》"两政"与"并后"、"匹嫡"、"耦国"并列,则"两政"当为并于正卿,解者以为臣擅命,则文义不伦矣。辨见《左传上》。昭七年《传》"官职不则"与"六物不同"、"民心不壹"、"事序不类"并列,则"则"当训为均,解者训"则"为法,以为治官居职不一法,则文义不伦矣。辨见《左传下》。《晋语》"嚚喑不可使言"、"聋聩不可使听"与"籧篨不可使俯"、"戚施不可使仰"、"僬侥不可使举"、"侏儒不可使援"、"矇瞍不可使视"、"童昏不可使谋"并列,则"嚚暗"当为不能言之人,"聋聩"当为不能听之人,解者以为口不道忠信之言为嚚,耳不别五声之和为聋,则文义不伦矣。辨见《国语下》。《论语·颜渊篇》"非礼勿动"与"非礼勿视"、"非礼勿听"、"非礼勿言"并列,则"动"当为动容貌,《中庸》曰"齐明盛服,非礼不动",亦谓动容貌也。解者训"动"为行事,以为身无择行,见邢昺《疏》,后人皆沿其误。则文义不伦矣。

经文上下两义不可合解

引之谨案,经文上下两义者,分之则各得其所,合之则扞格难通。如《屯》六二"匪寇昏媾",谓昏媾也;"女子贞不字,十年乃字",谓妊娠也。而解者误以"女子贞不字"承"昏媾"言之,则云"许嫁笄而字"矣。《师》六五"田有禽",谓田猎也;"利执言",谓秉命也;"长子帅师,弟子舆尸",谓行军也。而解者以"田有禽"与"利执言"误合为一,则云"物先犯己,故可以执言";以"田有禽"与"长子帅师"误合为一,则云"二帅师禽五"矣。并辨见《周易上》。《春官·大宗伯》"凡祀大神,享大鬼,祭大示,帅执事而卜日,宿眡涤濯",统祀享祭言之也;"苍玉邑、省牲镬、奉玉齍",则专谓享大鬼也。而解者误以"苍玉邑"三句亦统祀享祭言之,则云"玉,礼神之玉也,始苍之,祭又奉之"矣。《大师》"大丧帅瞽而廞",谓廞乐器也,"作匶谥",谓谥于作匶之时也,而解者误合为一,则云"兴言王之行,谓讽诵其治功之诗”矣。《考工记·凫氏》“钟县谓之旋”,县钟之环也,“旋虫谓之干”,衔旋之钮也,而解者误合为一,则云“旋属钟柄,所以县之,以虫为饰”矣。<small>并辨见《周礼下》。</small>《丧服》“公士大夫之众臣为其君布带绳屦”,公士,公之士也,“大夫之众臣”,大夫之臣不为室老者也,而解者误合为一,则云“士,卿士”矣。《士虞礼记》“明齐溲酒”,“明齐”二字当在“香合”上,不与“溲酒”连文,而解者误合为一,则云“以新水溲酿此酒”矣。<small>并辨见《仪礼》。</small>《玉藻》“朝觐大夫之私觌,非礼也”,“朝觐”之下有脱文,大夫之私觌谓“聘”,非谓“朝”也,而解者误合为一,则云“其君亲来,其臣不敢私见于主国君”矣。<small>辨见《礼记中》。</small>僖五年《左传》“辅车相依”,取诸车以为喻也,“唇亡齿寒”,取诸身以为喻也,而解者误合为一,则云“辅,颊辅;车,牙车”矣。<small>辨见《左传上》。</small>昭十七年《传》“瓘斝玉瓒”,“瓘斝”,玉斝,与“玉瓒”不同物也,而解者误合“瓘”与“瓒”为一,则云“瓘,珪也”矣。<small>辨见《春秋名字解诂下》。</small>定四年《传》“备物典策”,“备”即“服”之借字,“服物”二义也,“典策”又一义也,而解者误合为一,则云“备物典策谓史官书策之典”矣。<small>辨见《左传下》。</small>《越语》“用人无艺”与上文“后无阴蔽”、“先无阳察”二句相因,故以“蔽”、“察”、“艺”为韵;“往从其所”与下文“刚强以御”、“阳节不尽”、“不死其野”、“彼来从我”、“固守勿与”五句相因,故以“所”、“御”、“野”、“与”为韵。而解者误合为一,则云“无艺,无常所也,行军用人之道因敌为制,不豫设也,故曰从其所”矣。<small>辨见《国语下》。</small>《尔雅·释诂》“林、烝,君也”,借“君”为“群”,与天、帝、皇、王、后、辟、公、侯之“君”字同而义异,而解者误合为一,则实之以“有壬有林,文王烝哉”矣。“载、谟、食、诈,伪也”,“伪”与“为”通,“载”、“谟”、“食”为“作为”之“为”,“诈”为“情伪”之“伪”,而解者误合为一,则云"载者言而不信,谟者谋而不忠"矣。辨见《尔雅上》。
《释丘》"宛中,宛丘",丘之中央隆高者也,"丘背有丘为负丘",丘后
又有一丘者也,而解者误合为一,则于"丘背有丘为负丘"云"此解
宛丘中央隆峻,状如负一丘于背上"矣。《释水》"濆大出",谓泉之
濆涌上出也;"尾下",谓水之下游也。而解者误合为一,则云"尾,
底也"矣。并辨见《尔雅中》。《释鱼》"鮂鰰",谓小鱼似鮒而黑者也;"鳜
鰞,谓大口大目细鳞有斑彩者也。而解者误合为一,则以"鳜鰞"为
"鮂鰰"矣。辨见《尔雅下》。其有平列二字,字各为义而误合之者。
《大雅·棫朴篇》"芃芃棫朴",棫,白桵也;朴,枣也。而解者误合为
一,则以朴为棫之丛生者矣。辨见《毛诗中》。《抑篇》"洒扫庭内",庭,
中庭也;内,堂室也。而解者误合为一,则云"洒扫室庭之内"矣。
辨见《毛诗上》"子有廷内"。《士虞礼》"幂用绤布",谓或用绤,或用布,绤
以葛为之,布以麻为之也,而解者误合为一,则云"绤布,葛属"矣。
辨见《仪礼》。《周语》"川无舟梁",谓无舟又无梁也,而解者误合为
一,则云"舟梁,以舟为梁"矣。辨见《国语上》。凡此皆宜分而合者也,
说经者各如其本指,则明辨晳矣。

衍文

引之谨案,经之衍文有至唐《开成石经》始衍者,《洪范》"于其
无好"下衍"德"字,《天官·叙官·腊人》衍"府二人史二人"六字之
属是也。有自唐初作疏时已衍者,《汤誓》"舍我穑事而割正"下衍
"夏"字,《文王世子》"诸父守贵室","贵室"上衍"贵宫"二字之属是

也。亦有自汉儒作注时已衍者，如《大诰》"厥考翼其肯曰：予有后，弗弃基"，"翼"衍字也，郑《注》训"翼"为敬，则已衍"翼"字矣。辨见本条。《无逸》"先知稼穑之艰难，乃逸，则知小人之依"，"乃逸"二字衍字也，家大人曰，"先知稼穑之艰难，则知小人之依"，文义上下相承，中间不得有"乃逸"二字。且周公戒王以无逸，何得又言"乃逸"乎？"乃逸"二字，盖涉下"文厥子乃不知稼穑之艰难乃逸乃谚"而衍。而某氏《传》曰"先知之，乃谋逸豫"，则已衍"乃逸"二字矣。《天官·玉府》"凡王之献金玉兵器，良货贿之物，受而藏之"，"王之"二字衍字也，郑《注》谓"王献诸侯"，则已衍"王之"二字矣。《考工记·辀人》"轮辐三十，以象日月也"，"日"衍字也，郑《注》谓"日月三十日而合宿"，则已衍"日"字矣。《士相见礼》"非以君命使，则不称寡大夫，则曰寡君之老"，"则曰"二字衍字也，郑《注》谓"大夫士其使，则皆曰寡君之某"，则已衍"则曰"二字矣。《郊特牲》"大夫强而君杀之，义也，由三桓始也"，下五字衍字也，郑《注》谓"季友以君命鸩牙，后庆父又死"，则已衍此五字矣。《杂记》"朋友虞附而退"，"附"衍字也，郑《注》谓"附当作祔"，则已衍"附"字矣。又"诸侯使人吊其次，含襚赗临，皆同日而毕事者也，其次如此也"，上"其次"二字衍字也，郑《注》先言相次，后言同时，则已衍上"其次"二字矣。《投壶》"司射进度壶，以二矢半"，下四字衍字也，郑《注》谓"壶去坐二矢半"，则已衍此四字矣。以上并辨见本条下。《论语·乡党篇》"入公门鞠躬如也"，"公"衍字也，刘氏端临《论语骈枝》谓"入公门"一章是聘礼，其说甚精。案，公，君也。本国之臣谓君门为公门，故《曲礼》曰："大夫士下公门。"邻国之臣来聘，执圭而入庙门，不得谓之"入公门"。遍考书传，亦无谓庙门为公门者，"公"盖衍字也。《聘礼记》曰"执圭入门，鞠躬如也"，正与此同，当作"入门"明甚。苞《注》谓下文"过位，过君之空位"也，郑《注》"过位"谓"入门右北面君揖之位"，见《曲礼》"下卿位"正义。皆承"公"字为义，则已衍"公"字矣。又有旁记之字误入正文者。《祭义》"燔燎羶芗，见以萧光"，又"见间以侠甒，加以郁鬯"，郑《注》曰："'见'及'见闲'，皆当为覵，字之误也。覵以萧光，光，犹气也。覵以侠甒，谓杂之两甒醴酒也。"《释文》"见以，依《注》见作覵，音'间厕'之'间'，徐古辩反。见间，依《注》合为覵，音'间厕'之'间'。"引之谨案，"见以萧光"，"见"乃"间"之借字也。古"见"、"间"同声，故借"见"为"间"。间，杂厕也。"见间以侠甒"，当作"见以侠甒"，亦借"见"为"间"也。后人因"见"为"间"之假借而旁记"间"字，传写者不知而并存之，遂成"见间以侠甒"耳。《注》当云："见，皆读为间。""间"衍字，不当改"见"为"覵"，亦不当合"见间"为一字。"覵"训为视，见《广雅》。不训为杂也。《正义》云："凡覵者，所见错杂之义，故训旁见也。"臆说无据。家大人曰：书传多有旁记之字误入正文者。《墨子·备城门篇》"令吏民皆智之"，"智"，古"知"字也，后人旁记"知"字，而写者并存之，遂作"吏民皆智知之"。《赵策》"夫董阏于，简主之才臣也"，"阏"与"安"古同声，即"董安于"也，后人旁记"安"字，而写者并存之，遂作"董阏安于"。《史记·历书》"端蒙者，年名也"，端蒙，旃蒙也，后人旁记"旃"字，而写者并存之，遂作"端旃蒙者，年名也"。《刺客传》"臣欲使人刺之，众莫能就"，"众"者，"终"之借字也，后人旁记"终"字，而写者并存之，遂作"众终莫能就"。《汉书·翟方进传》"民仪九万夫"，"仪"与"献"古同声，即民献也，后人旁记"献"字，而写者并存之，遂作"民献仪九万夫"。是其例矣。

形讹

引之谨案，经典之字，往往形近而讹，仍之则义不可通，改之则怡然理顺。如"夫"与"矢"相似，而误为"矢"。见《春官·乐师·注》。"雷雍"与"盧维"相似，而误为"盧维"。见《夏官·职方氏·注》，盖"雷"误为"庿"，又误为"盧"。"觯"字古文与"觚"相似，而误为"觚"。《考工记·梓人·疏》引郑《驳五经异义》。"四"字古文与"三"相似，而误为"三"。《觐礼·注》。"瑑"与"琢"相似，而误为"琢"。《礼器》"大圭不瑑"，《注》云："瑑，当为篆。"案，"琢"盖"瑑"之误，"瑑"亦"篆"也。"神"字古文与"旦"相似，而误为"旦"。《郊特牲·注》，说见《礼记中》。"叟"与"更"相似，而误为"更"。《太平御览·礼仪部十四》引《月令章句》。"疏"与"流"相似，而误为"流"。昭二十年《左传·释文》、《正义》。"鹅"与"鴋"相似，而误为"鴋"。《尔雅·释鸟·注》。若斯之类，先儒既已宣之矣。他如"行"与"衍"相似，而误为"衍"。辨见《周易下》。"笑"字隶书与"先"相似，而误为"先"。《同人·象传》"同人之先，以中直也"，"先"当为"笑"，谓九五同人先号咷而后笑也。"笑"字隶书作"关"，与"先"相似，又因经文"先"字而误为"先"耳。余前说以"同人之先"为约举经文，非是。"宣"与"寡"字隶书相似，而误为"寡"。"恙"与"羔"相似，而误为"羔"。并辨见《周易下》。"三"与"二"相似，而误为"二"。"威"与"威"相似，而误为"威"。"允"与"兀"相似，而误为"兀"。并辨见《尚书上》。"刖"与"刵"相似，而误为"刵"。"戉"与"咸"相似，而误为"咸"。并辨见《尚书下》。"貳"与"貮"相似，而误为"貮"。辨见《毛诗上》，又见《大戴礼中》、《礼记上》、《左传上》、《国语上》。"或"与"咸"相似，而误为"咸"。辨见《毛诗上》。"且"与"旦"相似，而误为"旦"。"徂"与"沮"相似，而误为"沮"。并辨见《毛诗中》。"孝"与"孝"相似，而误为"孝"。辨见《毛诗下》。"人"字篆文与"九"相似，而误为"九"。"民"字下半与"比"相似，而误为"比"。"其"字古文与"六"相似，而误为"六"。并辨见《周礼上》。"谊"字隶书与"谟"相似，而误为"谟"。"蠱"与"蠶"字隶书相似，而误为"蠶"。"帅"与"师"相似，而误为"师"。并辨见《周礼下》。"帅"误为"师"，又见《国语上》。"淫"与"淮"相似，而误为"淮"。"事"字古文与"史"相似，而误为"史"。"湛"与"涅"相似，而误为"涅"。并辨见《周礼下》。"卿"与"鄉"相似，而误为"鄉"。"敦"与"激"相似，而误为"激"。并辨见《仪礼》。"濯"与"灌"相似，而误为"灌"。"改"与"致"相似，而误为"致"。"雀"与"省"相似，而误为"省"。"頯"与"類"相似，而误为"類"。并辨见《大戴礼上》。"頯"误为"類"，又见《大戴礼下》。"豆鬻"与"矩关"相似，而误为"矩关"。"厽"与"参"相似，而误为"参"。"官"与"宫"相似，而误为"宫"。"遗"与"匮"相似，而误为"匮"。"大"与"天"相似，而误为"天"。"辟"与"辞"字或体相似，而误为"辞"。"诡"与"瞻"相似，而误为"瞻"。"博"与"傅"相似，而误为"傅"。"斗"字隶书与"升"相似，而误为"升"。"跛"与"跂"相似，而误为"跂"。"立"与"主"相似，而误为"主"，又误为"王"。"冄"与"再"相似，而误为"再"。"亟"与"敬"相似，而误为"敬"。"患"与"贵"相似，而误为"贵"。"轻"字隶书与"诬"相似，而误为"诬"。"闻"与"明"相似，而误为"明"。"臛"与"腻"相似，而误为"腻"。并辨见《大戴礼上》。"美"与"業"相似，而误为"業"。"误"与"设"相似，而误为"设"。"屬"与"厲"相似，而误为"厲"，又误为"勵"。"出"字隶书与"士"相似，而误为"士"。江"字隶书与"泒"相似，而误为

“泜”。“迩”与“通”相似，而误为“通”。“敊”与“教”相似，而误为“教”。“灌”与“濯”相似，而误为“濯”。“樞”与“楣”相似，而误为“楣”。“徙”与“從”相似，而误为“從”。“平”与“卒”相似，而误为“卒”。并辨见《大戴礼中》。“傷”与“傷”相似，而误为“傷”。“治”与“裕”相似，而误为“裕”。“交”与“克”相似，而误为“克”。“寬”与“寡”相似，而误为“寡”。“憝”与“愍”相似，而误为“愍”。“殳”与“及”相似，而误为“及”。“典”与“無”相似，而误为“無”。“诛黎”与“许魏”相似，而误为“许魏”。“汁”与“计”相似，而误为“计”。“介”字隶书与“分”相似，而误为“分”。“倍”与“倨”相似，而误为“倨”。“悳”与“息”相似，而误为“息”。“嗺”与“嚾”相似，而误为“嚾”。并辨见《大戴礼下》。“左”与“右”相似，而误为“右”。“循”与“脩”相似，而误为“脩”。“欲”与“故”相似，而误为“故”。“天”与“大”相似，而误为“大”。“穴”字隶书与“内”相似，而误为“内”。“壐”与“畺”相似，而误为“畺”，又误为“疆”。并辨见《礼记上》。“受”与“爱”相似，而误为“爱”。“颁”字隶书与“须”相似，而误为“须”。“戉”与“成”相似，而误为“成”。“省”与“瘠”相似，而误为“瘠”。“齐”字古文与“命”相似，而误为“命”。并辨见《礼记中》。“共”与“其”相似，而误为“其”。“亶”与“赏”相似，而误为“赏”。“谓”与“诗”相似，而误为“诗”。“及”与“反”相似，而误为“反”。“荐”与“存”相似，而误为“存”。“逹”与“建”相似，而误为“建”。“徧”与“脩”相似，而误为“脩”。“先”与“生”相似，而误“为”生。“徹”与“徵”相似，而误为“徵”。“愚”与“患”相似，而误为“患”。并辨见《礼记下》。“徒”与“從”相似，而误为“從”。“不”与“亦”相似，而误为“亦”。“待”与“徒”相似，而误为“徒”。“其”与“甚”相似，而误为“甚”。“及”与“服”字右畔相似,而误为"服"。"靳"字草书与"靮"相似,而误为"靮"。"反"与"及"相似,而误为"及"。"歓"与"歇"相似,而误为"歇"。"廢"与"殺"相似,而误为"殺"。并辨见《左传上》。"而"与"为"相似,而误为"为"。"遇"与"過"相似,而误为"過"。"闵"与"阁"相似,而误为"阁"。并辨见《左传中》。"生"与"室"相似,而误为"室"。"视"与"貌"相似,而误为"貌"。"由"与"曰"相似,而误为"曰"。"尒"与"介"相似,而误为"介"。并辨见《左传下》。"尒"误为"介",又见《穀梁传》。"其"字古文与"介"相似,而误为"介";与"莫"相似,而误为"莫"。并辨见《左传下》。又《论语·述而篇》"文莫吾犹人也","莫"盖"其"之误,言文辞吾其犹人也,上下相应,犹《左传》"其将积聚"也。其,与也,相应也。何晏训"莫"为无,失之。"壁"与"塗"相似,而误为"塗"。辨见《左传下》。"蓻"与"薮"相似,而误为"薮"。"悫"与"憲"相似,而误为"憲"。"讨"与"计"相似,而误为"计"。"來"与"柰"相似,而误为"柰",又误为"漆"。"惑"与"感"相似,而误为"感",又误为"憾"。"陰"与"陶"字隶书相似,而误为"陶",又误为"餉"。并辨见《国语上》。"苟"与"荀"相似,而误为"荀"。"故"与"敬"相似,而误为"敬"。"兆"与"兜"相似,而误为"兜"。"圉"与"圍"相似,而误为"圍"。"楗"与"楗"相似,而误为"楗"。"谅"与"谆"相似,而误为"谆"。"搏"与"寻"相似,而误为"寻"。"臽"与"函"相似,而误为"函"。"迁"与"廷"相似,而误为"廷"。"人"与"入"相似,而误为"入"。"戜"与"戚"相似,而误为"戚"。"师"与"帅"相似,而误为"帅"。"稈"与"稻"相似,而误为"稻"。并辨见《国语下》。"冣"与"最"相似,而误为"最"。"廥"与"廉"相似,而误为"廉"。并辨见《公羊传》。"计"与"讨"相似,而误为"讨"。"膝"与"辟"隶书相似,而误为"辟"。"叛"与"知"左畔相似,而误为"知"。

"没"与"汲"相似,而误为"汲"。"详"与"注"相似,而误为"注"。_{并辨见《穀梁传》。}"次"与"坎"相似,而误为"坎"。"自"字古文与"古"相似,而误为"古"。"辟"与"辨"相似,而误为"辨"。"维"与"雍"相似,而误为"雍"。"厤"与"厬"相似,而误为"厬"。_{并辨见《尔雅中》。}"芨"与"茭"相似,而误为"茭"。"顜"与"覵"相似,而误为"覵"。_{并辨见《尔雅下》。}"網"与"綱"相似,而误为"綱"。《论语·述而篇》"子钓而不綱","綱"乃"網"之讹,谓不用網罟也。孔《注》据误本"綱"字作解,失之。"告"与"吉"相似,而误为"吉"。_{辨见"吉月"下。}"我"与"義"相似,而误为"義"。《孟子·公孙丑篇》"是集義所生者,非義袭而取之也",下"義"字文义难通,疑当作"我"。言在外者我可以袭而取之,浩然之气,从内而出,非我所能袭取也。"我"与"義"相似,又涉上文两"義"字而误耳。赵《注》但云"人生受气所自有",而不及"義"字,则所见本不作"義"可知。《疏》据"義"字作解,非也。"吐"与"哇"相似,而误为"哇"。《滕文公篇》"出而哇之","哇"当作"吐",字之误也。《论衡·刺孟篇》引作"出而吐之",《风俗通义·愆礼篇》亦云"孟子讥仲子吐鶂鶂之羹",《白帖》卷九十五、《太平御览·羽族部六》并引作"吐",是其明证也。俗本皆作"哇",遍考字书、韵书无训"哇"为"吐"者,其为误字无疑。丁、张二家音于佳切,则所见本已误作"哇"。赵《注》"出而哇吐"之"哇"字,乃后人所增,当删正。"来"与"求"隶书相似,而误为"求"。《离娄篇》"舍馆定,然后求见长者乎"。家大人曰,"求"当作"来",上文"子亦来见我乎",与此正相应也。隶书"来"字作**来**,"求"字作**耑**,相似而误。"勝"与"服"相似,而误为"服"。"以善服人者,未有能服人者也。以善养人,然后能服天下","以善服人"之"服",疑当作"勝","勝"字左畔与"服"相同,又涉下文"服人"而误。《管子·戒篇》"以善胜人者,未有能服人者也。以善养人者,未有不服人者也",尹《注》云"以善勝人,人亦生勝己之心、故不服",是其明证也。若作"以善服人者未有能服人者也",则文义不明。赵《注》云"以善服人之道治世,谓以威力服人者也",则所见本已误作"服"。"差"与"养"相似,而误为"养"。《告子篇》"虽有不同,则地有肥硗雨露之养,人事之不齐也"，"养"疑当作"差"，字形相似而误，谓雨露多寡之差也。故赵《注》以为雨泽有不足。"揢"与"梏"相似，而误为"梏"，又误为"牿"。"则其旦书之所为，有牿亡之矣"，《音义》"牿"作"梏"。案，"牿"、"梏"皆"揢"之讹，"揢"与"搅"同字，从手不从木，亦不从牛。《小雅·何人斯·传》曰："搅，乱也。"《玉篇》"搅"字或体作"揢"，云"同上"。《后汉书·马融传》"散毛族，梏羽群"，李《注》曰："字书揢从手，即古文搅字，谓搅扰也。"揢为扰乱，故赵《注》云"其所为万事又揢乱之也"，当音古巧切，而丁公著乃云"梏，古沃切"，且云"利害之乱其性，犹桎梏之刑其身"，失之远矣。"禀"与"棠"相似，而误为"棠"。《尽心篇》"齐饥，陈臻曰：国人皆以夫子将复为发棠"，"棠"疑当作"禀"，"禀"古"廪"字，谓发仓廪以振饥也。"禀"字隶书作"稟"，与"棠"相似而误。赵《注》云"棠，齐邑，发棠邑之仓以振贫穷"，则所见本已误为"棠"，不知"棠"为"禀"之讹，"禀"即仓也。"格"与"招"相似，而误为"招"。"今之与杨、墨辩者，如追放豚，既入其苙，又从而招之"，赵《注》曰："招，罥也。"案："招"疑当作"格"。"格"者，"络"之借字也。"络之"者，以绳缚之也。《楚词·招魂》注云："络，缚也。"故赵《注》训为罥。罥，亦缚也。《众经音义》卷十引《声类》云："罥以绳系取兽也。"罥之言缳，《说文》："缳，落也。""落"与"络"通。《说文》训"缳"为络，此注训"络"为缳，其义一也。"罥"古作"罬"。《说文》："罬，网也。"络，亦网，《西京赋》"振天维，衍地络"，薛《注》云："络，网也。"《庄子·胠箧篇》谓之"罗落"，皆以绳挂物之名也。"络"与"落"同声，"络"之通"格"，犹"落"之通"格"。《管子·幼官篇》"夏行冬政落"，《淮南·时则篇》作"夏行冬令格"。《史记·酷吏传》"置伯格长"，徐广曰"古村落字亦作格"，是其例也。**寻文究理，皆各有其本字，不通篆隶之体，不可得而更正也。**

上下相因而误

　　家大人曰，经典之字，多有因上下文而误写偏旁者。如《尧典》"在璿机玉衡"，"机"字本从木，因"璿"字而从玉作"玑"。辨见段氏《古文尚书撰异》。《大雅·绵篇》"自土徂漆","徂"字本从彳,因"漆"字而从水作"沮"。辨见本条。《尔雅·释诂》"简菿,大也","菿"字本从艸,因"简"字而从竹作"箌"。《唐石经》始误从竹,《释文》引《说文》"菿,草大也",则其字从艸可知。今本《释文》从竹作"箌",后人改之也。**此本有偏旁而误易之者也。**《盘庚》"乌呼","乌"字因"呼"字而误加"口"。《说文》:"孔子曰:乌,盱呼也,取其助气,故以为乌呼。"颜师古《匡谬正俗》曰:《古文尚书》悉为'乌呼'字。《唐石经》"乌"字作"呜",卫包所改也。《周南·关雎》"展转反侧","展"字因"转"字而误加"车"。《说文》车部无"辗"字,尸部"展,转也",则"展"与"转"同义,故以"展转"连文。《释文》"辗,本亦作展",是旧本尚有不误者。《魏风·伐檀》"河水清且涟猗","猗"字因"涟"字而误加"水"。《释文》:"猗,本亦作漪。"《尔雅·释水》"河水清且澜漪",《释文》:"漪,本又作猗。"案:"猗",本字也;"漪",误字也。猗为语助,不当从水。《小雅·采薇》"狎允之故","允"字因"狎"字而误加"犬"。《释文》"狁,本亦作允",则旧本尚有不误者。《汉书·匈奴传》作"猃允"。《大戴礼·劝学篇》"水潦属焉","属"字因"潦"字而误加"水"。辨见《大戴礼中》。《月令》"地气且泄","且"字因"泄"字而误加"水"。《唐月令》及《七经孟子考文》所引古本并作"且",《吕氏春秋·仲冬纪》同,岳本始误作"沮"。案,"沮"字训止训坏,皆与"泄"殊义,不得以"沮泄"连文。《正义》不释"沮"字,《释文》"沮"字无音,则本作"且"可知。《乐记》"及优朱儒","朱"字因"儒"字而误加"人"。《说文》无"侏"字,襄四年《左传》"朱儒是使","朱"字无人旁。定五年《左传》"阳虎将以与璠敛","与"字因"璠"字而误加"玉"。《说文》无"玙"字,《左传释文》"玙,本又作与",则旧本尚有不误者。《尔雅·释诂》"眅、至,大也","至"字因"眅"字而误加"日"。辨见《尔雅上》。《释宫》"椹谓之虔","虔"字因"椹"字而误加"木"。《释文》"榐,本亦作虔",则旧本尚有不误者。《商颂·殷武·笺》"椹谓之虔",字正作"虔",无木旁。

《说文·木部》无"樉"字。《释山》"山夹水涧，陵夹水虞"，"虞"字因"涧"字而误加"水"。《说文》无"漅"字，《释文》"漅，本又作虞"，则旧本尚有不误者。此本无偏旁而误加之者也。

上文因下而省

引之谨案，古人之文有下文因上而省者，亦有上文因下而省者。《尧典》"期三百有六旬有六日"，"三百"者，三百日也，因下"六日"而省"日"字。《小雅·天保篇》"禴祠烝尝，于公先王"，"公者，先公也"，郑《笺》。因下"先王"而省"先"字。《特牲馈食礼》"祝命挼祭，此四字误倒于"尸左执觯"之上，郑《注》遂以"命"为诏尸，辨见《仪礼》。佐食取黍稷肺祭授尸；祝命尔敦，佐食尔黍稷于席上"，"祝命"者，命佐食也，因下"佐食"而省"佐"食字。《论语·为政篇》"举直错诸枉，则民服；举枉错诸直，则民不服"，"举直"、"举枉"者，举诸直、举诸枉也，因下"错诸枉"、"错诸直"而省"诸"字。《卫灵公篇》"躬自厚而薄责于人"，"躬自厚"者，躬自厚责也，皇《疏》引蔡谟云"厚者，厚其德也"，失之。因下"薄责于人"而省"责"字。《孟子·滕文公篇》"夏后氏五十而贡，殷人七十而助，周人百亩而彻"，"五十"、"七十"者，五十亩、七十亩也，因下"百亩"而省"亩"字。

增字解经

　　引之谨案,经典之文,自有本训,得其本训则文义适相符合,不烦言而已解,失其本训而强为之说,则阢陧不安,乃于文句之间增字以足之,多方迁就而后得申其说,此强经以就我,而究非经之本义也。如《蹇》六二"王臣蹇蹇,匪躬之故",故,事也,言王臣不避艰难者,皆国家之事而非其身之事也,详见本条下,后仿此。而解者曰"尽忠于君,匪以私身之故而不往济君",《正义》。则于"躬"上增"以"字、"私"字,"故"下增"不往济君"字矣。《既济》六四"繻有衣袽","繻"乃"襦"之借字,有,或也,言人之于襦,或衣其敝坏者也,而解者曰"繻当言濡,衣袽,所以塞舟漏也,夫有隙之弃舟而得济者,有衣袽也",王《注》。则于"繻"上增"舟"字,"有衣袽"下增"塞"字矣。《系辞传》"圣人以此洗心","洗"与"先"通,先犹导也,言圣人以此导其心思也,而解者曰"洗濯万物之心",韩《注》。则于"心"上增"万物"字矣。《序卦传》"物不可以终壮,故受之以晋",晋者,进也,言物不可以终止,故进之也,壮者,止也,见下。而解者曰"晋以柔而进也",韩《注》。则于"进"上增"柔"字矣。《杂卦传》"大壮则止",言壮之训为止也,而解者曰"大正则小人止",韩《注》。则于"大"下增"正"字,"止"上增"小人"字矣。"咸,速也",言咸之训为速也,而解者曰"物之相应,莫速乎咸",郑《注》。则于"速"上增"相应"字矣。《尧典》"汤汤洪水方割",方,旁也,遍也,言洪水遍害下民也,而解者曰"大水方方为害",某氏《传》。则于"方"下增"方"字矣。"柔远能迩",能,善也,言善于近者也,而解者曰"能安远者,先能安近",_王《注》。则于"能"下增"安"字矣。《皋陶谟》"烝民乃粒","粒"读为"立",立,定也,言众民乃安定也,而解者曰"众民乃复粒食",_郑《注》。则于"粒"下增"食"字矣。《盘庚》"由乃在位",由,正也,而解者曰"教民使用汝在位之命",_{某氏《传》}。则于"在位"下增"命"字矣。"暂遇奸宄","暂"之言渐也、诈也、"遇"之言隅也、差也,而解者曰"暂遇人而劫夺之",_{某氏《传》}。则于"暂遇"下增"人"字及"劫夺"字矣。"无遗育","育"读为"胄",胄,裔也,而解者曰"无遗长其类",_{某氏《传》}。则于"育"下增"类"字矣。《洪范》"聪作谋","谋"读为"敏",言聪则敏也,而解者曰"上聪则下进其谋",_{马《注》}。则于"谋"上增"下进"字矣。《金滕》"敷佑四方",敷,遍也,言遍佑四方之民也,而解者曰"布其道以佑助四方",则于"敷"下增"道"字矣。《康诰》"应保殷民",应,受也,言受保殷民也,而解者曰"上以应天,下以安我所受殷之民众",_{某氏《传》}。则于"应"下增"天"字矣。《召诰》"用乂民,若有功",言用此治民乃有功也,而解者曰"顺行禹汤,所以成功",_{某氏《传》}。则于"若"下增"禹汤"字矣。《无逸》"则知小人之依,爰知小人之依","依"之言隐也、痛也,言知民隐也,而解者曰"知小人之所依怙",又曰"小人之所依,依仁政",_{并某氏《传》}。则于"依"上增"所"字矣。"以庶邦惟正之共",以,与也,"正"与"政"同,言与庶邦惟政是奉也,而解者曰"以众国所取法则,当以正道供待之故",_{某氏《传》}。则于"惟正之共"下增"故"字矣。《君奭》"有殷嗣天灭威",威,德也,言有殷之君,继天出治,而乃灭德不务也,而解者曰"有殷嗣子不能平至,天灭亡,加之以威",_{某氏《传》}。则于"威"上增加"以"字矣。"以予监于殷丧大否",言与予共监于殷之丧亡,

皆由大不善也,而解者曰"以我言视于殷丧亡大否",某氏《传》。则于
"予"下增"言"字矣。"罔不率俾",言莫不率从也,而解者曰"率,循
也;俾,使也。四海之内无不循度而可使",某氏《传》。则于"率"下增
"度"字,"俾"上增"可"字矣。《吕刑》"罔有择言在身","择"读为
"致",致,败也,言罔有败言出乎身也,而解者曰"无有可择之言在
其身",某氏《传》。则于"择"上增"可"字矣。"哲人惟刑","哲"读为
"折","折"之言"制"也,言制民人者惟刑也,而解者曰"言智人惟用
刑",某氏《传》。则于"刑"上增"用"字矣。《秦誓》"我尚有之",有者,
相亲也,言我尚亲之也,而解者曰"我庶几欲有此人而用之",某氏
《传》。则于"有"上增"欲"字矣。《周南》"振振公姓",姓,子孙也,而
解者曰"公姓,公同姓",毛《传》。则于"姓"上增"同"字矣。《邶风》
"终风且暴","终"犹既也,言既风且暴也,而解者曰"终日风为终
风",毛《传》。则于"终"下增"日"字矣。《卫风》"虽则佩觿,能不我
知","能"读为"而",言虽则佩觿,而不知我也,而解者曰"不自谓无
知以骄慢人也",毛《传》。则于"不"下增"自谓"字,"知"上增"无"字
矣。《小雅》"有实其猗","猗"读曰"阿",言实实然广大者,山之阿
也,而解者曰"以草木平满其旁倚之畎谷",郑《笺》。则于"有"下增
"草木"字,"猗"下增"畎谷"字矣。"曾是不意",言曾是不度也,而
解者曰"女曾不以是为意乎",郑《笺》。则于"是"上增"以"字,"意"
上增"为"字矣。"昊天罔极",极犹常也,言昊天无常,降此鞠凶也,
而解者曰"昊天乎,我心无极",郑《笺》。则于"罔极"上增"我心"字
矣。《大雅》"依其在京",依,盛貌,言文王之众之盛,依然其在京地
也,而解者曰"文王发其依居京地之众",郑《笺》。则于"依"上增
"发"字矣。"摄以威仪",摄,佐也,而解者曰"摄者,收敛之言,各自

收敛以相佐助为威仪之事"，《正义》。则于"佐"上增"收敛"字矣。"无纵诡随"，诡随，谲诈也，而解者曰"诡人之善，随人之恶"，毛《传》。则于"诡"下增"善"字，"随"下增"恶"字矣。"曾是强御"，御，亦强也，而解者曰"强梁御善也"，毛《传》。则于"御"下增"善"字矣。《檀弓》"忌日不乐"，谓不作乐也，而解者曰"唯忌日不为乐事"，《正义》。则于"乐"上增"为"字，"乐"下增"事"字矣。《月令》"措之于参保介之御间"，当依《吕氏春秋》作"参于"，而解者曰"勇士参乘"，郑《注》。则于"参"下增"乘"字矣。《礼器》"设于地财"，言合于地财也，而解者曰"所设用物为礼，各是其土地之物"，《正义》。则于"设"下增"物"字，"地财"上增"是其"字矣。《郊特牲》"不敢私觌，所以致敬也"，承"执圭而使"言之，谓聘，非谓朝也，而解者曰"其君亲来，其臣不敢私见于主国君"，郑《注》。则于"不敢私觌"上增"其君亲来"字矣。"为人臣者无外交，不敢贰君也"，贰，并也，言不敢比并于君也，而解者曰"不敢贰心于他君"，《正义》。则于"贰"下增"于他"字矣。《乐记》"感条畅之气，灭和平之德"，"条畅"读为"涤荡"，涤荡之气谓逆气也，而解者曰"动人条畅之善气"，郑《注》。则于"气"上增"善"字矣。《儒行》"居处齐难"，"难"与"㜲"同，敬也，而解者曰"齐庄可畏难"，郑《注》。则于"难"上增"可畏"字矣。隐六年《左传》"恶之易也，如火之燎于原"，谓恶之延也，而解者曰"言恶易长"，杜《注》。则于"易"下增"长"字矣。九年《传》"宋公不王"，谓不朝于王也，而解者曰"不共王职"，杜《注》。则于"王"上增"共"字，"王"下增"职"字矣。桓二年《传》"今灭德立违"，"违"之言回也、邪也，谓立邪臣也，而解者曰"谓立华督违命之臣"，杜《注》。则于"违"下增"命"字矣。庄十八年《传》"王飨醴命之宥"，言命虢公、晋侯与王相酬酢也,而解者曰"命以币物,所以助欢敬之意",_{杜《注》}。则于"命"之下增"以币物"字矣。僖九年《传》"以是藐诸孤","诸"读为"者",言藐然小者孤也,而解者曰"言其幼稚,与诸子县藐",_{杜《注》}。则于"诸"下增"子"字矣。二十四年《传》"昔周公吊二叔之不咸",谓管、蔡不和睦也,而解者曰"伤夏、殷之叔世,疏其亲戚以至灭亡",_{杜《注》}。则于"叔"下增"世"字,"不咸"上增"亲戚"字矣。二十八年《传》"有渝此盟,以相及也","及"乃"反"之讹,相反者,相违也,而解者曰"以恶相及",_{杜《注》}。则于"以"下增"恶"字矣。宣二年《传》"舍于翳桑",翳桑,地名也,而解者曰"翳桑,桑之多荫翳者",_{杜《注》}。盖谓桑多荫翳,故宣子舍于其下也,则于"翳桑"下增"下"字矣。成二年《传》"余虽欲于巩伯",谓好巩伯也,昭十五年《传》"臣岂不欲吴",谓好朝吴也,而解者于"欲于巩伯"曰"欲受其献",_{杜《注》}。则于"欲"下增"受其献"字,于"岂不欲吴"曰"非不欲善吴",_{杜《注》}。则于"欲"下增"善"字矣。成十八年《传》"师不陵正,旅不逼师",谓群有司也,而解者曰"师,二千五百人之帅也,旅,五百人之帅也",_{杜《注》}。则于"师旅"下增"帅"字矣。襄十四年《传》"商旅于市","旅"谓传言也,而解者曰"陈其货物,以示时所贵尚",_{杜《注》}。则于"旅"下增"货物"字矣。二十三年《传》"则季氏信有力于臧氏矣","臧"乃"孟"之讹,谓有力于孟氏也,而解者曰"季氏有力过于臧氏",_{杜《注》}。则于"有力"下增"过"字。二十九年《传》"五声和,八风平",谓八音克谐也,而解者曰"八方之气谓之八风",_{杜《注》}。则于"八"下增"方"字矣。三十年《传》"女待人,妇义事也","义"读为"仪",仪,度也,谓妇当度事而行,不必待人也,而解者曰"义,从宜也",_{杜《注》}。则于"义"上增"从"字矣。昭元年

《传》"造舟于河"，造，比次也，言比次其舟以为梁也，而解者曰"盖造为至义，言船相至而并比也"，《正义》。则于"比次"上增"至"字矣。七年《传》"愿与诸侯落之"，落，始也，与诸侯始升也，而解者曰"以酒浇落之"，《正义》。则于"落"上增"以酒浇"字矣。"圣人有明德者，若不当世，其后必有达人"，圣人，谓弗父、正考父也，而解者曰"圣人之后，有明德而不当大位，谓正考父"，杜《注》。则于"圣人"下增"之后"字矣。"官职不则"，"则"犹等也、钧也，而解者曰"治官居职不一法"，杜《注》盖训"则"为法。则于"则"上增"一"字矣。十年《传》"孤斩焉在衰绖之中"，"斩"之言憯，哀痛忧伤之貌，而解者曰"既葬未卒哭，故犹服斩衰"，杜《注》。则于"斩"下增"衰"字矣。二十九年《传》"官宿其业"，"宿"与"夙"通，谓官敬其业也，而解者曰"宿，安也"，杜《注》。"安心思其职业"，《正义》。则于"宿"下增"思"字矣。哀九年《传》"宋方吉，不可与也"，与，犹敌也，而解者曰"不可与战"，杜《注》。则于"与"下增"战"字矣。《周语》"监农不易"，易，轻慢也，而解者曰"不易物土之宜"，韦《注》。则于"易"下增"物土之宜"字矣。"司寇行戮，君为之不举"，谓去盛馔也，杀牲盛馔曰举，而解者曰"不举乐"，韦《注》。则于"举"下增"乐"字矣。《晋语》"君知成之从也，未知其待于曲沃也"，谓哀侯未死时，但知成之从哀侯，未知其止于曲沃，为武公臣也，而解者曰"君，武公也，言君知成将死其君，为从臣道也，故使止臣，未知成不死而待君于曲沃之为贰也"，韦《注》。则于"从"下增"臣道"字，"待于曲沃"下增"为贰"字矣。"吾秉君以杀大子，吾不忍"，秉，顺也，谓顺君之意以杀大子也，而解者曰"秉执君志以杀大子"，韦《注》。则于君下增"志"字矣。"宋众无乃强乎"，"强"读为"僵"，僵，毙也，言宋众将为楚所毙也，而解者曰"宋降于楚，其众益强"，韦《注》。则于"宋"下增"降于楚"字，"众"上增"其"字矣。"敢归诸下执政，以愁御人"，愁，说也，言以此说君之御人也，而解者曰"愁，愿也，愿以此报君御人之笑己者"，韦《注》。则于"愁"下增"报君"字，"御人"下增"笑己者"字矣。《吴语》"不敢左右"，敢，犯也，言不犯君之左右也，而解者曰"不敢左右暴掠齐民"，韦《注》。则于"敢"下增"暴掠齐民"字矣。隐三年《公羊传》曰"某月某日朔，日有食之者，食正朔也"，正，当也，言日食当月之朔也，而解者曰"食不失正朔也"，何《注》。则于"正"上增"不失"字矣。"以吾爱与夷，则不若爱女"，当作"以吾爱女，则不若爱与夷"，而解者曰"言吾爱于与夷，则不止如女而已"，《疏》。则于"不"下增"止"字矣。九年《传》"何异尔，俶甚也"，谓厚甚也，而解者曰"俶，始怒也"，何《注》。则于"俶"下增"怒"字矣。桓十一年《传》"突可故出而忽可故反"，故，必也，言突可使之必出，忽可使之必反也，而解者曰"突可以此之故出之，忽可以此之故反之"，《疏》。则于"故"上增"以此"字矣。"是不可得则病，然后有郑国"，言突可出，忽可反，若不可得，则以为大耻，谋国之权如是，然后能保有郑国也，而解者曰"己虽病逐君之罪，讨出突，然后能保有郑国"，何《注》。则于"然后"上增"讨出突"字矣。庄四年《传》"此非怒与"，怒者，太过也，而解者曰"怒，迁怒"，何《注》。则于"怒"上增"迁"字矣。僖二十二年《传》"吾虽丧国之余"，谓宋为殷后也，而解者曰"我虽前几为楚所丧，所以得其余民以为国"，何《注》。则于"丧"上增"几为楚"所字，"余"下增"民"字矣。二十六年《传》"师出不正反，战不正胜"，谓师出不必反，战不必胜也，而解者曰"不正自谓出当复反，战当必胜"，何《注》。则于"不正"下增"自谓"字矣。"未得乎取谷也",言未为计之得也,而解者曰"未可为得意于取谷",何《注》。则于"得"下增"意"字矣。襄五年《传》"相与往殆乎晋也","殆"乃"治"之假借,而解者曰"殆,疑,疑谳于晋",何《注》。则于"殆"下增"谳"字矣。庄元年《穀梁传》"接练时,录母之变,始人之也","人"与"仁"通,谓怜哀之也,而解者曰"始以人道录之",范《注》。则于"人"下增"道"字矣。文八年《传》"其以官称,无君之辞也",言其专擅无君也,而解者曰"无人君之德",范《注》引郑氏《释废疾》。则于"君"下增"德"字矣。《尔雅·释诂》"尸,寀也","寀"即"主宰"之"宰",而解者曰"谓寀地",郭《注》。则于"寀"下增"地"字矣。"寀,官也","寀"即"官宰"之"宰",而解者曰"官地为寀",郭《注》。则于"官"下增"地"字矣。"写,䑤,忧也","寫"即"鼠"之假借,而解者曰"有忧者思散写",郭《注》。则于"写"上增"思散"字矣。"䑤"即"慅"之假借,而解者曰"䑤役亦为忧愁",郭《注》。则于"忧"上增"亦为"字矣。"伦、敇、愉,劳也","伦"当读"勋劳"之"勋","敇"当作"劳敇"之"敇","愉"当读"瘉,病也"之"瘉",而解者曰"伦理事务以相约敇,亦为劳",郭《注》。则于"劳"上增"亦为"字矣。又曰"劳苦者多惰愉",郭《注》。则于"愉"上增"多惰"字矣。"载、谟,伪也","伪"即"作为"之"为",而解者曰"载者言而不信,谟者谋而不忠",郭《注》。则于"载"下增"不信"字,"谟"下增"不忠"字矣。"功、绩、明,成也",盖"成"谓之功,又谓之绩,又谓之明也,而解者曰"功、绩皆有成,事有分明,亦成济也",郭《注》。则于"成"上增"有"字、"亦"字矣。"仪,干也",直训"仪"为干也,而解者曰"仪表亦体干",郭《注》。则于"干"上增"亦"字矣。"强,当也",直训"强"为当也,而解者曰"强者好与物相当值",郭《注》。则于"当"上增"好与物相"字矣。

"苦，息也"，"苦"即《诗》"王事靡盬"之"盬"，而解者曰"苦劳者宜止息"，郭《注》。则于"息"上增"宜"字矣。"荐，臻也"，谓"荐"与"臻"皆训为至也，而解者曰"荐，进也，故为臻。臻，至也"，郭《注》。则于"臻"上增"进"字矣。《释言》"昵，亟也"，"昵"为相亲爱之"亟"，而解者曰"亲昵者亦数"，郭《注》。则于"亟"上增"亦"字矣。"矜，苦也"，直训"矜"为苦也，而解者曰"可矜怜者亦辛苦"，郭《注》。则于"苦"上增"亦辛"字矣。"栗，戚也"，"戚"读为"蹙"，"栗"与"蹙"皆敬谨之义也，而解者曰"战栗者忧戚"，郭《注》。则于"戚"上增"忧"字矣。"坎，铨也"，"坎"乃"次"之讹，而解者曰"坎卦，水也，水性平，铨亦平也"，樊《注》。则于"坎"下增"水性平"字矣。"窕，肆也"，谓极深也，而解者曰"轻窕者好放肆"，郭《注》。则于"肆"上增"好放"字矣。"肆，力也"，"肆"读为"肄"，"肄"与"力"皆谓勤劳也，而解者曰"肆，极力"，郭《注》。则于"力"上增"极"字矣。"谋，心也"，谓思虑也，而解者曰"谋虑以心"，郭《注》。则于"心"上增"以"字矣。"烝，尘也"，"烝"与"尘"皆谓久也，而解者曰"人众所以生尘埃"，郭《注》。则于"尘"上增"所以生"字矣。"服，整也"，直训"服"为整也，而解者曰"服御之令齐整"，郭《注》。则于"整"上增"令"字矣。"讯，言也"，"讯"与"言"皆问也，而解者曰"讯问以言"，邢《疏》。则于"言"上增"以"字矣。《释器》"絇谓之救"，谓罥也，而解者曰"救丝以为絇"，郭《注》。则于"救"下增"丝"字矣。"律谓之分"，谓捕鸟毕也，而解者曰"律管可以分气"，郭《注》。则于"分"上增"可以"字，"分"下增"气"字矣。《释山》"重甗陳"，"甗"即"巘"之假借，而解者曰"山形如累两甗"，郭《注》。则于"重甗"上增"如"字矣。此皆不得其正解，而增字以迁就之，治经者苟三复文义而心有未安，虽舍旧说以求之可也。

后人改注疏释文

引之谨案，经典讹误之文，有《注》、《疏》、《释文》已误者，亦有《注》、《疏》、《释文》未误而后人据已误之正文改之者，学者但见已改之本，以为《注》、《疏》、《释文》所据之经已与今本同，而不知其未尝同也。如《易·系辞传》"莫善乎蓍龟"，《唐石经》"善"误为"大"，而诸本因之，后人又改《正义》之"善"为"大"矣。说见《周易下》。《小雅·十月之交篇》"山冢卒崩"，《唐石经》误依《释文》"卒"作"崒"，而诸本因之，后人又改《笺》及《正义》之"卒"为"崒"矣。说见《毛诗中》。《天官·司书》"凡上之用财"，《唐石经》"财"下衍"用"字，而诸本因之，后人又改《叙官·疏》之"用财"为"用财用"矣。说见《周礼上》。《春官·肆师》"表貉则为位"，《唐石经》"表"上衍"祭"字，而诸本因之，后人又改《司几筵·注》之"表貉"为"祭表貉"矣。《秋官·象胥》"次事士"，旧本"士"上衍"上"字，后人又增"上"字于《注》内矣。并说见《周礼下》。《燕礼》"阍人为烛于门外"，后人于"烛"上加"大"字，又加于《注》、《疏》内矣。《聘礼》"遂以入"，《唐石经》"入"下衍"竟"字，而诸本因之，后人又加"竟"字于《疏》内矣。《士丧礼下篇》"众主人东即位"，旧本脱"主"字，后人又改《疏》以从之矣。《特牲馈食礼》"佐食尔黍于席上，反黍于其所"，《唐石经》"黍"下并衍"稷"字，而诸本因之，后人又改《少牢·疏》以从之矣。并说见《仪礼》。《大戴礼·曾子立事篇》"患其不能以让也"，旧本"患"误作

"贵",后人又删"不"字、"以"字并改卢《注》矣。说见《大戴礼上》。《卫将军文子篇》"盖三千就焉",旧本脱"千"字,后人又改卢《注》矣。说见《大戴礼中》。《曲礼》"前有车骑则载鸿",《唐石经》"鸿"上衍"飞"字,而诸本因之,后人又加"飞"字于《正义》内矣。"使自称曰某",《唐石经》"使"下衍"者"字,而诸本因之,后人又加"者"字于《正义》内矣。"豚曰腯肥",《唐石经》依《正义》改"腯"为"腯",而诸本因之,后人又据以改《注》及《释文》矣。《檀弓》"丧三年以为极,亡则弗之忘矣","亡"字属下读,后人依《释文》以"亡"字属上读,又于《正义》内"极"下加"亡"字矣。"先王之所以难言也",《唐石经》初刻有"以"字,改刻删去,而诸本因之,后人又于《正义》内删"以"字矣。《王制》"亦弗欲生也",《唐石经》"欲"讹作"故",而诸本因之,后人又改《正义》以从之矣。《月令》"还乃赏公卿诸侯大夫于朝",旧本"乃"误作"反",后人又改《孟冬·正义》以从之矣。"孟冬行夏令,则风雨不时",《唐月令》改"风雨"为"雨水",而诸本因之,后人又改《正义》以从之矣。"蚕事既毕",旧本脱"既"字,后人又于《正义》内删"既"字矣。"孟夏行春令,则虫蝗为灾",后人改"虫蝗"为"蝗虫",又改《注》、《疏》、《释文》以从之矣。"度有短长",与"裳"、"量"、"常"为韵,旧本"短长"误作"长短",后人又改《正义》以从之矣。"毋逆天数",旧本"天"误作"大",后人又于《正义》内加"之大"二字矣。并说见《礼记上》。《礼器》"必先有事于郊宫",后人改"郊宫"为"頖宫",又改《注》以从之矣。《丧服小记》"齐衰带恶笄以终丧",《唐石经》脱"带"字,而诸本因之,后人又于《正义》内删"带"字矣。《少仪》"枕颖几杖",《唐石经》误倒"颖"字于"几"下,而诸本因之,后人又改《正义》以从之矣。《乐记》"曲直繁省廉肉节奏",《唐石经》依《释文》改"省"为"瘠"，而诸本因之，后人又改《注》及《正义》以从之矣。并说见《礼记中》。《丧大记》"先入右"，《唐石经》入下衍"门"字，而诸本因之，后人又加"门"字于《正义》内矣。《祭义》"敬之而横乎四海"，《唐石经》"敬"误作"溥"，而诸本因之，后人又改《释文》、《正义》以从之矣。《祭统》"见其备于庙中也"，《唐石经》依《释文》改"备"为"脩"，而诸本因之，后人又改《正义》以从之矣。《中庸》"达诸天地而不悖"，《唐石经》"达"误作"建"，而诸本因之，后人又改《正义》以从之矣。《投壶》"司射进度壶以二矢半"，《唐石经》"以"上衍"间"字，而诸本因之，后人又加入《正义》内矣。《儒行》"鸷虫攫搏，不程其勇"，《唐石经》"其勇"误作"勇者"，而诸本因之，后人又改《正义》以从之矣。并说见《礼记上》。《冠义》"遂以挚见于卿大夫"，《唐石经》依《释文》改"卿"为"乡"，而诸本因之，后人又据以改《正义》矣。说见《仪礼》。《昏义》"教成之祭"，《唐石经》"之祭"误作"祭之"，而诸本因之，后人又改《正义》以从之矣。说见《礼记下》。僖三十三年《左传》"郑之有原圃，犹秦之有具圃也"，《唐石经》下"圃"字误作"囿"，而诸本因之，后人又据以改《注》及《正义》矣。说见《左传上》。宣二年《传》"赵穿杀灵公于桃园"，《唐石经》"杀"误为"攻"，而诸本因之，后人又改《释文》之"杀"为"攻"矣。襄二十九年《传》"其有陶唐氏之遗风乎"，《唐石经》"风"误为"民"，而诸本因之，后人又据以改《正义》矣。三十一年《传》"北宫文子见令尹围之仪"，《唐石经》"仪"上衍"威"字，而诸本因之，后人又据以改《正义》矣。并说见《左传中》。昭七年《传》"孟僖子病不能礼"，《唐石经》依或本"礼"上加"相"字，而诸本因之，后人又据以改上文杜《注》矣。二十年《传》"逼尒之关"，"尒"与"迩"同，旧本"尒"误作"介"，后人又据以改杜《注》矣。定九年《传》"如骖之有靳",《唐石经》依《释文》删"有"字,而诸本因之,后人又据以改《正义》矣。并说见《左传下》。《鲁语》"禁罝䍆",旧本"罝"误作"罥",后人又据以改《注》矣。说见《国语下》。庄十八年《公羊传》"此未有伐者",后人于"伐"上加"言"字,又加于二十六年《疏》内矣。说见《公羊传》。《尔雅·释兽》"顭,鼠",《唐石经》"顭"误作"貗",而诸本因之,后人又据以改《释文》矣。说见《尔雅下》。凡此者,皆改不误之《注》、《疏》、《释文》以从已误之经文,其原本几不可复识矣。然参差不齐之迹终不可泯,善学者循其文义,证以他书,则可知经文虽误,而《注》、《疏》、《释文》尚不误,且据《注》、《疏》、《释文》之不误,以正经文之误可也。

古书疑义举例

本书据上海世界书局民国二十五年(1936)排印本并参《清经解续编》光绪十四年(1888)江阴南菁书院本、《春在堂全书》光绪二十五年(1899)刻本整理

序

　　夫周、秦、两汉，至于今远矣。执今人寻行数墨之文法，而以读周、秦、两汉之书，譬犹执山野之夫，而与言甘泉、建章之巨丽也。夫自大小篆而隶书，而真书，自竹简而缣素，而纸，其为变也屡矣。执今日传刻之书，而以为是古人之真本，譬犹闻人言笋可食，归而煮其箦也。嗟夫，此古书疑义所以日滋也欤！窃不自揆，刺取《九经》、诸子，为《古书疑义举例》七卷，使童蒙之子，习知其例，有所据依，或亦读书之一助乎？若夫大雅君子，固无取乎此。俞樾记。

目　录

卷　一

上下文异字同义例

古书有上下文异字而同义者。《孟子·公孙丑篇》:"有仕于此而子悦之,不告于王而私与之吾子之禄爵;夫士也,亦无王命而私受之于子。"按,"有仕于此"之"仕",即"夫士也"之"士"。"夫士也",正承"有仕于此"而言。"士",正字,"仕",假字,是上下文用字不同而实同义也。

《论语·卫灵公篇》:"臧文仲其窃位者与? 知柳下惠之贤而不与立也。"按:古文"位"、"立"同字。此章"立"字当读为"位",不与立即不与位,言知柳下惠之贤而不与之禄位也。上文"窃位"字作"位",下文"不与位"字作"立",异文而同义也。

庄元年《左传》:"筑王姬之馆于外。为外,礼也。"按,"为外礼也"犹曰"于外,礼也"。古"于"、"为"义通。郑注《士冠礼》曰:"于,犹为也。"然则"为"亦犹"于"也,此举《经》文而释之。若但曰"礼也",疑若通言筑之为得礼,而无以明筑于外之为得礼;故叠"于外"二字,乃举《经》文作"于外",而《传》文自作"为外",亦异文而同义也。

《周书·太子晋篇》："远人来骧，视道如咫。"又曰："国诚宁矣，远人来观。"按："观"，正字也；"骧"，假字也。亦上下文之用字不同者。

《荀子·宥坐篇》："《诗》曰：'瞻彼日月，悠悠我思；道之云远，曷云能来？'子曰：'伊稽首不其有来乎？'"按，"首"字当读为"道"。《周书·芮良夫篇》："予小臣良夫稽道。"《群书治要》作"稽首"。是"道"与"首"古字通。稽者，同也。《尧典·正义》引郑《注》曰："稽，同也。"《诗》言"道之云远，曷云能来？"孔子言道苟同，则虽远亦来矣，故曰"伊稽道不其有来乎？"盖借《诗》言而反之。若《唐棣》之诗也，因假"首"为"道"，遂莫知其即为上文"道"字，而注者曲为之说，致失其义矣。

《商子·兵守篇》："给从从之，不洽而燧之，使客无得以助攻备。"按，上"从"字下有阙文，下"从"字当在"不洽"之下，"洽"亦当为"给"，古字同声而通用也。此文当云："给从而□之，不给从而燧之"。盖承"发梁撤屋"而言，所发所撤，其材尚可作他用。若其力有余，则取之而归；若力不足，则从而燧之，无使为敌用也。给与不给，反复相明；乃上用"给"字，下用"洽"字，又有阙文，读者遂不知为何语矣。

《吕氏春秋·辩土篇》："必厚其靯。"又曰："其靯而后之。"按，"后"与"厚"同义。《释名·释言语》曰："厚，后也。"上言厚，下言后，亦异字同义之例。

上下文同字异义例

古书亦有上下文同字而异义者。《礼记·玉藻篇》："既揔必

盟,虽有执于朝,弗有盟矣。"上"有"字乃有无之"有",下"有"字乃
"又"字也;言虽有执于朝,不必又盟也。《论语·公治长篇》:"子路
有闻,未之能行,惟恐有闻。"上"有"字乃有无之"有",下"有"字亦
"又"字也;言有闻而未行,则惟恐又闻也。

《尚书·微子篇》:"降监殷民,用乂雠敛,召敌雠不怠。"按,《释
文》曰:"雠,如字;下同。"此依《传》义作音也。又曰:"徐云郑音
畴。"是郑《注》上雠字与下雠字异义。郑于上雠字盖读为畴,故徐
云郑音畴也。"乂"与"刈"通。"降监殷民,用乂雠敛",言下视殷
民,方用刈获之时,计畴而敛之也。《孟子·尽心篇·赵注》曰:
"畴,一井也。"殷制用助法,上所应得者,惟公田所入耳。此云"畴
敛",则是按井而敛之,所取不止于公田,殆纣时所加赋欤?枚《传》
不知上下两雠字文同义异,致失其解。又,《酒诰篇》:"朝夕曰,祀
兹酒,惟天降命,肇我民,惟元祀。"按,上祀字读为"已",《周易·
损》:"初九,已事遄往。"《释文》曰:"已,虞作祀。"是"祀"与"已"古
字通也。已者,止也。已兹酒者,止此酒也。"已兹酒,惟天降命",
此二句乃倒句,犹言惟天降命止此酒,盖重其事,故托之天命也。
"肇我民,惟元祀",言与民更始,在此元祀。元祀者,文王之元年,
盖文王初受命,即有止酒之诰,故云然耳。《枚传》不知上下两祀字
异义,致失其解,皆由不知古书有同字异义之例也。

《诗·文王有声篇》:"既伐于崇,作邑于丰。"按,下"于"字乃语
词,上"于"字则"邘"之假字也。《史记》载虞、芮决狱之后,明年伐
犬戎,明年伐密须,明年败耆国,明年伐邘,明年伐崇侯虎而作丰
邑,是伐邘、伐崇,与作丰邑事适相连。故诗人咏之曰"既伐邘、崇,
作邑于丰"也。"邘"作"于"者,古文省,不从邑耳。今读两"于"字

并为语词,则下句可通;上句既伐于崇,文不成义矣。

倒句例

古人多有以倒句成文者,顺读之则失其解矣。僖二十三年《左传》:"其人能靖者与有几?"昭十九年:"谚所谓室于怒市于色者。"皆倒句也。

《周易·震》:"六二,亿丧贝。"《释文》引郑云:"十万曰亿。"梁氏玉绳《瞥记》曰:"亿丧贝乃倒文,与《庄子·在宥篇》'万有亿丧'同一句法。"《礼记·檀弓篇》:"盖殡也,问于郰曼父之母。"高邮孙氏濩孙《檀弓论文》曰:"此二句乃倒句也。盖殡浅而葬深,孔子之父实殡于五父之衢,而见之者皆以为葬,孔子不敢轻启父墓而迁葬,乃其慎也。及问于郰曼父之母始得其实,当云:'问于郰曼父之母,盖殡也。'故作倒句以取曲折耳。"按,此二义,余著《群经平议》,均不之从。然倒句成文,则古书自有之,亦存其说以备一解。

诗人之词必用韵,故倒句尤多。《桑柔篇》:"大风有隧,有空大谷。"言大风则有隧矣,大谷则有空矣。今作"有空大谷",乃倒句也。说详王氏《经义述闻》。《节南山篇》:"弗闻弗仕,勿罔君子;式夷式已,无小人殆。"言勿罔君子,无殆小人也。"无",犹勿也,"罔"与"殆"义相近,《论语》亦以"罔""殆"对文可证。今作"无小人殆",乃倒句也。说详余所著《群经平议》。

《孟子·尽心下篇》:"若崩,厥角稽首。"按,《汉书·诸侯王表》:"厥角稽首。"应劭曰:"厥者,顿也。角者,额角也。稽首,首至地也。"其说简明胜赵《注》。"若崩"二字,乃形容厥角稽首之状。盖纣众闻武王之言,一时顿首至地,若山冢之崒崩也。当云"厥角稽首若崩",今云"若崩厥角稽首",亦倒句耳。后人不得其义,而云稽首至地,若角之崩,则不知角为何物,失之甚矣。

《墨子·非乐上篇》:"启乃淫溢康乐,野于饮食。"按,"野于饮食",即下文所谓"渝食于野"也。与《左传》"室于怒市于色"句法正同。毕氏沅校本疑"野于"当作"于野",盖误连康乐二字读之,亦由不达古书之例,失其读,并失其义矣。

《史记·乐毅传》:"蓟丘之植,植于汶篁。"《索隐》曰:"蓟丘,燕所都之地也。言燕之蓟丘所植,皆植齐王汶上之竹也。"按,此亦倒句;若顺言之,当云"汶篁之植,植于蓟丘"耳。宋人言宣和事云:"夷门之植,植于燕云",便不及古人语妙矣。

倒序例

古人序事,有不以顺序而以倒序者。《周官·大宗伯职》:"以肆、献、祼享先王。"若以次弟而言,则祼最在先,献次之,肆又次之也。乃不曰"祼、献、肆",而曰"肆、献、祼",此倒序也。《大祝职》:"隋衅、逆牲、逆尸。"若以次弟而言,则逆尸最在先,逆牲次之,隋衅又次之也。乃不曰"逆尸、逆牲、隋衅",而曰"隋衅、逆牲、逆尸",此倒序也。《小祝职》:"赞彻、赞奠。"若以次弟而言,则奠先而彻后也。乃不曰"赞奠、赞彻",而曰"赞彻、赞奠",此倒序也。说者不知古人自有此倒序之例,而必曲为之解,多见其不可通矣。

《礼记·文王世子篇》："其登、馂、献、受爵，则以上嗣。"《正义》曰："以特牲言之，则先'受爵'而后'献'，'献'而后'馂'。"今此经先云："馂者，以馂为重，举重者从后以向先，逆言之，故云'其登、馂、献、受爵'也。"按，以特牲言之，嗣子与长兄弟为上下两簋，是馂不止嗣子一人；而受爵止嗣子一人，是受爵重于馂也，安得云以馂为重乎？孔氏盖不知古书有此倒序之例，曲为之说而失其义。

错综成文例

古人之文，有错综其辞以见文法之变者。如《论语》"迅雷风烈"，《楚辞》"吉日兮辰良"，《夏小正》"剥枣栗零"，皆是也。

《诗·采绿篇》："之子于狩，言韔其弓；之子于钓，言纶之绳。"《笺》云："纶，钓缴也。君子往狩与？我当从之为之韔弓；其往钓与？我当从之为之绳缴。"按，《笺》以"韔弓"、"绳缴"对举，则知下句"绳"字与上句"韔"字对；下句"纶"字与上句"弓"字对；盖错综以成文也。《正义》曰："谓钓竿之上须绳，则己与之作绳。"是以绳字对上句弓字，失之矣。

又，《思齐篇》："古之人无斁，誉髦斯士。"按，"古之人"与"髦斯士"文正相配。古之人，言古人也；髦斯士，言髦士也。此承上而言，惟成人有德，故古之人无斁；惟小子有造，故誉髦斯士。古之人者，《尚书·无逸篇·枚传》所谓古老之人也。无斁，谓不见厌恶也。誉与豫通。《尔雅》曰："豫，乐也，安也。"言其俊士无不安乐也。豫与无斁互文见义。无厌恶则安乐可知，安乐则无厌恶可知。

上句先言古人而后言无斁,下句先言誉而后言髦斯士,亦错综以成文也。毛、郑均未得其解。

《周礼·大宗伯职》:"王后不与,则摄而荐豆笾彻。"按,荐豆笾彻者,荐豆彻笾也。于豆言"荐",于笾言"彻",互辞耳。不曰"荐豆彻笾",而曰"荐豆笾彻",亦故为错综以成文也。贾《疏》曰:"凡祭祀皆先荐后彻,故退彻文在下。"此不得其解而为之辞。

《太玄·止次八》曰:"弓善反,弓恶反,善马狠,恶马狠。"按,弓善弓恶,即善弓恶弓,与善马恶马同义。乃云弓善弓恶者,故与下文错综其词也。范望《注》曰:"善反,《诗》云:'四矢反兮。'言反其故处也。恶反者,不善发则翩然反也。"误以善恶连反字读,失之。《测》曰:"反弓马狠,终不可以也。"不曰"弓反马狠",而曰"反弓马狠",文法与此同。

《淮南子·主术篇》:"夫疾风而波兴,木茂而鸟集。"上言疾风,下言木茂,亦错综其词。《意林》引此,作"风疾而波兴",由不知古人文法之变而以意改之。

《春秋》僖十有六年书:"陨石于宋五,六鹢退飞,过宋都。"石五之与六鹢,亦错综以成文。《公羊》有记闻、记见之说,《穀梁》有散辞、聚辞之义,此乃作传之体例如此,未必得《经》意也。

《夏小正》:"梅杏杝桃则华,缇缟。"上句先言梅杏杝桃而后言华,下句先言缇而后言缟,盖古人之辞,往往有此。《传》曰:"先言缇而后言缟,何也?缇先见者也。"亦未免曲为之说也。

参互见义例

古人之文，有参互以见义者。《礼记·文王世子篇》："诸父守贵宫贵室，诸子诸孙守下宫下室。"又云："诸父诸兄守贵室，子弟守下室，而让道达矣。"郑《注》曰："上言父子孙，此言兄弟，互相备也。"又，《杂记上篇》："有三年之练冠，则以大功之麻易之。"郑《注》曰："言练冠易麻，互言之也。"《疏》曰："麻，谓绖带。大功言绖带，明三年练亦有绖带；三年练云冠，明大功亦有冠。是大功冠与绖带，易三年冠及绖带，故云互言之。"又，《祭统篇》："王后蚕于北郊，以共纯服；夫人蚕于北郊，以共冕服。"郑《注》曰："纯服，亦冕服也，互言之尔。纯以见缯色，冕以着祭服。"凡此皆参互以见义者也。

郑《注》有云"通异语者"。《文王世子篇》："庶子以公族之无事者守于公宫，正室守太庙。"《注》云："或言宫，或言庙，通异语。"又有云"文相变者"。《丧大记篇》："浴水用盆，沃水用枓，沐用瓦盘。"《注》曰："浴沃用枓，沐于盘中，文相变也。"亦皆互文以见义之例。

《周易·杂卦传》："乾刚坤柔，比乐师忧。"皆两两相对，他卦虽未必然，而语意必相称。独"晋，昼也；明夷，诛也。"其义不伦。愚谓此亦参互以见义也。知"晋"之为"昼"，则"明夷"之为"晦"可知矣。"明入地中"，非晦而何？ 知明夷之为"诛"，则晋之为"赏"可知矣。"康侯用锡马蕃庶"，非赏而何？ 自来言《易》者，未见及此也。

两事连类而并称例

《少牢馈食礼》："日用丁己。"言或用丁，或用己也。《士虞礼》："幂用绤布。"言或用绤，或用布也。古人之文，自有此例。

《士丧礼》："鱼鱄鲋九。"此亦连类而并称，言或鱄或鲋，其数则九也。若必鱄鲋并用，而欲合其数为九，则孰四孰五，不得无文矣。

《礼记·郊特牲篇》："绣黼丹朱中衣。"按，绣黼二物，丹朱亦二物，言中衣之领，或以绣为之，或以黼为之；中衣之缘，或以丹为之，或以朱为之；是为绣黼丹朱中衣，非必一时并用也。郑《注》曰："破绣为绡。"《正义》曰："五色备曰绣，白与黑曰黼，绣黼不得共为一物，故以绣为绡也。"此未达古人立言之例也。

《日知录》曰："孟子云：'禹、稷当平世，三过其门而不入。'考之《书》曰：'启呱呱而泣，予弗子。'此禹事也，而稷亦因之受名。'华周、杞梁之妻，善哭其夫而变国俗。'考之《列女传》曰：'哭于城下七日而城为之崩。'此杞梁妻事也；而华周妻亦因之以受名。"愚谓此皆连类而及之例也。《吕氏春秋》曰："孔丘、墨翟，昼日讽诵习业，夜亲见文王、周公旦而问焉。"因孔子而及墨翟，因周公而及文王，亦此类矣。

两义传疑而并存例

《仪礼·士虞礼》："死三日而殡，三月而葬，遂卒哭。"郑《注》曰："此记更从死起，异人之闻，其义或殊。"贾《疏》曰："上已论虞卒哭，此记更从始死记之，明非上记人，是异人之闻；其辞或殊，更见记之事，其实义亦不异前记也。"按：此即传疑并存之例。《注疏》："闻"字今误作"间"，非是。辨见《群经平议》。

《穀梁传》之解经，多有并存两说者。隐二年《传》："或曰，纪子伯莒子而与之盟。或曰，年同爵同，故纪子以伯先也。"又，五年《传》："穀梁子曰：'《舞夏》，天子八佾，诸侯四佾，初献六羽，始僭乐矣。'尸子曰：'《舞夏》，自天子至诸侯，皆用八佾，初献六羽，始厉乐矣。'"又，八年《传》："或曰，隐不爵大夫也。或说曰，故贬之也。"又庄二年《传》："于余丘，邾之邑也。其曰'伐'，何也？公子贵矣，师重矣，而敌人之邑；公子病矣，病公子，所以讥乎公也。其一曰，君在而重之也。"又，文十八年《传》："侄娣者，不孤子之意也。一人有子，三人缓带。一曰，就贤也。"凡此皆两义并存，不独疑以传疑，且足见网罗放失之意。《公羊传》亦间有之。闵二年《传》："或曰，自鹿门至于争门者，是也。或曰，自争门至于吏门者，是也。"亦二说并存也。

《礼记·檀弓篇》："滕伯文为孟虎齐衰，其叔父也；为孟皮齐衰，其叔父也。"按，孟虎、孟皮，疑是一人，虎与皮盖一名一字。郑罕虎字子皮，即其例也。县子本得之传闻，或故老所说不同，或简策所载互异,疑以传疑,故并存之。《正义》谓虎是滕伯文叔父,滕伯是皮之叔父,夫记文两言"其叔父也",乃谓一是叔父,一是兄弟之子,殆不然矣。

《尔雅·释虫》有"蟓蝮蜪",《释鱼》有"蜪蚅";《释虫》有"蛭蝶至掌",《释鱼》有"蛭蚔":盖皆一物也。或云虫类,或云鱼类,故并存之。郭《注》于《释虫》不解"蛭蝶至掌",于《释鱼》不解"蜪蚅",由未知其为同物耳。

凡著书者,博采异文,附之简策。如《管子·法法篇》之"一曰",《大匡篇》之"或曰",皆为管氏学者传闻不同而并记之也。《韩非子》书如此者尤多。如《内储说上篇》,引鲁哀公问孔子莫众而迷事,又载:"一曰晏婴子聘鲁,哀公问曰:'语曰,莫三人而迷。'"《外储说左篇》,引孟献伯相鲁事,又载"一曰孟献伯拜上卿,叔向往贺",如此之类,不下数十事。《尚书》每年"又曰"之文,愚谓亦当以是解之。《康诰篇》:"非汝封刑人杀人;无或刑人杀人,非汝封。又曰劓刵人,无或劓刵人。"盖史策所载异辞:一本作"非汝封刑人杀人;无或刑人杀人,非汝封"。一本作"非汝封劓刵人;无或劓刵人,非汝封"。故两载之,而词有详略也。下文:"王曰:'外事,汝陈时臬,司师兹殷罚有伦。'"此一本也。"又曰:要囚,服念五六日,至于旬时,丕蔽要囚。王曰:'汝陈时臬事,罚蔽殷彝。'"此又一本也。亦两存之而语有详略。余从前著《群经平议》,未见及此,盖犹未达古书之例也;当更为说以明之。

两语似平而实侧例

古人之文，有似平而实侧者。《诗·荡篇》："侯作侯祝。"《传》曰："作祝诅也。"段氏玉裁曰："'作祝诅也'四字一句，'侯作侯祝'，与'乃宣乃亩'、'爰始爰谋'句法同。"

《绵篇》："曰止曰时。"《笺》云："时，是也。曰可止居于是。"《正义》曰："如《笺》之言，则上'曰'为辞，下'曰'为'于'也。"按：此亦似平而实侧者，与"爰始爰谋"、"乃宣乃亩"一例。王氏引之曰："经文叠用曰字，不当上下异训，二曰字皆语辞，时亦止也。"转未得古人义例矣。

《论语·宪问篇》："君子耻其言而过其行。"《正义》曰："此章勉人使言行相副也。君子言行相顾，若言过其行，谓有言而行不副，君子所耻也。"按：耻其言而过于行，亦语平而意侧。皇侃《义疏》本作"君子耻其言之过其行也"，语意更明。朱《注》曰"耻者，不敢尽之意；过者，欲有余之辞"，误以两句为平列，失之。

《孟子·公孙丑篇》："今夫蹶者趋者。"赵《注》曰："蹶者相动，今夫行而蹶者，气闭不能自持，故志气颠倒；颠倒之闲，无不动心而恐矣。"寻赵氏之意，谓趋由于蹶。"今夫蹶者趋者"，犹云"大凡颠蹶之人，皆是趋走之人"。盖人之疾趋而行，气使之也，而至于颠蹶，则无不动心矣。故曰："是气也而反动其心。""蹶者趋者"，似平而实侧，若以蹶趋平列，则其义不见矣。

两句似异而实同例

古人之文，有两句并列而实一意者，若各为之说，转失其义矣。《礼记·表记篇》："仁有数，义有长短小大。"郑《注》曰："数与长短小大，互言之耳。"按，数即短长小大，质言之，则是仁有数，义亦有数耳。乃于仁言"数"，而于义变言"长短小大"，此古人属辞之法也。

《周官·大司徒职》："令五家为比，使之相保；五比为闾，使之相受。"按，受与保同义，古语或以受、保连文，《士冠礼》"永受保之"是也。或以保、受连文，《尚书·召诰》"保受王威命明德"是也。使之相保，使之相受，文异而义同，皆谓使之互相任保，不为罪过也。杜子春及后郑均未达斯旨。又，《族师职》云："使之相保相受，刑罚庆赏相及相共。"按，"相受"犹"相保"也，"相共"犹"相及"也，皆变文以成辞耳。贾《疏》断"刑罚庆赏相及"为句，失之。

《仪礼·特牲馈食礼》："簋有以也，酳有与也。"两句义同，变文以成辞耳。《史记·货殖传》："智不足与权变，勇不足以决断，仁不能以取予。"《汉书·杨雄传》："建道德以为师，友仁义与为朋。"与、以互用，是"有与"即"有以"也。郑《注》曰："与，读如诸侯以礼相与之与。"失之。

《孟子·梁惠王下篇》："吾王不游，吾何以休？吾王不豫，吾何以助？"赵《注》曰："言王者巡狩观民，其行从容，若游若豫。豫，亦游也。"按，不游不豫，变文以成辞而无异义。赵氏此注，斯通论矣。

下文曰："从流下而忘反，谓之流；从流上而忘反，谓之连；从兽无厌谓之荒；乐酒无厌谓之亡。"按，"亡"当读为"芒"。《荀子·富国篇》："芒轫僈楛。"杨倞《注》曰："芒，昧也。或读为荒。"是荒、芒义通。故《淮南子·诠言篇》曰："自身以上，至于荒芒尔远矣。"荒芒连文，与流连一例，皆古之恒语。"从流下而忘反，谓之流；从流上而忘反，谓之连。"连与流一也。"从兽无厌谓之荒，乐酒无厌谓之芒。"芒与荒亦一也。流连荒芒，亦犹上文游豫之比，变文成辞而无异义。赵氏一一为之诠释，则转失之。良由不知"亡"为"芒"之假字，故滋曲说。其解"亡"字曰："若殷纣以酒丧国也，故谓之亡。"然则若羿之好田猎，无有厌极，以亡其身，亦可谓之亡矣；何以从兽无厌谓之荒乎？

《尚书·舜典篇》："流共工于幽州，放驩兜于崇山，窜三苗于三危，殛鲧于羽山。"枚《传》曰："殛、窜、放、流，皆诛也；异其文，述作之体。"至诗人之词，此类尤多。《关雎篇》："参差荇菜，左右流之；窈窕淑女，寤寐求之。"《传》曰："流，求也。"则流之、求之，一也。《免爰》首章，"我生之初，尚无为"；次章，"我生之初，尚无造"。《传》曰："造，为也。"则无为、无造，一也。

《荀子·正论篇》："故盗不窃，贼不刺。"按，《汉书·郊祀志》："刺《六经》中作《王制》。"师古《注》曰："刺，采取之也。"又，《丙吉传》："至公车刺取。"《注》曰："刺，谓探候之也。"是刺有探取之义。盗不窃，贼不刺，变文以成辞而无异义也。《庄子·知北游篇》："若正汝形，一汝视，天和将至；摄汝知，一汝度，神将来舍。"按，"一汝度"当作"正汝度"。《淮南子·道应篇》、《文子·道原篇》并同，可据以订正。"摄汝知"即"一汝视"，所视者专一，故所知者收摄矣。

"正汝度"即"正汝形",度,犹形也。是亦变文以成辞而无异义也。

《杨子法言·吾子篇》:"多闻则守之以约,多见则守之以卓。"按,卓亦约也。《庄子·大宗师篇》郭象《注》曰:"卓者,独化之谓也。"是卓有独义。《说苑·君道篇》:"踔然独立。"踔与卓同。"卓约",本叠韵字。《庄子》之"淖约",《上林赋》之"绰约",并其证也。"多闻则守之以约","多见则守之以卓",犹"淖约""绰约"之比。是亦变文以成辞而无异义也。

以重言释一言例

《礼记·乐记篇》:"肃肃,敬也;雍雍,和也。"顾氏《日知录》曰:"《诗》本肃、雍一字而引之二字者,长言之也,《诗》云:'有洸有溃。'毛公传之曰:'洸洸,武也;溃溃,怒也。'即其例也。"

钱氏大昕《养新录》曰:"《诗》:'亦泛其流。'《传》云:'泛泛,流貌。''硕人其颀。'《笺》云:'长丽俊好,颀颀然。''咥其笑矣。'《传》、《笺》皆云:'咥咥然笑。''垂带悸兮。'《传》、《笺》皆云:'悸悸然有节度。''条其啸矣。'《传》云:'条条然啸。''零露湑兮。'《传》云:'湑湑然盛多。''子之丰兮。'《笺》云:'面貌丰丰然。''零露漙兮。'《传》云:'漙漙然萧上露貌。''噂沓背憎。'《传》云:'噂,犹噂噂然;沓,犹沓沓然。''有扁斯石。'《传》云:'扁扁,乘石貌。''匪风发兮,匪车偈兮。'《传》云:'发发飘风,非有道之风;偈偈疾驱,非有道之车。''匪风嘌兮。'《传》曰:'嘌嘌,无节度也。'并以重言释一言。"

《丘中有麻篇》:"将其来施施。"《颜氏家训》曰:"河北《毛诗》皆云施施;江南旧本悉单为施。"按,当以江南本为正。《传》云:"施施,难进之意。"《笺》云:"施施,舒行伺闲,独来见己之貌。"《经》文止一施字,而《传》、《笺》并以施施释之,所谓以重言释一言也。后人不达此例,增《经》文作"施施",非其旧矣。

《周易·乾》:"九三,君子终日乾乾,夕惕。"惕者,惕惕也,犹言"终日乾乾,终夕惕惕"也。后人不明一言之即为重言,遂以"夕惕若"为句矣。《尚书·盘庚中篇》:"乃咸大不宣,乃心钦。"钦者,钦钦也。"乃心钦",犹《诗》云"忧心钦钦"也。后人不明一言之即为重言,遂以"乃心钦念以忧"为句矣。由不达古书之例,失其义,并失其读也。

以一字作两读例

古书遇重字,多省不书,但于本字下作二画识之;亦或并不作二画,但就本字重读之者。《考工记·辀人》曰:"辀注则利准,利准则久,和则安。"郑《注》曰:"故书'准'作'水',郑司农云:'注则利水,谓辕脊上,雨注令水去利也。'玄谓利水重读,似非。"据此,则故书"利水"二字,本无重文,先郑特就此二字重读之,故后郑可以不从也。

《孟子·告子上篇》:"异于白马之白也。"按,上"白"字当重读。盖先折之曰"异于白",乃曰"白马之白也,无以异于白人之白也"。则又申说其异之故也。如此则文义自明,亦不必疑其有阙文矣。

倒文协韵例

《诗·既醉篇》："其仆维何？厘尔女士。厘尔女士，从以孙子。"按：女士者，士女也。孙子者，子孙也。皆倒文以协韵。犹"衣裳"恒言，而《诗》则曰"制彼裳衣"；"琴瑟"恒言，而《诗》则曰"如鼓瑟琴"也。《甫田篇》："以穀我士女。"此云"女士"，彼云"士女"，文异义同。《笺》云："予女以女而有士行者。"则失之纤巧矣。经文平易，殆不如是。

《庄子·山木篇》："一上一下，以和为量。"按此本作"一下一上，以和为量"，上与量为韵；今作一上一下，失其韵矣。《秋水篇》："无东无西，始于玄冥，反于大通。"亦后人所改。《庄子》原文本作"无西无东"，东与通为韵也。王氏念孙已订正。"上下"、"东西"，人所恒言，后人口耳习熟，妄改古书，由不知古人倒文协韵之例耳。

古书多韵语，故倒文协韵者甚多。《淮南子·原道篇》："无所左而无所右，蟠委错紾，与万物终始。"不言"始终"而言"终始"，始与右为韵也。《文选·鵩鸟赋》："怵迫之徒，或趋西东；大人不曲，意变齐同。"不言"东西"而言"西东"，东与同为韵也。后人不达此例而好以意改，往往失其韵矣。

变文协韵例

古人之文，更有变文以协韵者。《诗·鄘风·柏舟篇》："母也天只，不谅人只。"《传》曰："天，谓父也。"《正义》曰："先母后天者，取其韵句耳。"按，"母"则直曰"母"，而"父"则称之为"天"，此变文协韵之例也。

《蓼萧篇》："既见君子，为龙为光。"按，光者，日也。《周易·说卦传》："离为日。"而虞《注》于《未济·六五》及《夬·象传》并云："离为光。"于《需·象辞》则曰："离日为光。"是日与光义得相通。《文选》张孟阳《七哀诗》注："朱光，日也。"陆士衡《演连珠》注曰："重光，日也。"词赋家以日为光，本经义也。"为龙为光"，犹云"为龙为日"。龙与日，并人君之象。《贾子·容经篇》曰："龙也者，人主之譬也。"《尸子》曰："日五色，阳之精，君德也。"是龙、日为君象，古有此义。此言远国之君朝见于天子，故曰："既见君子，为龙为光。"并以天子言。不言"为龙为日"，而曰"为龙为光"，亦变文以协韵耳。《传》训龙为"宠"，则已不得其义矣。

《周易》亦多用韵之文，亦有变文协韵者。如《小畜》："上九，既雨既处。"按，处者，止也。《说文·几部》："处，止也。"处，即处字。故《毛传》于《江有汜篇》、《凫鹥篇》，并曰："处，止也。""既雨既处"者，"既雨既止"也。止，谓雨止也。不曰"既雨既止"，而曰"既雨既处"，变文以协韵也。《正义》以"得其处"释之，则与既雨之文不伦矣。

卷　二

古人行文不嫌疏略例

《仪礼·聘礼篇》：“上介出请入告。”郑《注》曰：“于此言之者，宾弥尊，事弥录。”据《注》，知聘宾所至，上介皆有“出请入告”之事，而上文不言，是古人行文不嫌疏略也；必一一载之简策，则累牍而不能尽矣。乃古人不言，后人亦遂不知，即《仪礼》一经疏略之处，郑君亦有未能见及者，后人读书卤莽，更无论矣。今举数事见例：

《聘礼》：“乃入陈币于朝，西上。”《注》曰：“其礼于君者不陈。”按，郑见此《经》所陈，止有上宾之公币私币及上介之公币，而无礼于君之币，故曰“礼于君者不陈”。下文“执贿币以告”，《注》曰：“贿币在外也。”若然，则当有出取之事，何以无文乎？今以下文“上介执璋”例之，知贿币乃众介奉之以入；上介授璋后，众介从而授币，故使者得执之以告也。《经》略而不言，郑君亦遂不知矣。

《聘礼》记：“簋有盖幂。”《注》曰：“稻粱将食乃设，去会于房。”按，郑以《经》义公设粱后，其下即云：“左拥簋粱。”不见有却会事，故为此说。不知六簋乃宰夫所设，故宰夫为却会；若簋则公亲设之，公尊，不为却会，宾将食，自却之。《经》云：“宾卒食，会饭。”以卒食后宾自加会，知将食时宾自却会也。经文略而不言，郑君亦遂不知，并会饭之义而失之矣。

《士虞礼》记："祝从，启牖、乡如初。"按，"乡"者，北出牖也。"启牖、乡"者，"启牖"亦"启乡"也。上文"祝阖牖户"，不言乡，是疏略之处。郑《注》此句，因云"乡、牖一名也"，然则记人何必言"牖"又言"乡"乎？

《特牲馈食礼》："酢如主人仪。"《注》曰："不易爵，辟内子。"按尸酢主妇，无不易爵者，此不言易爵，疏略耳；《郑注》非。又曰："尸谡祝前。"按，"尸谡"上当有"祝入"二字，《既夕篇》："祝入尸谡。"是其例也。盖祝出告利成后，必复入，以为尸谡之节。此不言者，疏略。《礼经》若此类，不可胜举。

襄二年《左传》："以索马牛皆百匹。"《正义》曰："《司马法》：丘出马一匹，牛三头。"则牛当称头而亦云匹者，因马而名牛曰匹，并言之耳。经传之文，此类多矣。《易·系辞》云："润之以风雨。"《论语》云："沽酒市脯不食。"《玉藻》云："大夫不得造车马。"皆从一而省文也。按，此亦古人行文不嫌疏略之证。使后人为之，必一一为之辞，曰"以索马百匹，索牛百头"，曰"沽酒不饮，市脯不食"。此文之所以日繁也。

古人行文不避繁复例

古人行文，亦有不避繁复者。《孟子·梁惠王篇》："故王之不王，非挟泰山以超北海之类也；王之不王，是折枝之类也。"《离娄篇》："瞽瞍底豫而天下化，瞽瞍底豫而天下之为父子者定。"两"王之不王"，两"瞽瞍底豫"，若省其一，读之便索然矣。

《周易·系辞传》："言天下之至赜而不可恶也，言天下之至赜而不可乱也；拟之而后言，议之后动。"郑所据本如此，见《释文》；虞本亦如此，见《集解》：此古本也。两言"天下之至赜"，句似复而非复。乃郑于下句云："赜当为动。"虞亦云："动旧误作赜。"则郑、虞犹未解此。孔颖达谓"以文势上下言之，宜云至动而不可乱也"，更无足怪矣。所谓"以上下文势言"者，徒见上文"赜"与"动"对举，故云然耳。其实此文"不可恶"、"不可乱"专承"天下之赜"而言。下文"拟之而后言"、"议之而后动"，然后复说"动"字。

《管子·权修篇》："凡牧民者，欲民之正也。欲民之正，则微邪不可不禁也。微邪者，大邪之所生也。微邪不禁而求大邪之无伤国，不可得也。凡牧民者，欲民之有礼也。欲民之有礼，则小礼不可不谨也。小礼不谨于国，而求百姓之行大礼，不可得也。凡牧民者，欲民之有义也。欲民之有义，则小义不可不行。小义不行于国，而求百姓之行大义，不可得也。凡牧民者，欲民之有廉也。欲民之有廉，则小廉不可不修也。小廉不修于国，而求百姓之行大廉，不可得也。凡牧民者，欲民之有耻也。欲民之有耻，则小耻不可不饰也。小耻不饰于国，而求百姓之行大耻，不可得也。凡牧民者，欲民之修小礼，行小义，饰小廉，谨小耻，禁微邪，此厉民之道也。"按，此一段之中，叠用"凡牧民者"句，文繁语复，使今人为之，则芟薙者过半矣。

《墨子·尚贤》、《尚同》、《兼爱》，各分上、中、下三篇，而义字相同者居半。此亦古人不嫌繁复之证，文繁不具录。

语 急 例

古人语急，故有以"如"为"不如"者。隐元年《公羊传》："如勿与而已矣。"《注》曰，"如，即不如"是也。有以"敢"为"不敢"者。庄二十二年《左传》："敢辱高位。"《注》曰："敢，不敢也"是也。详见《日知录》三十二。

《诗·君子偕老篇》："是绁袢也。"《毛传》曰："是当暑袢延之服也。"然则"袢"即"袢延"也。《论语·先进篇》："由也喭。"郑《注》曰："子路之行，失于畔喭。"然则"喭"即"畔喭"也，并古人语急而省也。

《雍也篇》："君子博学于文，约之以礼，亦可以弗畔矣夫。""畔"亦即"畔喭"也。畔、喭本叠韵字，急言之，则或曰"喭"，"由也喭"是也；或曰"畔"，"亦可以弗畔矣夫"是也。郑《注》曰："弗畔，不违道。"殆未免乎知二五而不知十矣。

《礼记·曲礼篇》："为大夫累之。"按"累之"犹"解之"也。累、解本叠韵字。《荀子·富国篇》："则和调累解。"累、解二字同义，犹和、调二字亦同义，古语如此，杨倞《注》非也。缓言之曰"累解"，急言则止曰"累"矣。郑《注》曰："累，倮也。谓不巾覆也。"然不巾覆者，大夫至庶人所同，何独于大夫言之乎？

语缓例

古人语急，则二字可缩为一字；语缓，则一字可引为数字。襄三十一年《左传》："缮完葺墙以待宾客。"急言之，则止是"葺墙以待宾客"耳。乃以"葺"上更加"缮完"二字，唐李涪《刊误》遂疑"完"字当作"宇"矣。昭十六年《左传》："庸次比耦，以艾杀此地。"急言之，则是"比耦以艾杀此地"耳。乃以"比"上更加"庸次"二字，杜《注》遂训为用次更相从耦耕矣。皆由不达古人语例故也。按《方言》曰："庸、恣、比、侹、更、迭，代也。"庸、恣、比三字，即本《左传》。恣与次通。

《尚书·牧誓篇》："王朝至于商郊牧野。"按，郊牧野者，《尔雅》所谓邑外谓之郊，郊外谓之牧，牧外谓之野也。枚《传》云："至牧地而誓众。"则但谓之"商牧"可矣。《国语》曰："庶民弗忍，欣戴武王，以致戎于商牧。"是其正名也。乃连郊野言之，曰"郊牧野"；又或连野言之，曰"牧野"。《诗》曰："牧野洋洋"是也。此皆古人语缓，故不嫌辞费。

一人之辞而加曰字例

凡问答之辞，必用"曰"字，纪载之恒例也。乃有一人之辞中加"曰"字自为问答者，此则变例矣。《论语·阳货篇》：""怀其宝而迷其邦,可谓仁乎?'曰'不可'。'好从事而亟失时,可谓知乎?'曰'不可'。"两"曰"字仍是阳货语,直至"孔子曰诺",始为孔子语。《史记·留侯世家》:"'昔者汤伐桀而封其后于杞者,度能制桀之死命也;今陛下能制项籍之死命乎?'曰,'未能也。其不可一也'。'武王伐纣封其后于宋者,度能得纣之头也;今陛下能得项籍之头乎?'曰,'未能也。其不可二也'。"此下凡"不可者"七,皆子房自问自答,至汉王辍食吐哺骂曰,"竖儒!"始为汉王语,与《论语》文法正同。说本阎氏《四书释地》。按,记人于下文特著"孔子曰",则上文两"曰不可",非孔子语明矣。前人皆未见及,阎氏此论,昭然发千古之蒙。

《孟子·告子篇》:"'为是其智弗若与?'曰'非然也'。"此自问自答之辞。《尽心篇》:"'子以是为窃屦来与?'曰'殆非也'。"亦自问自答之辞。乃赵氏误以此"曰"字为"馆人曰",后人因并以下文数语皆为馆人之言。而《经》文"夫予"字,遂误作"夫子",不得谓非赵氏有以启之矣。

亦有非自问自答之辞,而中间又用"曰"字以别更端之语者。《礼记·檀弓篇》:"公瞿然失席曰:'是寡人之罪也!'曰:'寡人尝学断斯狱矣!'"哀十六年《左传》:"乞曰:'不可得也。'曰:'市南有熊宜僚者,若得之,可以当五百人矣。'"《论语·宪问篇》:"子曰:'若臧武仲之知,公绰之不欲,卞庄子之勇,冉求之艺,文之以礼乐,亦可以为成人矣。'曰:'今之成人者何必然。'"《微子篇》:"齐景公待孔子曰:'若季氏则吾不能,以季孟之间待之。'曰:'吾老矣,不能用也。'"皆加"曰"字,以别更端之语也。

《杨子法言·学行篇》:"或曰:'颜徒易乎?'曰:'睎之则是。'

曰:'昔颜尝睎夫子矣,正考甫常睎尹吉甫矣,公子奚斯尝睎正考甫矣;不欲睎则已矣,如欲睎,孰御焉?'"按"睎之则是"上已有"曰"字,而其下又有"曰"字,明世德堂本遂删去上"曰"字。然"睎之则是",乃答语而非问词,上"曰"字不可删,下"曰"字当移在"正考甫"句上。杨子既告之曰:"睎之则是,昔颜尝睎夫子矣。"又恐或人疑"夫子大圣,非人所能睎",故又举正考甫、公子奚斯以晓之,正以小见大,以浅见深也。若其间无"曰"字以别更端,则漫无主宾之辨矣。浅人以三句平列,而移"曰"字于"睎之则是"之下,又以两"曰"字叠用而删上"曰"字,皆不达古书之例者也。

两人之辞而省曰字例

一人之辞自为问答,则用"曰"字;乃有两人问答,因语气相承,诵之易晓,而"曰"字从省不书者。如《论语·阳货篇》:"子曰:'由也,女闻六言六蔽矣乎?'对曰:'未也。'"居,吾语女!'""居,吾语女!"乃夫子之言,而即承"对曰未也"之下,无"子曰"字。"子曰:'食夫稻,衣夫锦,于女安乎?'曰:'安。''女安,则为之。'""女安,则为之",乃夫子之言,而即承"曰安"之下,无"子曰"字。

《孟子》书如此者尤多。"臣请为王言乐!"孟子之言也,而无"曰"字。"敢问何谓浩然之气?"公孙丑之言也,而无"曰"字。文义易明,故省之也。"然则子之失伍也亦多矣!""然则治天下独可耕且为与?""然则犬之性犹牛之性,牛之性犹人之性与?"句上皆无"曰"字,文势易见,故省之也。乃亦有因省"曰"字致失其义者。

《公孙丑篇》："季孙曰：'异哉！'子叔疑。"二子，孟子弟子。"使己为政，不用，则亦已矣"以下，乃孟子解二子之异意疑心，赵《注》甚明。因"使己为政"上省一"曰"字，后儒遂生异说，以此一节皆为季孙之言，失之甚矣。《滕文公篇》："周霄问曰：'古之君子仕乎？'孟子曰：'仕。'"一言足矣，无事繁称博引也。"传曰"、"公明仪曰"，皆周霄所引以为发问之地。盖周霄意中先有此两说，故并引之，而先以"三月无君则吊"为问，又以"出疆必载质"为问也。因省"曰"字，读者不能辨别，遂以"传曰"、"公明仪曰"两说皆孟子所征引，失之甚矣。

《礼记·檀弓篇》："悼公之丧，季昭子问于孟敬子曰：'为君何食？'敬子曰：'食粥，天下之达礼也。''吾三臣者之不能居公室也，四方莫不闻矣。勉而为瘠，则吾能，毋乃使人疑夫不以情居瘠者乎哉？吾则食食。'"此文自"吾三臣者"以下，又为季昭子之言。盖敬子所答，自是正论，昭子不欲从之，故有此说。因中间省一"曰"字，遂若皆孟敬子之言者。敬子知问曾子之疾，获闻君子之道，何至无忌惮若此？李氏惇作《群经识小》，始辨正之。

文具于前而略于后例

《诗·大叔于田篇》："叔善射忌，又良御忌。"其下云："抑磬控忌，抑纵送忌。"则专承良御而言。"叔马慢忌，叔发罕忌。"其下云："抑释掤忌，抑鬯弓忌。"则专承叔发罕忌而言。文具于前而略于后也。《毛传》曰："骋马曰磬，止马曰控，发矢曰纵，从禽曰送。"按，磬、控双声，纵、送叠韵。凡双声叠韵之字，皆无二义，《传》以一字为一义。发矢从禽与骋马止马，又不一例，《传》义失之。磬、控、纵、送，皆以御言。磬，即控也，言止马也；送，即纵也，言骋马也。

《板篇》："天之牖民，如壎如篪，如璋如圭，如取如携，携无曰益，牖民孔易。"按，"携无曰益"，承上四句而言。益与隘通，言天之牖民，如壎篪之相和，如璋圭之相合，如取携之必从，无曰"有所阻隘也"，牖民乃孔易耳。因上叠句成文，累言之则于文不便，故止承携而言曰，"携无曰益"，亦文之具于前而略于后者也。郑《笺》未得其义。

夫诗人之词，限于字句，具前略后，固所宜也。乃有行文之体，初无限制，而前所罗陈，后从省略，乃知古人止取意足，辞不必备也。《荀子·强国篇》曰："'力术止，义术行，曷谓也？'曰：'秦之谓也。''威强乎汤、武，广大乎舜、禹，然而忧患不可胜校也，諰諰然常恐天下之一合而轧己也。此所谓力术止也。''曷谓威强乎汤、武？''汤、武也者，乃能使说己者使耳。今楚，父死焉，国举焉，负三王之庙而辟于陈、蔡之间，视可司间，案欲剡其胫而以蹈秦之腹，然而秦使左案左，使右案右，是乃使雠人役也。此所谓威强乎汤、武也。''曷谓广大乎舜、禹也？'曰：'古者百王之一天下，臣诸侯，未有过封内千里者也。今秦，南乃有沙羡与俱，是乃江南；北与胡貉为邻；西有巴戎；东在楚者乃畍于齐；在韩者逾常山，乃有临虑；在魏者乃据圉津，即去大梁百有二十里耳；在赵者剡然有苓而据松柏之塞，负西海而固常山：是地遍天下也。此所谓广大乎舜、禹也。威动海内，强殆中国，然而忧患不可胜校也，諰諰然常恐天下之一合而轧己也。'"按，此文前以"威强乎汤、武，广大乎舜、禹"两句提纲，中间又作两段申说,而后云"威动海内,强殆中国",则止承威强而言,不及广大,是文具于前而略于后也。《荀子》此文,传写旧有错误,余作《诸子·平议》已订正之,兹不具论。

斯例也,孔子传《易》即已有之。《同人·象传》:"同人之先,以中直也。"王氏引之曰:"同人之先,谓同人之先号咷而后笑也。先者,有后之辞也,言先而后见矣。《随》:'六二,系小子,失丈夫。'《传》则曰'系小子',而省失丈夫之文。'六三,系丈夫,失小子。'《传》则曰'系丈夫',而省失小子之文:是其例也。"今以王氏之说推之。《乾》:"九三,君子终日乾乾,夕惕,若厉无咎。"《传》则但曰"终日乾乾"。《坤》:"六四,括囊无咎无誉。"《传》则但曰"括囊无咎"。《蒙》:"初六,发蒙,利用刑人,用说桎梏。"《传》则但曰"利用刑人"。《泰》:"九三,无平不陂,无往不复。"《传》则但曰"无往不复"。《随》:"上六,拘系之,乃从维之。"《传》则但曰"拘系之"。《无妄》:"六三,不耕获,不菑畬。"《传》则但曰"不耕获"。《离》:"九四,突如其来如,焚如,死如,弃如。"《传》则但曰"突如其来如"。《鼎》:"六五,鼎黄耳金铉。"《传》则但曰"鼎黄耳"。《归妹》:"上六,女承筐无实,士刲羊无血。"《传》则但曰"上六无实"。《中孚》:"六三,得敌,或鼓或罢,或泣或歌。"《传》则但曰"或鼓或罢"。并文具于前而略于后者也。

僖十九年《穀梁传》:"梁亡,自亡也。湎于酒,淫于色,心昏耳目塞,上无正长之治,大臣背叛,民为寇盗。梁亡,自亡也。如加力役焉,湎不足道也。"范《注》曰:"如使伐之而灭亡,则淫湎不足记也。"按,上文已备列梁所以亡之故,使下文必一一言之,则累于辞矣。故曰:"湎不足道也。"止以一湎字该之,亦具于前而略于后也。

文没于前而见于后例

古人之文，又有没其文于前，而见其义于后者。《书·微子篇》："我祖底遂陈于上，我用沉酗于酒，用乱败厥德于下。"按，"底遂陈于上"，盖以德言，纣所乱败者，即汤所底遂而陈者也。德字见于后而没于前，枚《传》不达其义，乃曰"致遂其功，陈列于上世"，则上句增出"功"字矣。《国语·晋语》："鄢陵之役，荆压晋军，军吏患之，将谋。范匄自公族趋过之，曰：'夷灶灭井，非退而何？'"按，楚压晋而阵，晋无以为战地，军吏将谋者，盖谋退也。非畏楚而退，乃欲少退使有战地耳。然军势一动，不可复止，必有溃败之忧。范匄为夷灶湮井之计，则不必退而自有战地，乃不退之退也。故曰："非退而何？""退"字见于后而没于前，韦《注》不达其义，乃曰："平塞井灶，示必死，楚必退。"则文义不合矣。

《诗·生民篇》："诞寘之隘巷，牛羊腓字之；诞置之平林，会伐平林；诞寘之寒冰，鸟覆翼之；鸟乃去矣，后稷呱矣。"按，后稷所以见弃之故，千古一大疑，而不知诗人固明言之，盖在"后稷呱矣"一句。夫至鸟去之后，后稷始呱，则前此者未尝呱也。凡人始生，无不呱呱而泣。后稷生而不呱，是其异也。于是人情骇怪，愈欲弃之于隘巷、于平林、于寒冰，愈弃愈远亦愈险，圣人不死，昭然可见。而后稷小既呱矣，遂收而养之，命之曰弃，志异也。诗人歌咏其事，初不言见弃之由，盖没其文于前而著其义于后，此正古人文字之奇也。后人不达，而异义横生矣。

《礼记·曲礼篇》:"五官之长曰伯,其摈于天子也,曰天子之吏,天子谓之伯父,异姓谓之伯舅。"又曰:"九州之长,入天子之国曰牧,天子谓之叔父,异姓谓之叔舅。"按陆氏德明作《音义》所据本如此,乃古本也。"天子谓之伯父","天子谓之叔父",皆言同姓之国,而《记》文无同姓二字;盖下文既别言异姓,则此为同姓,不待言矣。亦没于前而著于后者也。浅人不达,误加同姓二字,殊非其旧矣。

文二年《左传》:"于是夏父弗忌为宗伯,尊僖公。"初不及臧文仲,后乃引孔子之言,以臧文仲纵逆祀为三不知之一,则知夏父弗忌之跻僖公,实臧文仲为之也。《孟子·梁惠王篇》,鲁平公将见孟子。初不言由于乐正子,后乃载乐正子之言曰:"克告于君,君为来见也。"则知鲁平公之就见孟子,乐正子为之也。凡此皆没于前而见于后也。《礼记·檀弓篇》:"晋献公之丧,秦穆公使人吊公子重耳。"不言使人为何人。下文云:"子显以致命于穆公。"则知使者之为子显矣。《孟子·公孙丑篇》:"孟子之平陆,谓其大夫曰。"不言平陆大夫为何人。下文云:"王之为都者,臣知五人焉,知其罪者惟孔距心。"则知平陆大夫为孔距心矣。虽人之名字亦没于前而见于后,尤极文字之奇矣。

蒙上文而省例

古人之文,有蒙上而省者。《尚书·禹贡篇》:"终南、惇物,至于鸟鼠。"《正义》曰:"三山空举山名,不言治意,蒙上既旅之文也。"

是其例也。又，"导嶓及岐，至于荆山"。《正义》曰："从此导嶓至敷浅原，旧说以为三条：导嶓北条，西倾中条，嶓冢南条。郑玄以为四列：导嶓为阴列，西倾为次阴列，嶓冢为次阳列，岷山为正阳列。"今以《经》文求之，郑说为是。导嶓言导，西倾不言导；导嶓冢言导，岷山不言导。盖两阳列，两阴列，各一言导；次阴列，蒙阴列而省；正阳列，蒙次阳列而省也。

《礼记·玉藻篇》："君羔幦虎犆，大夫齐车；鹿幦豹犆，朝车。"此言人君羔幦虎犆之车，大夫以为齐车；人君鹿幦豹直之车，大夫以为朝车也。"鹿幦"上亦当有"君"字，"朝车"上亦当有"大夫"字，蒙上而省也。下云"士齐车，鹿幦豹犆"，则自言士制，不蒙此文。郑误以"大夫齐车"至"士齐车鹿幦豹犆"为一节，为之说曰："臣之朝车与齐车同饰。"然则但曰"大夫士齐车朝车鹿幦豹犆"，岂不简而易明乎？定四年《左传》："楚人为食，吴人及之。奔，食而从之。"此文"奔"字一字为句，言楚人奔也。"食而从之"四字为句，言吴人食楚人之食，食毕而遂从之也。"奔"上当有"楚人"字，"食而从之"上当有"吴人"字，蒙上而省也。《杜注》曰，"奔食，食者走"，则奔食二字，文不成义矣。

探下文而省例

夫两义相承，蒙上而省，此行文之恒也。乃有逆探下文而预省上字，此则为例更变，而古书亦往往有之。《尧典》："舜生三十征庸，三十在位，五十载。"因下句有"载"字，而上二句皆不言"载"。

《孟子·滕文公篇》:"夏后氏五十而贡,殷人七十而助,周人百亩而彻。"因下句有"亩"字,而上二句皆不言"亩",是探下文而省者也。《诗·七月篇》:"七月在野,八月在宇,九月在户,十月蟋蟀入我床下。"郑《笺》云:自"七月在野"至"十月入我床下",皆谓蟋蟀也。按,此亦探下文而省,初无意义。《正义》曰:"退蟋蟀之文在十月之下者,以人之床下非虫所当入,故以虫名附十月之下,所以婉其文也。"斯曲说矣。床下既非虫所当入,何反以虫名附十月之下乎?

《大戴记·本命篇》:"故男以八月而生齿,八岁而毁齿,一阴一阳,然后成道;二八十六,然后精通,然后其施行。女七月生齿,七岁而毁,二七十四,然后其化成,合于三也,小节也。中古男三十而娶,女二十而嫁,合于五也,中节也。太古男五十而室,女三十而嫁,备于三五,合于八十也。"按,合于三不言三十,合于五不言五十,皆因"合于八十"句有十字而省也。孔氏广森作《补注》,乃删去"十"字,止作"合于八也",盖未达古书之例。

举此以见彼例

孔子曰:"举一隅不以三隅反,则不复也。"是以古书之文,往往有举此以见彼者。《礼记·王制篇》:"大国之卿不过三命,下卿再命,小国之卿与下大夫一命。"郑《注》曰:"不著次国之卿者,以大国之下互明之。"《正义》曰:"以大国之卿不过三命,则知次国之卿不过再命;大国下卿再命,则知次国下卿一命,故云互明之。"又,《丧大记篇》:"复者朝服,君以卷,夫人以屈狄。"郑《注》曰:"君以卷,谓上公也。夫人以屈狄,互言耳。上公以衮,则夫人用袆衣;而侯、伯以鷩,其夫人用揄狄;子男以毳,其夫人乃用屈狄矣。"《正义》曰:"男子举上公,妇人举子男之妻;男子举上以见下,妇人举下以见上:是互言也。"又,《祭法篇》:"燔柴于泰坛,祭天也。瘗埋于泰折,祭地也。用骍犊。"郑《注》曰:"地阴祀用黝牲,与天俱用犊,连言尔。"《正义》曰:"祭地承祭天之下,故连言用骍犊也。"凡此之类,皆是举此以见彼,学者所当以三隅反者也。

顾氏炎武《日知录》曰:"以纣为弟,且以为君,而有微子启;以纣为兄之子,且以为君,而有王子比干。并言之则于文有所不便,故举此以该彼,此古人文章之善。且如郊社之礼,所以事上帝也,不言后土;地道无成而代有终也,不言臣妻;先王居梼杌于四裔,不言浑敦、穷奇、饕餮。后之读书者,不待子贡之明,亦当闻一以知二矣。"

钱氏大昕《养新录》曰:"古人著书,举一可以反三,故文简而义无不该。姑即许氏《说文》言之:木,东方之行;金,西方之行;火,南方之行;水,北方之行;则土为中央之行可知也。咸,北方味也,而酸、苦、辛、甘皆不言方。霎,水音也,而宫、商、徵、角皆不言音。青,东方色也;赤,南方色也;白,西方色也;而黑,不言北方;黄,地之色也;而玄,不言天之色。钟,秋分之音;鼓,春分之音,而不言二至。笙,正月之音;管,十二月之音;而不言余月。龙,鳞虫之长,而毛羽、介虫之长不言。皆举一以见例,非有遗漏也。"

昭四年《左传》:"左师献公合诸侯之礼六,子产献伯、子、男会公之礼六。"其曰公者,盖兼侯而言。"公合诸侯",谓公、侯合伯、子、男也。"伯、子、男会公",谓伯、子、男会公、侯也。哀十三年

《传》："伯合诸侯，则侯帅子、男以见于伯。"此"伯"字，杜《注》谓"诸侯长"，非五等之伯。其曰"侯"者，盖兼公而言；其曰"子、男"者，盖兼伯而言：谓公、侯帅伯、子、男以见于伯也。古者公、侯为一等，伯、子、男为一等；故举公可以兼侯，举侯可以兼公，举子、男可以兼伯。亦举此以见彼之例也。

因此以及彼例

古人之文，省者极省，繁者极繁，省则有举此见彼者矣，繁则有因此及彼者矣。《日知录》曰："古人之辞，宽缓不迫。得失，失也。《史记·刺客传》：'多人，不能无生得失。'利害，害也。《史记·吴王濞传》：'擅兵而别，多佗利害。'缓急，急也。《史记·仓公传》：'缓急无可使者。'《游侠传》：'缓急人所时有也。'成败，败也。《后汉书·何进传》：'先帝尝与太后不快，几至成败。'同异，异也。《吴志·孙皓传》注：'荡异同如反掌。'《晋书·王彬传》：'江州当人强盛时，能立异同。'赢缩，缩也。《吴志·诸葛恪传》：'一朝赢缩，人情万端。'祸福，祸也。晋欧阳建临终诗：'成此祸福端。'"按，此皆因此及彼之辞，古书往往有之。《礼记·文王世子篇》："养老幼于东序。"因老而及幼，非谓养老兼养幼也。《玉藻篇》："大夫不得造车马。"因车而及马，非谓造车兼造马也。

《礼记·杂记篇》："为妻，父母在，不杖不稽颡。"《正义》曰："按《丧服》云：'大夫为适妇，为丧主。'父为己妇之主，故父在不敢为妇杖。若父没母在，不为适妇之主，所以母在不杖者，以父母尊同，因父而连言母。"然则因此及彼，经固有此例矣。《丧服小记篇》："生不及祖父母诸父昆弟，而父税丧，己则否。"按，己生之年所不及者，安得有弟？王氏以为诸父之昆弟，则"诸父"二字足以包之，何必曰"诸父昆弟"乎？刘氏、蔡氏以弟为衍文，庾氏又曲为之说，谓"死者为昆，己为弟"，不知昆弟亲同，因昆而连言弟，亦犹父母尊同，因父而连言母耳。不达古书之例，难以设经矣。

《说文·女部》："妻之女弟同出为姨。"按《周易·涣》："六四，匪夷所思。"《释文》曰："夷，荀本作弟。"又，《明夷》："六二，夷于左股。"《释文》曰："夷，子夏本作'睇'，又作'眱'。"然则女弟谓之姨，正以声近而义通。《尔雅·释亲》曰："妻之姊妹同出为姨。"此盖因妹而连言姊也。

昭十三年《左传》："郑伯，男也。"《正义》曰："《周语》云：'郑伯，男也，王而卑之，是不尊贵也。'王肃注此与彼，皆云：'郑，伯爵，而连男言之，足句辞也。'"按，王说得之。郑众、服虔云郑在男服，贾逵云男当作南，谓南面之君。并曲说耳。

《管子·禁藏篇》："外内蔽塞，可以成败。"按，此欲其败，非欲其成，而曰"可以成败'，乃因败而连言成也。王氏《读书杂志》谓成当为或，非是。

卷　三

古书传述亦有异同例

古曰在昔，昔曰先民，盖古人之书，亦未必不更本于古也。然其传述或有异同，不必尽如原本。阎氏若璩《四书释地》曰："《论语》杞、宋并不足征，《中庸》易其文曰'有宋存'。《孔子世家》言：'伯鱼生伋，字子思，尝困于宋。子思作《中庸》。'《中庸》既作于宋，易其文殆为宋讳乎？且尔时杞既亡而宋独存，易之亦与事实合。"按阎氏此论，可谓入微，蓄疑十年，为之冰释。至宋氏翔凤附会《公羊》家说，黜杞而存宋，虽亦巧合，然以本文语气求之，疑未必然也。

《管子·小匡篇》："其相曰夷吾，大夫曰宁戚、隰朋、宾胥无、鲍叔牙，用此五子者何功？"按，"五子"当作"四子"，浅人见上有五人而改易其数，不知非作书者之意也。此本《国语·齐语》之文。其文曰："惟能用管夷吾、宁戚、隰朋、宾须无、鲍叔牙之属而伯功立。"此是齐国史记所载，乃当时公论也。《小匡》一篇，多与《齐语》同，盖管氏之徒刺取国史以为家乘，于是更易其文，专美夷吾。明桓公之霸，由其相夷吾，若用此四子，何功之有？下文曰："则唯有明君在上,察相在下也。"正见齐桓明君,夷吾察相,相得而成,非由此四子也。以《齐语》参校,改易之迹显然矣。

《列子·黄帝篇》:"是殆见吾衡气几也。鲵旋之潘为渊,止水之潘为渊,流水之潘为渊,滥水之潘为渊,沃水之潘为渊,氿水之潘为渊,雍水之潘为渊,汧水之潘为渊,肥水之潘为渊,是为九渊,尝又与来。"按上文:"是殆见吾杜德几也,尝又与来。"又曰:"是殆见吾善者几也,尝又与来。"而此文"是殆见吾衡气几也",下乃罗列九渊,不特全无意义,且于文气亦隔绝矣。疑此五十八字,乃它处之错简。《庄子·应帝王篇》即用此篇文,止列首三句,而总之曰:"渊有九名,此处三焉。"盖以其与本篇文义无关,而古本相传,又不敢竟从芟薙,姑存大略耳。此亦古人述古之一例也。

《礼记·月令篇》:"孟春行夏令,则雨水不时。"按,仲春之月始雨水,则孟春之月而雨水,即为不时矣。汉太初以后,更改气名,以雨水属正月,正月雨水,不复为异。故《吕氏春秋·孟春纪》、《淮南子·时则篇》,并作"风雨不时",此太初以后人所追改,以合本朝之制者也。

《国语·鲁语·齐孝公来伐章》曰:"昔者成王命我先君周公及齐先君太公曰:'女股肱周室,以夹辅先王。'"按,曰齐先君太公者,别于鲁先君太公也。鲁亦自有太公,即伯禽是也。上文《鲁饥章》"大惧殄周公、太公之命祀"。周公旦、太公伯禽,并谓鲁先君,盖古始封之祖,并有太称。说详《群经平议》。此云"齐先君太公",正古人属辞之密。《左传》易其文曰:"昔周公、太公,股肱周室,以夹辅成王。"则删改原文而失其义矣。又韦昭注"夹辅先王"句曰:"先王,武王也。"盖此本成王之命,故美其夹辅武王之功。《左传》易之曰"夹辅成王",抑又失其义矣。转相传述,非复元文,虽古书亦不能无此失也。

古人引书每有增减例

《日知录》曰:"《书·泰誓》:'受有亿兆夷人,离心离德;予有乱臣十人,同心同德。'《左传》引之则曰:'《太誓》所谓商兆民离,周十人同者众也。'《淮南子》:'舜钓于河滨,期年而渔者争处湍濑,以曲隈深潭相与。'《尔雅注》引之则曰:'渔者不争隈。'此皆略其文而用其意也。"按,今《泰誓》伪书,即因《左传》语而为之,不足据。然《管子·法禁篇》引《太誓》曰:"纣有臣亿万人,亦有亿万之心;武王有臣三千而一心。"则《太誓》原文详而《传》所引略,诚如顾氏说也。又按《后汉书·郅恽传》:"孟轲以强其君之所不能为忠,量其君之所不能为贼。"亦是略其文而用其意。盖古人引书,原不必规规然求合也。

《孔丛子》孔臧《与子琳书》引《诗》曰:"操斧伐柯,其则不远。"《三国志》杜恕上疏云:"昔周公戒鲁侯曰:'无使大臣,怨何不以。'"《晋书·载记》苻离上书于苻坚曰:"《诗》曰:'兄弟急难,朋友好合。'"又,《律历志》杨伟云:"孟轲所谓方寸之基,可使高于岑楼者也。"《宋书·彭城王义康传》:"《诗》云:'兄弟虽阅,不废亲也。'"又,《顾觊之传》:"丘明又称天之所支不可坏,天之所坏不可支。"《南齐书》萧子良与孔中丞书:"《孟子》有云:'君王无好智,君王无好勇。'"《旧唐书·孙伏伽传》:"《论语》云:'一言出口,驷不及舌。'"又，《崔元亮传》："孟轲有言：'众人皆曰杀之，未可也。'"凡此皆用其意而略其文，详见秀水沈氏《怀小篇》。按《东坡集·上神宗皇帝书》引《书》曰："谋及卿士，至于庶人，翕然大同，乃底元吉，若违多而从少，则静吉而作凶。"此亦以意引经，北宋时人犹读古书，其体裁有自也。

　　《说文》引《诗》，往往有合两句为一句者。如《齐风·鸡鸣篇》："东方明矣，朝既昌矣。"《日部》作"东方昌矣"。《大雅·绵篇》："混夷骏矣，维其喙矣。"《口部》引作"犬夷呬矣"。皆是也。又《酉部》醻下，引《诗》"公尸来燕醻醻"。按，此亦合两句为一句者。今《诗·凫鹥篇》云："公尸来止熏熏，旨酒欣欣。""熏熏"、"欣欣"，传写误倒，本作"公尸来止欣欣，旨酒熏熏"，"熏熏"以旨酒言。犹下句"燔炙芬芬"，"芬芬"以燔炙言也。作"熏"者假字，《说文》作"醻"者正字；观其字从酉，可知其当在旨酒下也。乃观《毛传》所训，是毛公作《传》时已误，宜近世治《说文》者莫能见及此矣。

　　《礼记·中庸篇》："衣锦尚䌹。"《正义》曰："《诗》本文云'衣锦褧衣'，此云'尚䌹'者，断绝《诗》文也。又俗本云：'衣锦褧裳。'"按，以俗本推之，古本《礼记》当作"衣锦䌹尚"。"尚"者，"裳"之假字。《诗》本文云："衣锦褧衣，裳锦褧裳。"而记人撮举其辞曰"衣锦䌹尚"，亦犹"东方昌矣"、"犬夷呬矣"之比。俗本"衣锦褧裳"，正是古本相传之旧，但易假字而为本字耳。后人不知古人引经自有此例，又不通假借，遂移"尚"字于"䌹"字之上，于义不可通矣。

称 谓 例

古人称谓，或与今人不同，有以父名子者。《左传》成十六年"潘尪之党"、襄廿三年"申鲜虞之傅挚"是也。有以夫名妻者。《左传》昭元年"武王邑姜"是也，并见《日知录》。今按，《汉书·外戚传》："孝宣王皇后父奉光封邛成侯，成帝即位，为太皇太后，时成帝母亦姓王氏，故世号太皇太后为邛成太后。"亦以父名子也。《汉书·燕刺王旦传》："旦姊鄂邑盖长公主。"张晏曰："盖侯王信妻也。"师古曰："当是信子顷侯充。"此亦以夫名妻也。

昭十二年《左传》："杀献太子之傅庚皮之子过。"按，"子"字衍文，本作"庚皮之过"，亦是以父名子之例。据《释文》："潘尪之党，一本作潘尪之子党；申鲜虞之傅挚，本或作申鲜虞之子傅挚。"盖皆后人不达古人称谓之例，而妄加之。

又有以母名女者。襄十九年《左传》"齐侯娶于鲁曰颜懿姬，其侄鬷声姬"，杜《注》曰"颜、鬷皆二姬母姓，因以为号"是也。《史记·秦本纪》："申侯言于孝王曰：'昔我先骊山女。'"《正义》曰："申侯之先娶于骊山。"按，骊山女盖娶于骊山所生之女，是亦以母名女也。

又有以子名母者。隐元年"惠公仲子"是也。《穀梁传》曰："礼赗人之母则可，赗人之妾则不可，君子以其可辞受之。"盖系仲子于惠公，明周以其为惠公之母而赗之，非以其为孝公之妾而赗之也，此《春秋》正名之义也。

至于《礼经》所称，则有以事目其人者。《特牲馈食礼》"三献作止爵",郑《注》曰"宾也,谓三献者以事命之"是也。下文"嗣举奠盥入"。按,嗣、举、奠三字连文。嗣子盥入,而尸为之举铏南所奠之爵,故即命之曰"嗣举奠",亦以事目其人之例也。郑《注》曰:"举,犹饮也。"则失其义矣。又,《礼记》:"王后袆衣,夫人揄狄,君命屈狄。"按,君命,谓世妇也。下文云:"唯世妇命于奠茧。"此《经》不直曰"世妇屈狄",而云"君命屈狄"者,若言世妇屈狄,则是凡世妇皆得服之矣。故必曰"君命屈狄",乃见世妇因奠茧而君命之,始得服也。此亦以事目其人之例也。郑《注》曰:"君,女君也。"又失其义矣。

《礼记·祭义篇》:"易抱龟南面。"郑《注》曰:"易,官名。"按此亦以事目其人,非必官名也。

寓名例

《史记·万石君传》:"长子建,次子甲,次子乙,次子庆。"甲、乙非名也,失其名而假以名之也。《汉书·魏相传》:"中谒者赵尧举春,李舜举夏,兒汤举秋,贡禹举冬。"不应一时四人同以尧、舜、禹、汤为名,皆假以名之也。说详《日知录》。

《庄》、《列》之书多寓名,读者以为悠谬之谈,不可为典要;不知古立言者自有此体也,虽《论语》亦有之,长沮、桀溺是也。夫二子者问津且不告,岂复以姓名通于吾徒哉?特以下义各有问答,故为假设之名以别之:曰"沮",曰"溺",惜其沉沦而不返也。桀之言"杰然"也,"长"与"桀",指目其状也。以为二人之真姓名,则泥矣。

《孝经正义》引刘炫《述义》曰："炫谓孔子自作《孝经》，本非曾参请业而对也。夫子运偶陵迟，礼乐崩坏，名教将绝，特感圣心，因弟子有请问之道，师儒有教诲之义，故假曾子之言，以为对扬之体，乃非曾子实有问也。若疑而始问，答以申辞，则曾子应每章一问，仲尼应每问一答。按《经》，夫子先自言之，非参请也；诸章以次演之，非待问也。且辞义血脉，文连旨环，而开宗题其端绪，余音广而成之，非一问一答之势也。理有所极，方始发问，又非请业请答之事。首章言'先王有至德要道'，则下章云'此之谓要道也，非至德其孰能顺民？'皆遥结首章答曾子也。按答上疑夺非字。举此为例，凡有数科，必其主为曾子言，首章答曾子已了，何由不待曾子问，更自述而明之？且首起曾参侍坐，与之论孝，开宗明义，上陈天子，下陈庶人，语尽无更端，于曾子未有请，故假参叹孝之大，又说以孝为理之功；说之已终，欲言其圣道莫大于孝，又假参问，乃说圣人之德不加于孝。在前论敬顺之道，未有规谏之事，故须更借曾子言陈谏诤之义。此皆孔子须参问，非参须问孔子也。庄周之斥鷃笑鹏，罔两问影，屈原之渔父鼓枻、太卜拂龟，马卿之乌有、亡是，扬雄之翰林、子墨，宁非师祖制作，以为楷模者乎？"按，刘氏此论，最为通达，然非博览周、秦古书，通于圣贤著述之体，未有不河汉斯言者矣。

以大名冠小名例

《荀子·正名篇》曰："物也者，大共名也；鸟兽也者，大别名也。"是正名百物，有共名别名之殊。乃古人之文，则有举大名而合之于小名,使二字成文者。如《礼记》言"鱼鲔",鱼其大名,鲔其小名也。《左传》言"鸟乌",鸟其大名,乌其小名也。《孟子》言"草芥",草其大名,芥其小名也。《荀子》言"禽犊",禽其大名,犊其小名也。皆其例也。

《礼记·月令篇》:"孟夏行春令,则蝗虫为灾;仲冬行春令,则蝗虫为败。"王氏引之曰:"'蝗虫'皆当为'虫蝗'。此言'虫蝗',犹上言'虫螟',后人不知而改为'蝗虫',谬矣。"按,上言"虫"而下言"蝗",上言"虫"而下言"螟";"虫",其大名也;"蝗、螟",其小名也。

《中孚·传》曰:"乘木舟虚也。"按《正义》引郑《注》曰:"空大木为之曰虚,总名皆曰舟。"然则舟、虚并言,舟其大名,虚其小名也。王《注》曰:"乘木于用舟之虚。"此说殊不了,辅嗣徒习清言,未达古义也。

《尔雅·释兽》:"麋牝麕牝麇,鹿牡麚牝麀。"《秦风·驷驖篇》:"奉时辰牡。""辰"即"麎"之假字,《诗》言"麎牡",犹襄四年《左传》言"麀牡也"。盖以凡兽言之,则为"牝牡";专以麋言,则为"麎麕";专以鹿言,则为"麀麚"。乃《诗》言"麎牡",《传》言"麀牡"。牡者通凡兽而言,其大名也;曰麎曰麀,专以麋、鹿言,其小名也。毛公传《诗》,训"辰"为"时",古语之不能通晓,自六国时已然矣。

以大名代小名例

古人之文,有举大名以代小名者,后人读之而不能解,每每失其义矣。《仪礼·既夕篇》:"乃行祷于五祀。"郑《注》曰:"尽孝子之情。五祀，博言之。士二祀：曰门，曰行。"推郑君之意，盖以所祷止门、行二祀，而曰"五祀"者，博言之耳。"五祀"，其大名也；"曰门，曰行"，其小名也。祀门、行而曰"五祀"，是以大名代小名也。贾《疏》曰："今祷五祀，是广博言之，望助之者众。"则误以为真祷五祀矣。

《荀子·正论篇》："雍而彻乎五祀。"杨《注》于"乎"字绝句，引"《论语》曰，'三家者以雍彻'，言其僭也。"刘氏台拱曰："此当以'雍而彻乎五祀'为句，谓彻乎灶也。《周礼·膳夫职》云，'王卒食，以乐彻于造'，'造'、'灶'古字通。《大祝》六祈：'二曰造。'故书'造'作'灶'，专言之则为'灶'，连类言之则曰'五祀'，若谓丞相为三公，左冯翊为三辅也。"按，刘氏此说，深得古义，足证明郑《注》博言之义矣。

《春秋》之例，通都大邑得以名通，则不系以国，如楚丘不书卫，下阳不书虢是也。若小邑不得以名通，则但书其国而不书其地，如盟于宋，会于曹，必有所在之地；而其地小，名亦不著，书之史策，后世将不知其所在，故以国书之。此亦举大名以代小名之例也。后儒说《春秋》，谓不地者即于其都也，失之。

以小名代大名例

又有举小名以代大名者。《诗·采葛篇》："一日不见，如三秋兮。"三秋，即三岁也。岁有四时而独言秋，是举小名以代大名也。《汉书·东方朔传》："年十三学书，三冬文史足用。"三冬，亦即三岁也。学书三岁而足用，故下云"十五学击剑"也。注者不知其举小名以代大名，乃泥冬字为说云，"贫子冬日乃得学书"，失其旨矣。

《吕氏春秋·壅塞篇》："此戴氏之所以绝也。"按，此即上文齐灭宋之事。戴氏为宋公族，《孟子》书有戴盈之、戴不胜，《韩非子·内储说》有戴驩，为宋太宰，盖皆戴公之后，世执国柄，与国同休戚者，宋亡则戴氏绝矣。不曰"此宋之所以亡"，而曰"此戴氏之所以绝也"，亦是以小名代大名之例。此句即结上之辞，非别一事也。高诱《注》未达其旨。

以双声叠韵字代本字例

"集"与"就"双声，而《诗·小旻篇》："集"与"犹"、"咎"、"道"为韵，是即以"集"为"就"也。"戎"与"汝"双声，而《诗·常武篇》："戎"与"祖"、"父"为韵，是即以"戎"为"汝"也。此以双声字代本字之例也。

《尚书·微子篇》："天毒降灾荒殷国。"《史记·宋微子世家》作"天笃下灾亡殷国"。笃者，厚也。言天厚降灾咎以亡殷国也。"笃"与"毒"，"亡"与"荒"，皆叠韵。此以叠韵字代本字之例也。

《诗·天保篇》："君曰卜尔，万寿无疆。"《传》曰："卜，予也。"《楚茨篇》："卜尔百福。"《笺》义亦同。按，"卜"之训"予"，虽本《尔雅》，然其义绝远。余尝疑此"卜"字，即《檀弓》"卜人师扶右"之"卜"，当读为"仆"。仆者，古人自谦之称，故训"予"，与"台"、"朕"、"阳"一例，非赐予之"予"也。毛、郑以之说《诗》，殆未可从。《大田篇》：“秉畀炎火。”《韩诗》“秉”作“卜”。“卜”，报也。卜尔之“卜”，亦当训“报”。卜尔者，报尔也。以双声字代本字也。

《夏小正》：“黑鸟浴。”《传》曰：“浴也者，飞乍高乍下也。”按，飞乍高乍下，何以谓之浴，义不可通。“浴”者，“俗”之误字。《说文》：“俗，习也。”黑鸟俗，即黑鸟习也。《说文》：“习，数飞也。”《传》所谓飞乍高乍下者，正合数飞之义。“俗”、“习”双声，故即以俗字代习字耳。

“夏”与“暇”叠韵。《尚书·多方篇》：“天惟五年须暇之子孙。”暇即夏字，言天既降丧于殷，以夏后氏有大功德于民，故以五年须待夏后氏之子孙，冀其克念作圣而作民主也。《诗·皇矣篇·郑注》引此《经》正作“须夏之子孙”，《尚书》以“暇”代“夏”，乃以叠韵字代本字。

“穀”与“禄”叠韵。《礼记·檀弓篇》：“齐穀王姬之丧。”按此王姬乃齐僖公之夫人、鲁庄公之外祖母，故下文有“或曰外祖母”之说。僖公名禄父，此云“齐穀”，犹云“齐禄”，斥其名而系以国，亦犹齐潘、齐环之比。齐穀王姬以夫名妻，亦犹武王邑姜之比，古人自有此称也。不曰“齐禄”而曰“齐穀”，以叠韵字代本字也。郑《注》曰，“穀当为告”，失其义矣。古书多假借，双声叠韵字之通用者，不可胜举，略举一二，以例其余。

以读若字代本字例

钱氏《潜研堂集》曰：“汉人言‘读若’者，皆文字假借之例，不特寓其音，并可通其字。即以《说文》言之，‘盩，读若许’，《诗》‘不与我戍许’,《春秋》之许田许男,不必从邑从無也。‘鄭,读若蓟’,《礼记》‘封黄帝之后于蓟’,不必从邑从契也。‘璹,读若淑’,《尔雅》‘璋大八寸谓之琡’,即‘淑’之讹,不必从玉从寿也。‘珣,读若宣’,《尔雅》‘璧大六寸谓之宣’,不必从玉从旬也。‘赹,读若茕’,《诗》‘独行茕茕’,不必从走从匀也。‘趦,读若匐’,《诗》‘匍匐救之’,不必从走从音也。‘丮,读若戟’,《春秋传》‘公戟其手’,不必作‘丮’也。‘柅,读若柅’,《易》‘系于金柅’,不必改为‘柅’也。‘勼,读若鸠’,《书》‘方鸠僝功’,不必改为‘勼’也。‘慑,读若叠’,《诗》‘莫不震叠’,不必改为‘慑’也。‘奡,读若傲’,《书》‘无若丹朱傲’,不必改为‘奡’也。‘橾,读若薮’,《考工记》‘以其围之泐捎其薮’,不必改为‘橾’也。‘扊,读为仆’,《孟子》‘仆仆尔’,不必改为‘扊’也。‘辛,读为愆’,今经典‘罪辛’字皆作‘愆’。‘刅,读若创’,今经典‘刅业’字皆作‘创’。‘亼,读若集’,今经典‘亼合’字皆作‘集’。‘羍,读若达’,今《诗》正作‘达’。‘望,读若皇’,今《周礼》正作‘皇’。‘莫,读与蔑同’,今《尚书》‘莫席’字正作‘蔑’。‘嵒,读与聂同’,今《春秋》‘嵒北’字正作‘聂’。‘卟,读与稽同’,今《尚书》‘卟疑’字正作‘稽’。‘雀,读与爵同’,‘攺,读与施同’,今经典‘鸟雀’字多用‘爵’,‘敷攺’字皆用‘施’。‘䍃,读与隐同’,《孟子》、《庄子》‘隐几’字不作‘䍃’。是皆假其音,并假其义,非后世譬况为音可同日语也。”按,钱氏此论,前人所未发,颇足备治经之一说。

《周易·鼎·彖传》曰:“鼎,象也。”按,六十四卦,皆观象系辞,而独于鼎言象,义不可通。《虞注》曰:“象事知器,故独言象也。”此亦曲为之说耳。《周易》“象”字,依《说文》当作“像”。《说文·人部》:“像,象也。从人象声,读若养字之养。”然则“鼎象也”,犹曰

"鼎养也"。下文云:"圣人亨以享上帝,而大亨以养圣贤。"是其义也。学者不知"象"为"养"之假字,故不得其义。

《吕氏春秋·古音篇》:"伶伦自大夏之西,乃之阮隃之阴。"按,"隃"本作"侖",涉上"阮"字从昌,而加昌旁作"隃",又误为"隃"耳。阮者,昆之假字。《说文系传·昌部》:"阮,代郡五阮关也。从昌,元声,读若昆。"阮读若昆,故即假阮为昆,"阮侖"即'昆侖'也。《汉书·律历志》正作"昆侖"可证。凡读若字,义本得通,故彼此可以假借也。

美恶同辞例

古者美恶不嫌同辞,如"退食自公,委蛇委蛇",诗人之所美也;而《左传》云,"衡而委蛇必折",则"委蛇"又为不美矣。"岂弟君子,民之父母",诗人之所美也;而《齐风》云,"鲁道有荡,齐子岂弟",《传》曰"言文姜于是乐易然",《正义》足成其义曰"于是乐易然,曾无惭色",则"岂弟"又为不美矣。"齐子岂弟"本与下章"齐子翱翔"一律,而郑必破作"闿圛",谓与上章"齐子发夕"一律。盖以他言"岂弟"者,皆美而非刺,故不从《传》义。不知古人美恶不嫌同辞,学者当各依本文体会,未可徒泥其辞也。

《诗·皇矣篇》:"无然畔援。"《笺》云:"畔援,犹跋扈也。"《韩诗》曰:"畔援,武强也。"按,"畔援"即"畔喭"。《论语·先进篇·郑注》:"子路之行,失于畔喭。"《正义》曰:"言子路性行刚强,常畔喭失礼容也。"正与郑、韩义合。"喭"之为"援",犹"畔"之为"叛",声近而义通矣。《玉篇》又作"无然伴换"，古双声叠韵字无一定也。《卷阿篇》："伴奂尔游矣。"伴奂，即伴换也。《笺》曰："伴奂，自纵弛之意。"盖即跋扈之意而引申之。是故"畔援"也，"伴奂"也，一而已矣。"畔援"为不美之辞，而"伴奂"为美之之辞，美恶不嫌同辞也。《访落篇》："将予就之，继犹判涣。"判涣，亦即伴奂也。《传》、《笺》均未得判涣之义。判涣亦自纵弛也，言将助我而就之，犹不免于纵弛也。是故"伴奂"也，"判涣"也，一而已矣。"伴奂"为美之之辞，"判涣"又为不美之辞，美恶不嫌同辞也。

《礼记·孔子闲居篇》："耆欲将至。"郑《注》曰："谓其王天下之期将至也。"按，《中庸篇》："祸福将至。"此云耆欲，即福也。美恶不嫌同辞。《月令篇》："节耆欲，禁耆欲。"以耆欲之不善者言也。《祭统篇》："兴旧耆欲。"此云耆欲将至，以耆欲之善者言也。王肃作《家语》，改作"有物将至"，足征其不达古义矣。

高下相形例

昭十三年《左传》："子产、子大叔相郑伯以会。子产以幄幕九张行，子大叔以四十，既而悔之，每舍损焉。及会亦如之。癸酉退朝，子产命外仆速张于除，子大叔止之，使待明日。及夕，子产闻其未张也，使速往，乃无所张矣。"《注》曰："传言子产每事敏于大叔。"按，子产与子大叔，皆郑国贤大夫，传者欲言子产之敏，乃极言子大叔之不敏，此高下相形之例也。《礼记·檀弓篇》："曾子袭裘而吊，子游裼裘而吊，曾子指子游而示人曰：'夫夫也为习于礼者，如之何其裼裘而吊也?’主人既小敛,袒括发,子游趋而出,袭裘带绖而入,曾子曰:‘我过矣!我过矣!夫夫是也。’”按,曾子、子游,皆圣门高弟,记人欲言子游之知礼,乃先言曾子之不知礼,亦高下相形之例也。后世记载之家,但有簿领而无文章,莫窥斯秘,于是读古人之书,亦不得其抑扬之妙,徒泥字句以求之,往往失其义矣。

《孟子・离娄篇》:“曾子养曾皙,必有酒肉。将彻,必请所与;问有余,必曰‘有’。曾皙死,曾元养曾子,必有酒肉。将彻,不请所与;问有余,曰‘亡矣’!将以复进也。”此亦举曾元之养口体,以形曾子之养志,学者不可泥乎其词。

叙论并行例

僖三十三年《左传》:“秦伯素服郊次,乡师而哭曰:‘孤违蹇叔,以辱二三子,孤之罪也。’不替孟明,‘孤之过也;大夫何罪?且吾不以一眚掩大德。’”王氏念孙曰:“‘不替孟明’下有‘曰’字,而今本脱之。‘不替孟明’及‘曰’字,皆左氏记事之词。自‘孤之过也’下,方是穆公语。上文穆公乡师而哭,既罪己而不罪人矣,于是不废孟明而复用之,且谓之曰:‘孤之过也,大夫何罪?’若如今本,穆公既以不替孟明为己过,则孟明不可用矣;何以言‘大夫何罪?’又言‘不以一眚掩大德’乎?”今按,王氏解“不替孟明”句是也;谓今本脱“曰”字,非也。自唐《石经》以来,各本皆无“曰”字,未可以意增加。盖古人自有叙、论并行之例,前后皆穆公语,中间著此“不替孟明”四字,并未间以他人之言,“孤违蹇叔”与“孤之罪也”,语出一口,读之自明,原不必加"曰"字也。如昭三年《传》:"则使宅人反之,'且谚曰:"非宅是卜,唯邻是卜。"二三子先卜邻矣。'"按,"则使宅人反之,"左氏记事之辞;"且谚曰"以下,晏子之语,中间无"曰"字,即其例矣。

《史记·屈原传》,叙事中间以议论,论者以为变体。愚按《赵世家》云:"以至父子俱死,为天下笑,岂不悲乎?"《魏世家》云:"惠王之所以身不死,国不分者,二家谋不和也。若从一家之谋,魏必分矣。故曰:'君终无适子,其国可破也。'"皆于叙事中入议论,古人之文无定法也。

实字活用例

宣六年《公羊传》:"勇士入其大门,则无人门焉者。"上"门"字实字也,下"门"字则为守是门者也。襄九年《左传》:"门其三门。"下"门"字实字也,上"门"字则为攻是门者矣。此实字而活用者也。《尔雅·释山》:"大山宫,小山霍。"郭《注》曰:"宫谓围绕之宫。"本实字,而用作围绕之义,则活矣。宣十二年《左传》:"屈荡户之。"杜《注》曰:"户,止也。"户本实字而用作止义,则活矣。又如规矩字皆实字。《国语·周语》:"其母梦神规其臀以墨。"韦《注》曰:"规,画也。"此规字活用也。《考工记》:"必矩其阴阳。"郑《注》曰:"矩,谓刻识之也。"此矩字活用也。经典中如此者,不可胜举。

执持于手即谓之手。庄十二年《公羊传》:"手剑而叱之。"《礼记·檀弓篇》"子手弓而可",是也。怀抱于腹即谓之腹。《诗·蓼袤篇》"出入腹我"，是也。《史记·司马相如传》："手熊罴，足野羊。"注曰："手足，谓拍踏杀之。"手所拍即谓之手，足所踏即谓之足，古人用字之法也。

尊者，酒器也。《仪礼注》曰："置酒曰尊。"则尊字活用矣。席也，筵也，敷布之具也。《仪礼注》曰："席，敷席也。筵，布席也。"则席字筵字活用矣。盖在《礼经》即有此例。《史记·东越传》："即锹杀王。"以锹杀人而即谓之锹。《张释之冯唐传》："五日一椎牛。"以椎杀牛而即谓之椎，皆此例也。

庄三十一年《公羊传》："旗获而过我也。"《解诂》曰："旗获，建旗县所获得以过我也。"按，此解非是。闵二年《左传》："佩，衷之旗也。"杜《注》曰："旗，表也。"然则"旗获而过我"，谓表示其所获之物而过我也。盖旌旗之属，所以表示行列。《国语·晋语》："车无退表。"韦《注》曰："表，旌旗也。"故旌与旗并有表义。僖二十四年《左传》："且旌善人。"哀十六年《传》："犹将旌君以徇于国。"杜《注》并曰："旌，表也。"旗之为表，犹旌之为表也。旌、旗，皆实字，而用作表示之义，则实字而活用矣。解者不达此例，乃以为"县所获于旗"，岂旌君以徇于国，亦将县之于旌乎？

以女妻人即谓之女，以食饲人即谓之食，古人用字类然；经师口授，恐其疑误，异其音读，以示区别。于是何休注《公羊》，有长言、短言之分；高诱注《淮南》，有缓言、急言之别。《诗》："兴雨祁祁，雨我公田。"《释文》曰："兴雨如字，雨我于付反。"《左传》："如百谷之仰膏雨也，若常膏之。"《释文》曰："膏雨如字，膏之古报反。"苟知古人有实字活用之例，则皆可以不必矣。

卷　四

语词叠用例

《大雅·绵篇》：“乃慰乃止，乃左乃右，乃疆乃理，乃宣乃亩。”四句中叠用八“乃”字。《荡篇》：“曾是强御，曾是掊克，曾是在位，曾是在服。”四句中叠用四“曾是”字。《尚书·多方篇》：“尔曷不忱裕之于尔多方？尔曷不夹介乂我周王享天之命？今尔尚宅尔宅，畋尔田，尔曷不惠王熙天之命？尔乃迪屡不静，尔心未爱，尔乃不大宅天命，尔乃屑播天命，尔乃自作不典，图忱于正。”十一句中叠用三“尔曷不”字，四“尔乃”字，皆叠用语词以成文者也。

《礼记·哀公问篇》：“即安其居，节丑其衣服。”按，郑君作《注》时，盖作“即安其居，即丑其衣服。”故《注》曰：“即，就也。丑，类也。就安其居处，正其衣服。”以一“就”字总释两“即”字也。因“即”误作“节”，《正义》误以郑《注》“正”字是释“节”字，而有“节，正也”之说，非郑意矣。然郑《注》亦未安，两“即”字均当读作“则”，古字通。《大戴礼·哀公问于孔子篇》作“则安其居处，丑其衣服”，可证也。此文叠用两“即”字，皆承上之词，犹云“则安其居，则丑其衣服”也。《射义篇》：“则燕则誉。”文法与此同，但句有长短耳。

《周官·邍师职》:"辨其丘陵坟衍邍隰之名物之可以封邑者。"按:两"之"字叠用,"之名物"、"之可以封邑者",并蒙丘陵坟衍邍隰而言。盖既辨其名物,又辨其可以封邑者,故总言丘陵坟衍邍隰于上,而以两"之"字分承于下也。郑《注》以"物之"二字为句,失其读矣。

《贾子·服疑篇》:"是以高下异,则名号异,则权力异,则事势异,则旗章异,则符瑞异,则礼宠异,则秩禄异,则冠履异,则衣带异,则环佩异,则车马异,则妻妾异,则泽厚异,则宫室异,则床席异,则器皿异,则饮食异,则祭祀异,则死丧异。"此十九句,叠用十九"则"字,文法奇绝。建本于"则死丧异"下又加"则"字,是误于则字绝句,由不达古人文法之变也。又《数宁篇》:"因诸侯附亲轨道,致忠而信上耳。"自此以下,凡用"因"字"耳"字者十,其句法皆同。班固删改以入《汉书》,大失《贾子》之真。人人习读《汉书》,不睹《贾子》原文,遂亦无袭用此句法者矣。

古人之文,每以"故"字相承接,似复而实非复。《礼记·礼运篇》:"故君者所明也,非明人者也;君者所养也,非养人者也;君者所事也,非事人者也。故君明人则有过,养人则不足,事人则失位。故百姓则君以自治也,养君以自安也,事君以自显也。故礼达而分定,故人皆爱其死而患其生。"此段一气相承而用五"故"字。又《乐记篇》:"是故知声而不知音者,禽兽是也;知音而不知乐者,众庶是也;唯君子为能知乐。是故审声以知音,审音以知乐,而治道备矣。是故不知声者,不可与言音;不知音者,不可与言乐。"此段亦一气相生而用三"是故"字。

子书中如此者尤多,《墨子·亲士篇》:"是故比干之殪,其抗也;孟贲之杀,其勇也;西施之沈,其美也;吴起之裂,其事也;故彼人者,寡不死其所长。故曰太盛难处也。故虽有贤君,不爱无功之臣;虽有慈父,不爱无益之子。是故不胜其任而处其位,非此位之人也;不胜其爵而处其禄,非此禄之士也。"《韩非子·主道篇》:"故曰:'君无见其所欲,君见其所欲,臣将自雕琢;君无见其意,君见其意,臣将自表异。'故曰:'去好去恶,臣乃见素;去旧去智,臣乃自备。'故有智而不以虑,使万物知其处;有行而不以贤,观臣下之所因;有勇而不以怒,使群臣尽其武。是故去智而有明,去贤而有功,去勇而有强。"若此之类,并于一简中叠用"故"字、"是故"字、"故曰"字,弥见古人文气之厚。偶举此二则,以例其余。

《墨子·尚贤中篇》:"是以民皆劝其赏,畏其罚,相率而为贤者,以贤者众而不肖者寡。"按,"相率而为贤",绝句,"者"字乃"是"字之误,属下读;惟其相率而为贤,是以贤者众而不肖者寡也。两句叠用"是以"字,亦古书之恒例。今误作"相率而为贤者",则是民之相率为贤,以贤者众不肖者寡之故,义不可通矣。

语词复用例

古人用助语词,有两字同义而复用者。《左传》:"一薰一莸,十年尚犹有臭。"尚,即犹也。《礼记》:"人喜则斯陶。"斯,即则也。此顾氏炎武说。"何"谓之"庸何"。文十八年《左传》:"人夺女妻而不怒,一抶汝,庸何伤?"庸,亦何也。"讵"谓之"庸讵"。《庄子·齐物论篇》:"庸讵知吾所谓知之非不知邪? 庸讵知吾所谓不知之非知

邪?"庸,亦讵也。"安"谓之"庸安"。《荀子·宥坐篇》:"女庸安知
吾不得之桑落之下?"庸,亦安也。"孰"谓之"庸孰"。《大戴记·曾
子制言篇》:"庸孰能亲汝乎?"庸,亦孰也。此王氏引之说。

《尚书·秦誓篇》:"尚犹询兹黄发。"言"尚"又言"犹"。《礼
记·三年问篇》:"然后乃能去之。"言"然后"又言"乃"。《庄子·逍
遥游篇》:"而后乃今将图南。"言"而后"又言"乃"。《史记·商君
传》:"乃遂去之秦。"言"乃"又言"遂"。《汉书·食货志》:"天下大
氐无虑皆铸金钱矣。"言"大氐"又言"无虑"。

《管子·山国轨篇》曰:"此若言何谓也?"《地数篇》曰:"此若言
可得闻乎?"《轻重丁篇》曰:"此若言曷谓也?"言"此"又言"若",若
亦此也。后人不达古语,有失其读者,有误其文者。《礼记·曾子
问篇》:"以此若义也。"郑君读"以此"为句,"若义也"为句,则失其
读矣。《荀子·儒效篇》:"行一不义,杀一无罪,而得天下,不为也。
此若义信乎人矣。"今本"若"误作"君",则误其文矣,由不达古书用
助语之例也。

句中用虚字例

虚字乃语助之词,或用于句中,或用于首尾,本无一定;乃有句
中用虚字而实为变例者。如"螽斯羽",言螽羽也;"兔斯首",言兔
首也。《毛传》以"螽斯"为"斯螽",《郑笺》以"斯首"为"白首",均误
以语词为实义。辨见王氏《经传释词》。

《礼记·射义篇》,"又使公罔之裘。"《郑注》曰:"之,发声也。"

僖二十四年《左传》:"介之推不言禄。"杜《注》曰:"之,语助。"按于人名氏之中用语助,此亦句中用虚字之例也。

《尚书·君奭篇》,"迪惟前人光",犹云"惟迪前人光"也。故枚《传》曰:"但欲蹈行先王光大之道。"又曰,"天惟纯佑命",犹云"惟天纯佑命"也。故枚《传》曰:"惟天大佑助其王命。"乃经文不曰"惟迪"而曰"迪惟",不曰"惟天"而曰"天惟",此亦句中用虚字之例,乃古人文法之变也。

《诗·无羊篇》:"牧人乃梦:众维鱼矣,旐维旟矣。"按,"众维鱼矣"犹云"维众鱼矣","旐维旟矣"犹云"维旐旟矣",与《斯干篇》"吉梦维何? 维熊维罴,维虺维蛇"一律。彼"维"字用之句首,而此"维"字用之句中,乃古人文法之变也。后人不达此例,而异义横生矣。

上下文变换虚字例

古书有叠句成文而虚字不同者。《尚书·洪范篇》:"水曰润下,火曰炎上,木曰曲直,金曰从革,土爰稼穑。"上四句用"曰"字,下一句用"爰"字。爰,即曰也。《尔雅·释鱼篇》:"俯者灵,仰者谢,前弇诸果,后弇诸猎。"前两句用"者"字,后两句用"诸"字。诸,即者也。《史记·货殖传》:"智不足与权变,勇不足以决断,仁不能以取予。"上一句用"与"字,下二句用"以"字。与,即以也。《论语·述而篇》:"富而可求也,虽执鞭之士,吾亦为之。如不可求,从吾所好。"上句用"而"字,下句用"如"字。《孟子·离娄篇》:"文王视民如伤，望道而未之见。"上句用"如"字，下句用"而"字。而，即如也。《礼记·文王世子篇》："文王九十七乃终，武王九十三而终。"上句用"乃"字，下句用"而"字。而，即乃也。《盐铁论》："忠焉能勿诲乎？爱之而勿劳乎？"崔骃《大理箴》："或有忠能被害，或有孝而见残。"上句用"能"字，下句用"而"字。能，即而也。《墨子·明鬼篇》："非父则母，非兄而姒。"《史记·栾布传》："与楚则汉破，与汉而楚破。"上句用"则"字，下句用"而"字。而，即则也。

《周易·系辞传》："是故变化云为，吉事有祥。"按，《广雅·释诂》曰："云，有也。""变化云为"，即"变化有为"，与"吉事有祥"一律，特虚字不同耳。变化有为，故象事知器；吉事有祥，故占事知来。《正义》分变、化、云、为为四事，则与下文不属矣。《大戴记·哀公问五义篇》："口不能道善言，而志不邑邑。"按下句本作"志不而邑邑"，与上句"口不能道善言"一律，特虚字不同耳。而，即能也。《荀子·哀公篇》作"口不能道善言，心不知色色"。心，即志也。不知，即不能也。以彼证此，其义自见。浅人不知"而"与"能"通，改作"而志不邑邑"，则与上句不伦矣。又《诰志篇》："在国统民如恕，在家抚官而国。"按"恕"乃"孥"字之误。"在国统民如孥，在家抚官而国"，两句本一律，特虚字不同耳。而，亦如也。"统民如孥"，犹言爱民如子。孔氏广森作《补注》，不知"恕"字之误，乃欲互易其"如而"两字，为之说曰："君统民而能恕，大夫抚私臣如在国。"则两句不伦矣。《礼记·檀弓篇》："为尔哭也来者，拜之，知伯高而来者勿拜也。"按韦昭注《国语·周语》曰："知政，犹为政也。"高诱注《吕氏春秋·长见篇》曰："知，犹为也。"知伯高而来者，犹曰"为伯高而来者"，与"为尔哭也来者"相对成文，特虚字不同耳。《正义》曰，"若与伯高相知而来哭者"，则误解知字，而两句不一律矣。又："蚕则绩而蟹有匡，范则冠而蝉有緌，兄则死而子皋为之衰。"按，《孟子·滕文公篇·赵注》曰："为，有也。"是"有"与"为"义通。"蟹有匡"，即"蟹为匡"，"蝉有緌"，即"蝉为緌"，与"子皋为之衰"文义相同。以上两句喻下一句也，特虚字不同耳。注曰，"蜚兄死者，言其衰之不为兄死，如蟹有匡，蝉有緌，不为蚕之绩，范之冠也"，则与语意不合矣。

《尔雅·释诂》，"粤、于、爰，曰也"；而爰、粤、于三字，又训"於"，是"曰"、"於"义同。《礼记·礼运篇》，"其降曰命，其官於天也。"言其降于教命者，皆其法于天者也。上句用"曰"字，下句用"於"字，亦虚字变换之例。

尹知章注《管子·戒篇》曰："为，犹与也。"是"为""与"义同。《列子·仲尼篇》曰："无言与不言，无知与不知，亦言亦知。"按，上云"用无言、为言、亦言，无知、为知、亦知"，此承上文而更进一义，犹云"无言为不言，无知为不知，亦言亦知"也。上用"为"字，此用"与"字，亦虚字变换之例。

反言省乎字例

"嚚讼，可乎？""乎"字已见于《尧典》，是古书未尝不用"乎"字。然"乎"者语之余也，读者可以自得之。古文简质，往往有省"乎"字者。《尚书·西伯戡黎篇》，"我生不有命在天？"据《史记》则句末有"乎"字。《吕刑篇》，"何择非人？何敬非刑？何度非及？"《史记》作

"何择非其人,何敬非其刑,何居非其宜乎?"则亦当有"乎"字,皆
《经》文从省故也。

《老子》弟五章:"天地之间,其犹橐籥乎?"易州唐景龙二年刻
石本无"乎"字。弟十章:"抱一能无离乎? 专气致柔,能婴儿乎?
涤除玄览,能无疵乎? 爱民治国,能无知乎? 天门开辟,能无雌乎?
明白四达,能无为乎?"河上公本,此六句并无"乎"字。盖无"乎"字
者,古本也;有"乎"字者,后人以意加之也。七十七章:"是以圣人
为而不恃,功成而不处,其不欲见贤。"末句当云"其不欲见贤乎?"
文义始明。而各本皆未增加,犹《老子》原文也。

《逸周书·大戒篇》:"连官集乘,同忧若一,谋有不行。"按,"不
行"下亦当有"乎"字,"谋有不行乎?"言必行也。《太玄·唐次五》:
"奔鹿怀鼷,得不觜。"按,"得不觜"下亦当有"乎"字,"得不觜乎?"
范望《注》所谓"必肆诋毁于贤者"也。《法言·问明篇》:"凤鸟跄
跄,匪尧之庭。"按,"匪尧之庭"下,亦当有"乎"字。吴秘曰:"治则
见,非尧之庭乎?"是其义也。凡若此类,当善会之;虽不可增加,以
失古书之旧,然亦不可不知。读者毋以反言为正言,致与古人意旨
刺谬也。

助语用不字例

不者,弗也。自古及今,斯言未变,初无疑义。乃古人有用
"不"字作语词者,不善读之,则以正言为反言,而于作者之旨大谬
矣。斯例也,诗人之词尤多。《车攻篇》:"徒御不警,大庖不盈。"

《传》曰:"不警,警也;不盈,盈也。"《桑扈篇》:"不戢不难,受福不那。"《传》曰:"不戢,戢也;不难,难也。那,多也;不多,多也。"《文王篇》:"有周不显,帝命不时。"《传》曰:"不显,显也;不时,时也。"《生民篇》:"上帝不宁,不康禋祀。"《传》曰:"不宁,宁也;不康,康也。"《卷阿篇》:"矢诗不多。"《传》曰:"不多,多也。"凡若此类,《传》义已明且晢矣;乃毛公亦偶有不照者。如《思齐篇》:"肆戎疾不殄。"不,语词也。《传》曰,"大疾害人者,不绝之而自绝也",则误以"不"为实字矣。亦有毛《传》不误而郑《笺》误者。如《常棣篇》:"鄂不韡韡。"《传》曰:"鄂,犹鄂鄂然,言外发也。韡韡,光明也。"是"不"语词也。《笺》云,"不当为柎,古声同",则误以"不"为假字矣。王氏引之作《经传释词》,始一一辨正之,真空前绝后之学。今姑举数事,聊以见例,且补王氏所未及。

《杕杜篇》:"嗟行之人,胡不比焉?人无兄弟,胡不佽焉?"按:两"不"字皆语词。《尔雅》曰:"行,道也。"行之人,即道之人,犹《荀子·性恶篇》所谓"途之人"也。诗人之意,谓"彼道路之人,胡亲比之有?人无兄弟,胡佽助之有?"郑君不知两"不"字皆语词,乃云"女何不辅君为政令?"又云"何不相推佽而助之?"《正义》因言:"犹冀他人辅之。"上文明言"岂无他人,不如我同父?"乃冀他人辅助,失《诗》旨甚矣。

《东山篇》:"不可畏也,伊可怀也。"按,"不",语词,"伊",亦语词。言室中久无人,荒秽如此,可畏亦可怀也。《笺》云,"是不足可畏,乃可为忧思",则语意迂曲矣。

《狼跋篇》:"德音不瑕。"按,"不",语词,"瑕"与"遐"通,远也,言其德音之远也。《传》训"瑕"为"过",《笺》以"不可疵瑕"说之,均未达"不"字之旨。

《论语·微子篇》:"四体不勤,五谷不分。"按,两"不"字皆语词。丈人盖自言"惟四体是勤,五谷是分而已;安知尔所谓夫子?"若谓以"不勤"、"不分"责子路,则不情甚矣。安有萍水相逢,遽加面斥者乎?

也邪通用例

《论语》:"君子人与?君子人也。"朱《注》曰:"与,疑词;也,决词。"乃古人之文则有以"也"字为疑词者。陆氏《经典释文序》所谓"邪、也弗殊",是也。使不达此例,则以疑词为决词,而于古人之意大谬矣。今略举数事以见例,其已见于王氏《经传释词》者,不及焉。

《大戴记·本命篇》:"机其文之变也?其文变也。"按,"机"当作"几",而读为"岂",古书每以"几"为"岂"字。《荀子·荣辱篇》曰:"几直夫刍豢稻粱之县糟糠尔哉?"又曰:"几不甚善矣哉?"《大略篇》曰:"几为知计哉?"并其证也。"几其文之变也,其文变也。"上"也"字当读为"邪",此两句乃自为问答之词。

《论语·八佾篇》:"子入太庙,每事问。或曰:'孰谓鄹人之子知礼乎?入太庙,每事问。'子闻之曰:'是礼也?'"按,此章乃孔子叹鲁祭之非礼也。鲁僭礼之国,太庙之中,牺牲服器之等,必有不如礼者。子入太庙,每事问,所以讽也。或人不谕,反有孰谓知礼之讥,故夫子曰:"是礼也?""也"读为"邪",乃反诘之词,正见其非礼也。学者不达"也"、"邪"通用之例,以反言为正言,而此章之意全失矣。

《论语》中以"也"为"邪"者甚多："子张问十世可知也？""井有人焉其从之也？""岂若匹夫匹妇之为谅也？"诸"也"字并当读为"邪"。又如："事君尽礼，人以为谄也？"子曰："其事也？"两"也"字亦必读为"邪"，方得当日语气。以本字读之，则神味为之索然矣。

《孟子·万章篇》："《书》曰，'只载见瞽瞍，夔夔齐栗，瞽瞍亦允。'若是，为父不得而子也？"按：此节"瞽瞍亦允"四字为句，赵《注》所谓瞍亦信知舜之大孝也。"若是"二字为句。"为父不得而子也？""也"读为"邪"，乃诘问之辞，正所以破咸丘蒙之说。东晋《古文尚书》窃其语，入《大禹谟篇》，而以"允若"连文，盖由不达古语，故误读《孟子》。

《晏子春秋·谏上篇》："寡人出入不起，交举则先饮，礼也？""也"当读为"邪"，乃诘问晏子之词。

亦有应用"也"字而以"与"字代之者，使失其读，则正言若反矣。《礼记·祭义篇》："夫人曰：'此所以为君服与。'""与"即"也"字。世妇献茧，本以为君服，初无所疑，何待致问。下文："古之献茧者其率用此与。""与"亦"也"字，乃记人之解，以结上文言"古之献茧者"，其法用此也。郑不解"与"字之义，误以为问者之辞，《正义》并以为夫人致问，失经意甚矣。

虽唯通用例

《说文》，"虽，从虫，唯声"，凡声同之字，古得通用。然"虽"之与"唯",语气有别,不达古书通用之例,而以后世文理读之,则往往失其解矣。《礼记·表记篇》:"唯天子受命于天。"郑《注》曰:"唯当为虽。"此"虽""唯"通用之明见于经典者。今于王氏《释词》之外,举数事见例。

《尚书·洛诰篇》:"女惟冲子惟终。"按,《尚书》无"唯"字,今文作"维",古文作"惟",即"唯"字也。此句两"惟"字,上"惟"字当读为"虽"。"女虽冲子惟终",与《召诰》"有王虽小元子哉"文义正同。"终"读为"崇"。《君奭篇》:"其终出于不祥。"《马本》作"崇",是古字通用也。言女虽冲幼,然女位甚尊崇,故宜敬识百辟享也。又,《诗·抑篇》:"女虽湛乐从。"此"虽"字当读为"惟"。"女惟湛乐从",犹《尚书·无逸篇》曰"惟耽乐之从也"。枚《传》不知"女惟"之当作"女虽",郑《笺》不知"女虽"之当作"女惟",胥失之矣。

《论语·子罕篇》:"虽覆一篑;进,吾往也。"按,此"虽"字当读为"唯",言平地之上,唯覆一篑,极言其少;正与"未成一篑"相对成义。又,《乡党篇》:"肉虽多不使胜食气,唯酒无量不及乱。"按,此"唯"字当读为"虽",与上"肉虽多"一例。古书一简中上下异字,往往有之。"无量"即《仪礼》所谓"无算爵",言虽饮酒至无算爵之时,不及于乱也。《论语》此两篇正相连,而一"虽"字当读"唯",一"唯"字当读"虽",亦可见古书之难读矣。

《礼记·内则篇》:"夫妇之礼,唯及七十,同藏无间;故妾虽老,年未满五十,必与五日之御。"按,此《经》"唯"字当读为"虽",与"妾虽老"一例。一用"唯"字,一用"虽"字;犹《乡党篇》"肉虽多","唯酒无量",亦一用"唯"字,一用"虽"字也。夫妇之礼,虽及七十,同藏无间,明不以衰老而见疏;外妾则不必然矣,然虽老而未满五十,必与五日之御,亦不以衰老而见疏外也。两句一义,中间用"故"字承接,其义可见。郑《注》不知上"唯"字之当读为"虽",于是不得其解矣。

句尾用故字例

凡经传用"故"字,多在句首,乃亦有在句尾者。《礼记·礼运篇》:"则是无故,先王能修礼以达义,体信以达顺故。"此"故"字在句尾者也。下云:"此顺之实也。"郑《注》曰:"实,犹诚也,尽也。"《正义》于此节逐句分疏,而不别出"此顺之实也"句,但云"则是无故者,言致此上事,则是更无他故,由先王能修礼达义,体信达顺之诚尽,故致此也。"牵合下句解之,似尚失其读也。

《大戴记·曾子制言篇》:"今之所谓行者,犯其上,危其下,衡道而强立之,天下无道故。若天下有道,则有司之所求也。"王氏引之曰:"故字当属上读,言犯上危下之人,所以幸而免者,天下无道故也。若天下有道,则有司诛之矣。"按,王说是也。卢辩《注》误以"故若"二字为句,孔氏广森《补注》亦未能订正。

句首用焉字例

凡经传用"焉"字,多在句尾,乃亦有在句首者。《礼记·乡饮酒义》:"焉知其能和乐而不流也,焉知其能弟长而无遗矣,焉知其能安燕而不乱也。"刘氏台拱曰："三'焉'字皆当下属。'焉',语词,犹'于是'也。"按,王氏《释词》,"焉"字作"于是"解者数十事,文繁不具录。

《孟子·离娄篇》："圣人既竭目力,焉继之以规矩准绳,以为方员平直,不可胜用也。既竭耳力,焉继之以六律正五音,不可胜用也。既竭心思,焉继之以不忍人之政,而仁覆天下矣。"按:此三"焉"字亦当属下读,"焉"犹"于是"也。

古书发端之词例

凡发端之词,如《书》之用"曰"字,《诗》之用"诞"字,皆是也。乃有发端之词,与今绝异者,略举数事以见例。

"乃"者,承上之词也;而古人或用以发端,《尧典》"乃命羲和"是也。《周官·小司徒职》："乃颁比法于六乡之大夫,乃会万民之卒伍而用之,乃均土地以稽其人民而周知其数,乃经土地而井牧其田野,乃分地域而辨其守。"凡五段文字,皆以"乃"字领之。

"故"者,承上之词也;而古人亦或用以发端。《礼记·礼运篇》"故圣人参于天地,并于鬼神"以下,《正义》标"故圣至地也"为一节,"故君至其生"为一节,"故用至之变"为一节,"故圣至为之"为一节。又,"故人者其天地之德"以下,《正义》标"故人至气也"为一节,"故天至质也"为一节,"故人至为畜"为一节。又,"故先王秉蓍龟"以下,《正义》标"故先至有序"为一节,"故宗至至正"为一节,"故礼至藏也"为一节。又,"故礼义也者人之大端也"以下,《正义》

标"故礼至其礼"为一节,"故礼至以薄"为一节,"故圣至者尊"为一节,"故治至危也"为一节,"故礼至实也"为一节。是每节皆以故字发端。

"若夫"者,转语之词也;而古人或用以发端。王氏《释词》引《大戴记·卫将军文子篇》:"文子曰:'若夫知贤,人莫不难。'"《孝经》:"曾子曰:'若夫慈爱恭敬,安亲扬名,则闻命矣。'"并其证也。《礼记·曲礼篇》:"若夫坐如尸,立如齐。"刘原夫曰:"此乃《大戴礼·曾子事父母篇》之辞,曰:'孝子惟巧变,故父母安之。若夫坐如尸,立如齐,弗讯不言,言必齐色,此成人之善者也,未得为人子之道也。'此篇盖取彼文,而'若夫'二字失于删去,郑氏不知,乃谓此二句为丈夫之事,误矣。"按,郑君此注诚误,然谓失于删去,则记人亦所不受,盖在彼文用为转语,而在此文用为发端,原不必删也。

《礼记·中庸篇》"今夫天"一节,四用"今夫"为发端,此近人所习用者;乃或变其文为"今是"。《礼记·三年问篇》,"今是大鸟兽",《荀子·礼论篇》"今是"作"今夫"。《荀子·宥坐篇》,"今夫世之陵迟亦久矣",《韩诗外传》"今夫"作"今是",并其证也,王氏《释词》已及之。乃或又假"氏"为"是"而作"今氏"。《墨子·天志下篇》,上云"今是楚王食于楚之四境之内","今是"即"今夫"也;下云"今氏大国之君","今氏"即"今是",亦即"今夫"也。《礼记·曲礼篇》:"是职方。"郑《注》曰:"是或为氏。"《仪礼·觐礼篇》:"大史是右。"《注》曰:"古文是为氏。"盖"是""氏"古通用耳。"今是"之文,古书多有;"今氏"之文,惟此一见,而今本《墨子》"氏"上又衍"知"字,故虽王氏之博极群书,征引不及矣。

古书连及之词例

凡连及之词，或用"与"字，或用"及"字，此常语也。乃有其语稍别，后人遂失其解者，略举数事以见例。

《尔雅》曰，"于，於也"，而《尚书》每用为连及之词。《康诰篇》，"告女德之说于罚之行"，言告女德之说与罚之行也。《多方篇》，"不克敬于和"，言不克敬与和也。说本孔氏广森《卮言》、王氏引之《释词》。又，《吕刑篇》："罔中于信。""中"与"忠"通，"于"亦连及之词，言三苗之民皆无忠信也。枚《传》失其义，而前人亦未见及。又按此例，《毛诗》亦有之。《凫鹥篇》："公尸来燕来宗，既燕于宗，福禄攸降。"此"于"字亦连及之词。"来燕来宗，既燕于宗"二句相承，犹言既燕与宗也。郑《笺》不达，遂使上下两宗字异义，失之甚矣。《泮水篇》，"不吴不扬，不告于讻"，二句亦相承，犹云不吴不扬，不告与讻也。"告"读如嗥呼之"嗥"，"讻"犹"讻讻"，喧哗之声也。上句"不吴不扬"，《笺》云，"不谨哗，不大声；"此云"不告与讻"，义正相近，郑《笺》亦失其义。

《考工记注》："若，如也。"乃古人则又用为连及之词。《仪礼·燕礼篇》，"幂用绤若锡"，《礼记·投壶篇》，"矢用柘若棘"，皆是也。又或变其文曰"如"。《论语·先进篇》，"方六七十，如五六十"，又曰，"宗庙之事如会同"皆是也。"如"之与"若"，义本不殊，故连及之词，为"若"又为"如"矣。朱《注》曰："如，犹或也。"古无此义。

"之"字，古人亦或用为连及之词。《考工记》，"作其鳞之而"，文十一年《左传》,"皇父之二子",皆是也。《礼记·中庸篇》:"知远之近,知风之自,知微之显。"此三句自来不得其解。若谓远由于近,微由于显,则当云"知远之由于近,知微之由于显",文义方明;不得但云"远之近、微之显"也。且"风之自"句义不一例;"微之显"句亦与弟一句不伦,既云"远之近",则当云"显之微"矣。今按,此三"之"字皆连及之词。知远之近者,知远与近也;知微之显者,知微与显也。"知远之近,知风之自,知微之显,可与入德矣",犹《易·系辞传》云:"君子知微知彰,知柔知刚,万夫之望也。"然则"知风之自"句,当作何解?"风"读为"凡","风"字本从"凡"声,故得通用。《庄子·天地篇》:"愿先生之言其风也。""风"即"凡"字,犹云"言其大凡"也。"自"者"目"字之误。《周官·宰夫职》:"二曰师,掌官成以治凡;三曰司,掌官法以治目。"郑《注》曰:"治凡,若月计也;治目,若今日计也。"然则"凡"之与"目",事有巨细,故以对言,正与"远近""微显"一例。余著《群经平议》,未见及此,故于此发之。

"惟"字,古人亦用为连及之词。《禹贡篇》,"齿、革、羽、毛惟木"是也。《酒诰篇》,"尔大克羞耇惟君",此本承上文"奔走事厥考厥长"而言。耇,即考也;君,即长也;惟者,连及之辞。犹云"尔大克进献尔考与尔长"也。下文曰:"又惟殷之迪诸臣惟工。""臣惟工"与"耇惟长"一律。枚《传》曰:"女大能进老成人之道,则为君矣,"未达"惟"字之义。

卷　五

两字义同而衍例

古书有两字同义而误衍者。盖古书未有笺注，学者守其师说，口相传受，遂以训诂之字误入正文。《周官·亨人》："职外内饔之爨亨煮。"既言"亨"，又言"煮"，由古之经师相传，以此"亨"字乃"亨煮"之"亨"，而非"亨通"之"亨"，因误《经》文"爨亨"为"爨亨煮"矣。王氏念孙谓误始唐《石经》，非也。

《周易·履》六三《象传》："不足以与行也。"按，"以"字衍文。《传》文本云："眇能视，不足以有明也；跛能履，不足与行也。"古"与""以"二字通用。上句用"以"字，下句用"与"字，乃虚字变换之例，说见前。学者不知"与"字之即"以"字，而更加"以"字于"与"字之上，转为不辞矣。

隐元年《左传》："有文在其手曰：'为鲁夫人。'"按，"曰"字，衍文也。闵二年《传》，"有文在其手曰'友'"；昭元年《传》，"有文在其手曰'虞'"。彼传无"为"字，故有"曰"字；此传有"为"字，即不必有"曰"字。犹桓四年《公羊传》："一曰干豆，二曰宾客，三曰充君之庖。"《穀梁传》作"一为干豆，二为宾客，三为充君之庖"。有"为"字则无"曰"字,是其例也。"曰""为"并用,亦两字同义而误衍。

　　《国语·晋语》:"若无天乎? 云若有天,吾必胜之。"王氏念孙曰:"云字当在若字下,'若无天乎'为一句,'若云有天'为一句。"今按,王说是矣,而未尽也。古本盖止作"若无天乎? 若云天,吾必胜之。"云,即有也。《广雅·释诂》曰:"云,有也。"文二年《公羊传》曰:"大旱之日短而云灾,故以灾书。此不雨之日长而无灾,故以异书也。""云灾"、"无灾",相对为文,云灾,即有灾也。此以"无天"、"云天"相对为文,正与彼同。"云"、"有"二字同义而误衍,传写又误倒之耳。

　　《大戴记·五帝德篇》:"暗,昏忽之义。"按《大戴》原文本作"暗忽之义",与上文"上世之传,隐微之说"文法一律。其衍"昏"字书,暗,即昏也。《礼记·祭义篇·郑注》曰:"暗,昏时也。""暗"、"昏"二字同义而误衍。

　　《老子》弟六十八章:"是谓配天古之极。"按,《老子》原文当作"是谓配古之极",与上文"是谓不争之德,是谓用人之力"文法一律。其衍"天"字者,古即天也。《尚书·尧典·郑注》曰:"古,天也。""天"、"古"二字同义而误衍。

　　《晏子春秋·谏下篇》:"聋暗非害国家而如何也。"按"如"字衍文,"而何"即"如何",有"而"字不必更有"如"字。

　　《管子·君臣上篇》:"非兹是无以理人,非兹是无以生财。"按,"是"字衍文,"非兹"即"非是",有"兹"字不必更有"是"字。

　　《墨子·备城门篇》:"令吏民皆智知之。"按,智、知义同。《释名·释言语》曰:"智,知也。"《墨子》原文本作"令吏民皆智之"。传其学者谓此"智"字乃知识之"知",因相承而衍"知"字矣。《淮南子·人间篇》："晓然自以为智知存亡之枢机,祸福之门户。""知"字亦误衍,与《墨子》同。

两字形似而衍例

凡两字义同者,往往致衍,已见前矣。两字形似者,亦往往致衍。《荀子·仲尼篇》："求善处大重,理任大事,擅宠于万乘之国,必无后患之术。"按,"处大重""任大事"相对为文,"重"下不当有"理"字。杨《注》曰,"大重,谓大位也",亦不释理字之义。是"理"字衍文,盖即"重"字之误而衍者也。

《墨子·非攻下篇》："率不利和。"按,"利"字衍文,"率"乃"将率"之"率",言将率不和也。"利"即"和"字之误而衍者。

又,《天志下篇》："而况有逾人之墙垣,挋格人之子女者乎?"按"挋"字衍文,"格人之子女"与"逾人之墙垣"相对成文,"挋"即"垣"字之误而衍者。

《列子·说符篇》："今赵氏之德行无所施於积。"按,《吕氏春秋·慎大篇》无"施"字,"施"即"於"字之讹而衍也。

《韩非子·诡使篇》："名之所以成,城池之所以广者。"按,"池"乃"地"字之误,"名之所以成","地之所以广",相对成文,不当有城字,"城"即"成"字之讹而衍也。

《吕氏春秋·安死篇》："此言不知邻类也。"按,《听言篇》曰"乃不知类矣",《达郁篇》曰"不知类耳",并无"邻"字。此云"邻类",义不可通。"邻"即"类"字之讹而衍也。

《商子·兵守篇》："四战之国，好举兴兵以距四邻者国危。""举"字即"兴"字之误而衍。《管子·事语篇》："彼壤狭而欲举与大国争者。""举"字即"与"字之误而衍。《吕氏春秋·异宝篇》："其主俗主也，不足与举。""举"字亦即"与"字之误而衍。《淮南子·泰族篇》："夫欲治之主不世出，而可与兴治之臣不万一。""兴"字亦即"与"字之误而衍。

《春秋繁露·考功名篇》："其先比二三分以为上中下以考进退。"按一句中因误而衍者二字。"比"即上"先"字之误，"二"即下"三"字之误。

《太玄·永次四》："子序不序。"按，上"序"字即上"子"字之误而衍者。王《注》云："子而不居子之次序。"是王涯本正作"子不序"也。又，《居次三》："长幼序序子克父。"按，下"序"字即下"子"字之误而衍者。宋、陆、王本并作"长幼序子克父"，独范望本衍一"序"字。

涉上下文而衍例

古书有涉上下而误衍者。《既济·象辞》："亨小利贞。""小"字衍文，涉下文《未济》"亨小狐汔济"而误衍也。《礼记·檀弓篇》，"礼有微情者，有以故兴物者，有直情而径行者"，弟三句"有"字衍文。"有微情者，有以故兴物者"，皆礼之所有；"直情而径行者"，戎狄之道也，本非礼之所有，安得言有乎？此"有"字涉上两"有"字而误衍也。

　　《周书·大匡篇》："乐不墙合。"按，墙、合二字无义，涉下句"墙屋有补无作"之文，误衍"墙"字也。卢氏文弨以宫县释之，则曲说矣。

　　《管子·正篇》："能服信政，此谓正纪；能服日新，此谓行理。"按，上文云："立常行政，能服信乎？ 中和慎敬，能日新乎？"此承上文而言，当作"能服信，此谓正纪；能日新，此谓行理"。上句政字，涉上文"临政官民"而衍；下句服字，即涉上句"能服信"而衍。

　　《墨子·尚同下篇》："故又使国君选其国之义，以义尚同于天子。"下"义"字涉上"义"字而衍，以上下文证之可见。

　　《吕氏春秋·侈乐篇》："遂而不返，制乎嗜欲；制乎嗜欲无穷，则必失其天矣。"下"制乎"字，涉上"制乎"字而衍。《适威篇》："子阳极也，好严有过；而折弓者恐必死，遂应猘狗而弑子阳，极也。"上"极也"字涉下"极也"字而衍。《壹行篇》："陵上巨木，人以为期，易知故也，又况于士乎？ 士义可知故也，则期为必矣。"下"故也"字涉上"故也"字而衍。又，《遇合篇》曰："客有进状，有恶其名，言有恶状。"按，此十二字中衍三字，皆涉上下文而误衍者也。"客"字下，涉下而衍"有"字；"其"字下，涉上文"楚王怪其名"句而衍"名"字；末"状"字亦涉上而衍。《吕氏》原文本作"客进状有恶，其言有恶"，两"有"字均读为"又"。"状又恶，其言又恶"，即下文所谓"恶足以骇人，言足以丧国"也。今多衍字，致不可解，此古书之所以难读也。

涉注文而衍例

古书有涉注文而误衍者。《诗·丘中有麻篇》："将其来施。"《传》曰："施施，难进之貌。"《笺》云："施施，舒行伺闲，独来见己之貌。"按《经》文止一"施"字，而《传》、《笺》并以"施施"释之，此以重言释一言之例，说见前。今作"将其来施施"，即涉《传》、《笺》而误衍下"施"字。《颜氏家训·书证篇》曰："江南旧本悉单为'施'。"

《大戴记·曾子制言篇》："其功守之义，有知之则愿也，莫之知苟吾自知也。"按，"其功守之义"五字，乃卢《注》之误入正文者，孔本、阮本均已订正。

《礼记·檀弓篇》："望反诸幽，求诸鬼神之道也。"按"反"字衍文。据《正义》曰："望诸幽者，求诸鬼神之道也。"是《记》文本无"反"字，乃涉上注文"庶几其精气之反"因而误衍。又，《缁衣篇》："毋以嬖御士疾庄士大夫卿士。"注曰："庄士亦谓士之齐庄得礼者，今为大夫卿士。"按，《礼记》原文本作"毋以嬖御士疾庄士"，与上文"毋以嬖御人疾庄后"一律。郑《注》："今为大夫卿士。"本作"或为大夫卿士"。盖别本有作"毋以嬖御士疾大夫卿士"者，故郑记其异也。今正文作"庄士大夫卿士"，即涉注文而衍；又改注文"或为"作"今为"，而《正义》从而为之辞，失之甚矣。

《商子·垦令篇》："奸民无主，则为奸不勉；为奸不勉，则奸民无朴；奸民无朴，则农民不败。"郑家本于"奸民无朴"下，有"朴根株也"四字，乃旧解之误入正文者。

《韩非子·难三篇》："且夫物众而智寡，寡不胜众，智不足以遍知物，故则因物以治物；下众而上寡，寡不胜众者，言君不足以遍知臣也，故因人以知人。"按《韩非》原文本作"且夫物众而智寡，寡不胜众，故因物以治物；下众而上寡，寡不胜众，故因人以知人"。旧注于上句"寡不胜众"云："言智不足以遍知物也。"于下句"寡不胜众"云："言君不足以遍知臣也。"传写误入正文，而又有错误，遂不可读。

涉注文而误例

《考工记·梓人》："强饮强食，诒女曾孙诸侯百福。"《注》曰："曾孙诸侯，谓女后世为诸侯者。"按，正文"诸侯"当作"侯氏"，此以"诒女曾孙侯氏百福"八字为句。《大戴记·投壶篇》载此辞曰："强食食尔曾孙侯氏百福。"虽文有夺误，而正作"曾孙侯氏百福"可证也。郑君此注，本云："曾孙侯氏，谓女后世为诸侯者。"正文"侯氏"，涉注文而误作"诸侯"，于是并改注文亦作"曾孙诸侯"矣。

《韩非子·外储说左篇》："吾父独冬不失袴。"旧注曰："刖足者不衣袴，虽终其冬夏，无所损失也。"按，正文本作"吾父独终不失袴"，故注以"终其冬夏无所损失"释之。今作"冬不失袴"，即涉注文而误"终"为"冬"，此皆涉注而误者也。

以注说改正文例

　　段氏玉裁曰："《司巫》：'祭祀则共匣主，及道布，及钼馆。'杜子春云：'钼读为藏。藏，藉也。'书或为'藏'。今本改云：'藏读为钼。钼，藉也。'则不可通。《蜮氏》：'下士一人。'郑司农云：'蜮读为蜎。蜎，虾蟆也。'今本改云：'蜎读为蜮；蜮，虾蟆也。'则不可通。《土驯》，郑司农云：'驯读为训，谓以远方土地所生异物告道王也。'今本改云：'训读为驯。'则不可通。《祭统》：'铺筵设诃儿。'郑《注》：'诃之言同也。'今本改'同之言诃'，以易识之字更为难字，则不可通。《穆天子传》：'道里悠远，山川谏之。'郭《注》：'谏音间。'是即读'谏'为'间'，明假借法也。今作'间音谏'，则非。《西京赋》：'乌获缸鼎。'李善《注》曰：'《说文》，扛，横关对举也。缸与扛同。'《吴都赋》：'览将帅之权勇。'李《注》：'《毛诗》曰："无拳无勇。""权"与"拳"同。'今本正文作'扛'作'拳'，注文又讹舛而不可通。以上诸条，皆因先用注说改正文，又用已改之正文改注，于是字与义不谋，上与下不贯矣。"按段氏此论，前人所未发，读古书者不可不知也。

　　《周易·坤》："初六，履霜。"《释文》曰："郑读履为礼。"按，履霜之义，明白无疑，郑读为"礼"，义不可通。疑郑氏所据本作"礼霜"，郑《注》则曰"礼读为履"，破假字而读以本字也。后人用《注》说改《经》，又以既改之《经》文改《注》，而陆氏承其误耳。

　　《周官·男巫》："春招弭以除疾病。"《注》曰："杜子春读弭如弥兵之弥。"按，经文"弭"字当作"弥"，注文"弥"字当作"弭"，盖《经》

文作"弥"，而杜子春读为弭兵之"弭"，《左传》"弭兵"字，作"弭"不作"弥"也。后人以《注》说改《经》文，遂改《注》文作"弥兵"，而义不可通矣。

以旁记字入正文例

王氏念孙曰："书传多有旁记之字误入正文者。《赵策》：'夫董阏于，简主之才臣也。''阏'与'安'，古同声，即董安于也。后人旁记'安'字，而写者并存之，遂作'董阏安于'。《史记·历书》：'端蒙者，年名也。'端蒙，旃蒙也。后人旁记'旃'字，而写者并存之，遂作'端旃蒙'。《刺客传》：'臣欲使人刺之，众莫能就。'众者，终之借字也。后人旁记'终'字，而写者并存之，遂作'众终莫能就'。《汉书·翟方进传》：'民仪九万夫。''仪'与'献'，古同声，即民献也。后人旁记'献'字，而写者并存之，遂作'民献仪九万夫'。"按，此皆旁记字之误入正文者也。

《周书·命训篇》："通道通天以正人。"按，下文云："正人莫如有极，道天莫如无极。道天有极则不威，不威则不昭；正人无极则不信，不信则不行。"皆以"道天"、"正人"对举。然则此文当作"道天以正人"。襄三十一年《左传·注》、《荀子·礼论篇·注》，并曰："道，通也。"道天以正人，即通天以正人。疑他本或有作"通"字者，后人旁记于此，传写误入正文，则为"道通天以正人"，文不成义，乃又于"道"上加"通"字耳。

《国语·晋语》："不可以封国。"按，"国"字衍文。《楚语》曰：

"其生不殖,不可以封。"韦《注》曰:"封,国也。"此作"不可以封国"者,盖由别本作"国",后人旁记于此而误羼入也。

《管子·版法解篇》:"故莫不得其职姓。"按,"得职"犹"得所"。《汉书·赵广汉传》:"小民得职。"是其义也。职姓连文,甚为不辞。姓者,"性"字之误;得其性,即得其职也。此亦后人旁记异文而误合之也。《明法解篇》:"孤寡老弱不失其所职。""所职"二字,亦为不辞,误与此同。

《荀子·礼论篇》:"大路之素未集也。"杨《注》曰:"未集,不集丹漆也。"此说于义未足,殆非也。"未"当为本末之"末"。素末是一事,素集是一事,亦写者旁记异文而误合之也。"末"者"幭"之假字。上文"丝末",杨《注》"末"与"幭"同,是其证。《大戴记·礼三本篇》作"素幭","幭"与"幭"同。《荀子》作"末"之本,与《大戴记》合。"集者","帱"之假字。"集"音转而为"就",《诗·小旻篇》,与犹、咎、道为韵,是其证。故"集"字得读为"帱",《史记·礼书》正作"素帱",《荀子》作"集"之本,与《史记》合。

《墨子·杂守篇》:"守节出入,使主节必疏书,署其情,令若其事。而须其还报,以剑验之。"剑、验二字不可通。《墨子》原文,盖止作"剑之"。假"剑"为"验","剑之"即"验之"也。《韩非子·外储说左上篇》:"以马为不进尽,释车而走。"进、尽二字不可通。《韩非子》原文,盖止作"不尽"。假"尽"为"进","不尽"即"不进"也。凡此皆后人旁记异文而误入之,与义同误衍之例,可以参观。

因误衍而误删例

凡有衍字,宜从删削,乃有删削不当,反失其本真者,《周易·升·象传》:"君子以顺德,积小以高大。"《释文》曰:"以高大,本或作以成高大。"按,此本作"积小以成大",《正义》所谓"积其小善以成大名"也。后误衍"高"字而作"积小以成高大",则累于辞矣。校者不知"高"字之衍而误删"成"字,此删削不当而失其本真者也。

《淮南子·道应篇》:"洞洞属属而将不能,恐失之。"高《注》曰:"而将不能胜之,恐失之。"按,正文本作"而将不能胜之","而"与"如",古通用,谓"如将不能胜之"也。高《注》"恐失之"三字,正解"如不能胜之"义。此三字误入正文,校者反删去"胜之"二字,亦删之不当者也。

因误衍而误倒例

校古书者卤莽灭裂,有遇衍字不加删削,而以意移易使成文理者。《大戴记·哀公问于孔子篇》:"君何以谓已重焉?"此本作"君何谓以重焉"。"以重"即"已重","以"、"已"古字通也。后人据《小戴记》作"已重",旁记"已"字,因而误入正文,校者不知删削,乃移"以"字于"谓"字之上,使成文理。此因误衍而误倒者也。

杨子《太玄·玄莹篇》:"啧情也,抽理也,莹事也,昭君子之道

也。"按上文云："阴阳所以抽啧也,从横所以莹理也,明晦所以昭事
也。"此当云"抽啧也,莹理也,昭事也",方与上合。今"抽啧"误作
"啧情","情"字盖即"啧"字之误而衍者。于是移"抽"字以易下句
"莹"字,而"莹理"误作"抽理"矣。又移"莹"字以易下句"昭"字,而
"昭事"误作"莹事"矣。至"昭"字无可易,乃移置下句之首,而"君
子之道也"误作"昭君子之道也"。盖因一字之误衍,而遂使诸字以
次而叠降,以此校书,亦可云不惮烦矣。

因误夺而误补例

凡有夺字则当校补;乃有校补不当,以至补非其字者。《大戴
记·曾子立事篇》:"多知而无亲,博学而无方,好多而无定者,君子
弗与也。"按,下文云:"君子多知而择焉,博学而算焉,多言而慎
焉。"据此,则本文"好多"二字亦当作"多言",校者因夺"言"字而误
补"好"字,此校补之不当者也。又《曾子本孝篇》:"庶人之孝也以
力恶食。"按,"以力恶食"本作"以任善食",卢《注》所谓"分地任力
致甘美"是也。今"任善"二字,误移在下句之首,作"任善不敢臣三
德",甚为无义,可知其误。此文因夺"任善"二字而误补"力恶"二
字,亦校补之不当者也。

《尔雅·释草》:"中馗菌,小者菌。"《注》于上句曰:"地蕈也,似
盖。今江东名为土菌,亦曰馗厨,可啖之。"又,《注》下句曰:"大小
异名。"按,中馗谓之菌,小者又谓之菌,何以见大小之异名乎? 据
《说文·草部》:"菌,地蕈也。"疑古本《尔雅》作"中馗地蕈小者菌"。

故《说文》即以地蕈说菌,盖对文别而散文通也。因正文夺"地蕈"二字,校者据注中"土菌"之文臆补"菌"字,而大小异名者,转若大小同名矣。《注》文"地蕈似盖"句,本无"也"字,乃举正文地蕈而释之。今正文夺"地蕈"字,而误补"菌"字,则"地蕈"字于正文无见,乃增注文作"地蕈也",而其误不可复正矣。

因误字而误改例

凡遇误字则宜改正,乃有改之不得其字而益以成误者。《周书·谥法篇》:"纯行不二曰定。"按,此本作"纯行不忒曰定"。古书"忒"字,或以"贰"字为之。《尚书·洪范篇》"衍忒",《史记·宋世家》作"衍贰",是其证也。"贰"讹作"贰",后人因改作"二"矣。又,《史记篇》:"奉孤而专命者,谋主必畏其威而疑其前事。"按,"谋主"二字不可晓,当作"其主",言其主必畏而疑之也。"其"误作"某",后人因改作"谋"矣。此皆因误字而误改,益以成误者也。

《管子·霸言篇》:"故贵为天子,富有天下,而伐不谓贪者,其大计存也。"按,"伐"乃"代"字之误。《管子》原文本作"世不谓贪",言一世之人不以为贪也。唐人避讳,改"世"为"代",后人传写又误"代"为"伐"。

《荀子·非相篇》:"传者久则论略,近则论详。"按:两"论"字皆"俞"字之误。"俞"读为"愈",古字通用,见本书《荣辱篇·注》。《韩诗外传》正作"久则愈略,近则愈详",可证也。"俞"字误作"侖",校者又误改作"論"。

《韩非子·主道篇》："是以不言善应,不约而善增。"按,《道藏》本、赵用贤本,"不言"下皆有"而"字,当从之。"增"乃"會"字之误。"不言而善应",语本《老子》。"不约而善會",亦即《老子》所谓"善结无绳约而不可解"也。善會,犹善结也。"會"字误作"曾",校者又误改作"增"。

一字误为二字例

古书有一字误为二字者。《礼记·祭义篇》："见间以俠甋。"《郑注》曰:"'见间'当为'觌'。"《史记·蔡泽传》："吾持粱刺齿肥。"《索隐》曰:"'刺齿肥'当为'齧肥'。'"《孟子·公孙丑篇》："必有事焉而勿正心。"《日知录》载倪文节之语,谓当作"必有事焉而勿忘"。

《礼记·缁衣篇》："信以结之,则民不倍;恭以莅之,则民有孙心。"惠氏栋《九经古义》谓:"孙心"当作"愻"。《说文》："愻,顺也。《书》云:'五品不愻。'"今文《尚书》作"训",古文《尚书》作"愻",今孔氏本作"孙",卫包又改作"逊",古字亡矣,《缁衣》犹存古字耳。

《尚书·多方篇》："我有周惟其大介赉尔。"按,枚氏因"大介"连文,而以"大大赐汝"释之,不词甚矣。《说文·大部》："乔,大也。从大,介声,读若盖。"凡经传训大之介,皆其假字也。此《经》疑用本字,其文曰："我有周惟其乔赉尔。"乔赉,即大赉也。后人罕见"乔"字,遂误分为"大介"二字。

《国语·晋语》："吾观晋公子,贤人也。其从者,皆国相也。以相一人,必得晋国。"按,僖二十三年《左传》曰:"吾观晋公子之从者，皆足以相国；若以相，夫子必反其国。"疑此文"一人"二字乃"夫"字之误。"以相"绝句，即《左传》所谓"若以相"也。"夫必得晋国"绝句，即《左传》所谓"夫子必反其国"也。"夫"者指目其人之辞，说详襄二十三年《左传正义》。今误作"一人"二字，义不可通矣。

二字误为一字例

古书亦有二字误合为一字者。襄九年《左传》："闰月。"杜《注》曰："'闰月'当为'门五日'，'五'字上与'门'合为'闰'，则后学者自然转'日'为'月'。"按，古钟鼎文往往有两字合书者，如《石鼓文》"小鱼"作"雀"，散氏《铜盘铭》"小子"作"⿱小子"是也。古人作字，但取疏密相间，经典传写，则遂并为一字矣。

《礼记·檀弓篇》："从母之夫，舅之妻，二夫人相为服。"按，"夫"字衍文也，"二人"两字误合为"夫"字，学者旁识"二人"两字以正其误，而传写误合之，遂成"二夫人"矣。《国语》"夫"字误分为"一人"二字，《檀弓》"二人"字误合为"夫"字，甚矣古书之难读也！

《淮南子·说林篇》："狂者伤人，莫之怨也；婴儿詈老，莫之疾也；贼心䇡。"陈氏观楼曰："'䇡'字当为'亡也'二字之讹。亡，无也。言狂者与婴儿，皆无贼害之心，故人莫之怨也。"按，此亦二字合为一字者。又，《人间篇》："孙叔敖病疽将死。"按，"病"字"将"字并衍文也。"疽"字乃"广且"二字之误。《说文·广部》："广，痫也。人有疾痛，象倚箸之形。"朱氏骏声谓："广乃疾病之本字。疾字，从矢，疒声，乃疾速之本字。后人假'疾'为'疒'而疒废矣。"愚按，其说是也。"孙叔敖疒且死"，犹云"孙叔敖疾且死"也。其事亦见《列子·说符篇》《吕氏春秋·异宝篇》，并作"孙叔敖疾将死"。将，犹且也。彼作"疾"，此作"疒"，古今字耳。因"疒且"二字误合为"疸"字，后人乃于上加"病"字，下加"将"字，失之矣。又《修务篇》："琴或拨剌枉桡，阔解漏越，而称以楚庄之琴，侧室争鼓之。"高《注》曰："'侧室'或作'庙堂'"。按，"侧室"及"庙堂"均无义。疑《淮南》原文本作"则尚士争鼓之"。"尚"与"上"通，尚士，即上士也。《考工记》："桃氏为剑，弓人为弓。"并有"上士服之"之文。故此言琴，亦曰"上士鼓之"也。上文曰："今剑或绝侧赢文，龆缺卷铦，而称以顷襄之剑，则贵人争带之。"两文相对，此曰"则上士争鼓之"，犹彼曰"则贵人争带之"也。因假"尚"为"上"，而"尚士"二字误合为"堂"字，浅人因改"则"字为"庙"字，高所见或本是也。又因古本实是"则"字，遂改"堂"字为"室"字，而加人旁于"则"字之左，使成"侧"字，高所据本是也。展转致误，而要皆由于"尚士"二字之误合为"堂"字，所宜悉心校正也。

重文作二画而致误例

古人遇重文，止于字下加二画以识之，传写乃有致误者。如《诗·硕鼠篇》："逝将去女，适彼乐土；乐土乐土，爰得我所。"《韩诗外传》两引此文，并作"逝将去女，适彼乐土；适彼乐土，爰得我所"。又引次章亦云："逝将去女，适彼乐国；适彼乐国，爰得我直。"此当以《韩诗》为正。《诗》中叠句成文者甚多。如《中谷有蓷篇》叠"慨其叹矣"两句,《丘中有麻篇》叠"彼留子嗟"两句,皆是也。毛、韩本当不异。因叠句从省不书,止作"适＝彼＝乐＝土＝",传写误作"乐土乐土"耳。下二章同此。

《庄子·胠箧篇》:"故田成子有乎盗贼之名,而身处尧、舜之安,小国不敢非,大国不敢诛,十二世有齐国。"《释文》曰:"自敬仲至庄子,九世知齐政;自太公和至威王,三世为齐侯,故云十二世。"按,此说非也。本文是说田成子,不当追从敬仲数起。《庄子》原文,本作"世世有齐国",言自田成子之后,世有齐国也。古书重文从省不书,止于字下作"＝"识之,应作"世＝有齐国";传写误倒之,则为"二世有齐国",于是其文不可通。而从田成子追数至敬仲,适得十二世,遂臆加"十"字于其上耳。

重文不省而致误例

亦有遇重文不作二画,实书其字而致误者。《周书·典宝篇》:"一孝子畏哉,乃不乱谋。"按,本作"一孝,句孝畏哉,乃不乱谋"。犹下文曰:"二悌,悌乃知序。""悌"下叠"悌"字,则"孝"下必叠"孝"字矣。今作"孝子畏哉","子"即"孝"字之误也。又下文曰:"三慈惠,兹知长幼。"当作"三慈惠,慈惠知长幼"。"慈惠"下叠"慈惠"字,犹"孝"下叠"孝"字,"悌"下叠"悌"字也。今作"兹知长幼","兹"即"慈"字之误也。此皆重文不省,而转以致误者也。

阙字作空围而致误例

校书遇有缺字，不敢臆补，乃作□以识之，亦阙疑之意也。乃传写有因此致误者。《大戴记·武王践阼篇》："机之铭曰：'皇皇惟敬，口生诟，口戕口。'"卢《注》曰："诟，耻也。言为君子荣辱之主，可不慎乎？诟，诟詈也。"孔氏广森《补注》曰："诟有两训，疑记文本作'诟生诟'，故卢意谓君有诟耻之言，则致人之诟詈也。"按，此说是也。惟其由诟生诟，故谓之"口戕口"。今作"口生诟"者，盖传写夺"诟"字，校者作空围以记之，则为"□生诟"，遂误作"口生诟"矣。

本无阙文而误加空围例

亦有本无阙文而传写误加空围者。《周书·寤儆篇》："欲与无□则，欲攻无庸，以王不足。"按，此三句本无阙文，"欲与无则，欲攻无庸，以王不足"，皆四字为句。言欲与之而无则，欲攻之而无庸，以王则不足也。下文周公之言曰："奉若稽古维王，克明三德维则，戚和远人维庸。"正对此三句而言。浅人不知"无则、无庸"相对成文，而以"则"字属下句，因疑"欲与无"下尚有阙文，乃作□以识之耳。又，《本典篇》："能求士□者，智也；与民利者，仁也。"按两句一律，上句不当有阙文，误加空围，宜删。又，《官人篇》："问则不对，佯为不穷，□貌而有余。"按，貌上本无阙文，"而"读为"如"，貌如有余，即所谓佯为不穷也。误加空围，亦宜删。又云："有知而言弗发，有施而□弗德。"按，此文本作"有知而弗发，有施而弗德"。"发"读为"伐"，古字通用。"有知而弗伐，有施而弗德"，皆五字为句。上句本无"言"字，下句亦无阙文。学者不知"发"与"伐"同，而臆加"言"字，则下句少一字矣，因作空围以识之也，亦宜删。以上三条，并见王氏念孙《读书杂志》。

卷　六

上下两句互误例

古书有上下两句平列，而传写互误其字者。《诗·江汉篇》："江汉浮浮，武夫滔滔。"王氏引之曰："当作'江汉滔滔，武夫浮浮。'"《小雅·四月篇》："滔滔江汉。"此云"江汉滔滔"，义与彼同。"浮"与"儦"声义相近，"江汉滔滔，武夫浮浮"，犹《齐风·载驱篇》"汶水滔滔，行人儦儦"也。写《经》者"滔滔"、"浮浮"上下互讹，后人又改《传》、《笺》以从之，莫能是正矣。说见《经义述闻》。

《礼记·明堂位篇》："夏后氏之四琏，殷之六瑚。"按包咸、郑玄注《论语》，贾逵、服虔、杜预注《左传》，皆云："夏曰瑚，殷曰琏。"与此不同。据《论语》云："瑚琏也。"先瑚后琏，则瑚属夏而琏属殷，明矣。若是夏琏殷瑚，当云"琏瑚"，不当云"瑚琏"也，盖记文传写误倒耳。

《周书·大聚篇》："立勤人以职孤，立正长于顺幼。"按，此当作"立正长以勤人，立职孤以顺幼"。盖立正长所以勤民事，而立职孤所以使幼者得遂其生也。正长也，职孤也，皆其名也；勤人也，顺幼也，皆其事也。“立职孤以顺幼”，与下句“立职丧以恤死”，文法正同，传写误倒，失其义矣。

《尔雅·释木》：“唐棣，栘。常棣，棣。”按：《诗·何彼襛矣篇》、《采薇篇》，毛《传》说“唐棣”、“常棣”，均与《尔雅》合。《晨风篇·传》：“棣，唐棣也。”则与《尔雅》异，此必有一误。而《兼明书》引孔氏《论语解》曰：“唐棣，棣也。”亦与《晨风·传》同。《玉篇·木部》：“樘，徒郎切，棣也。”“樘”即“唐”字，疑毛《传》当以《晨风》为正，余篇乃后人据《尔雅》改之。其实《尔雅》之文，本作“唐棣，棣。常棣，栘”。今本传写互易，非其旧也。《尔雅》一书，训释名物，尤易混淆。《释山》：“多草木岵，无草木峐。”《诗·陟岵篇·毛传》曰：“山无草木曰岵，山有草木曰屺。”又：“石戴土谓之崔嵬，土戴石为砠。”《卷耳篇·毛传》曰：“崔嵬，土山之戴石者。石山戴土曰砠。”其义并与《尔雅》相反。《正义》谓“传写误”也。《释天》：“春为苍天，夏为昊天。”《书·尧典·正义》曰：“郑玄读《尔雅》曰：‘春为昊天，夏为苍天。’”则《尔雅》一书之传述不同，自昔然矣。

《周官·职方氏》：“正南曰荆州，其浸颍湛。”郑《注》曰：“颍水出阳城，宜属豫州，在此非也。”“河南曰豫州，其浸波溠。”《注》曰：“《春秋传》：‘除道梁溠，营军临随。’则溠宜属荆州，在此非也。”盖荆、豫二州相次，传写误倒之耳。凡此之类，安得有如郑君之卓识悉为考定哉？

《论语·季氏篇》：“不患寡而患不均，不患贫而患不安。”按，寡、贫二字，传写互易，此本作“不患贫而患不均，不患寡而患不安”。“贫”以财言，“不均”亦以财言，不均则不如无财矣，故“不患贫而患不均”也。“寡”以人言，“不安”亦以人言，不安则不如无人矣,故"不患寡而患不安"也。《春秋繁露·度制篇》引孔子曰"不患贫而患不均",可据以订正。

《管子·八观篇》:"万家以下,则就山泽可矣;万家以上,则去山泽可矣。"按,下、上二字,传写互易。上云:"万家之众,可食之地,方五十里,可以为足矣。"是方五十里之地,可食万家之众。然万家或有盈绌,故此又分别言之:"若在万家以上,则宜兼就山泽之地;若在万家以下,则山泽之地可去。"如今本义不可通,所宜订正。

《老子》弟十章:"爱民治国,能无知乎?"又曰:"明白四达,能无为乎?"按,上句当作"无为",下句当作"无知"。爱民治国,能无为乎? 即所谓"取天下当以无事"也。明白四达,能无知乎? 即所谓"知其白,守其黑"也。易州唐景龙二年刻石本正如此,而王弼本误倒之。至河上公本,两句皆作"无知",则词复矣。

《淮南子·天文篇》:"日冬至则水从之,日夏至则火从之,故五月火正而水漏,十一月水正而阴胜。"按,日冬至则水从之,日夏至则火从之,水、火二字当互易。冬至一阳生,故日冬至而火从之也;夏至一阴生,故日夏至而水从之也。"五月火正而水漏",正说"夏至水从之"之义;言五月火方用事,而水气已渗漏也。"十一月水正而阴胜","阴"乃"火"字之误,"胜"字当读为"升"。"胜"、"升"古通用,谓十一月水方用事,而火气已上升也,正说"冬至火从之"之义,如此则与下文一贯矣。此亦上下两句互误者也。

上下两句易置例

古书凡三四句平列者，其先后本无深义，传写或从而易置之。《文选》干令升《晋纪总论》曰："太康之中，天下书同文，车同轨。"李善《注》引《礼记》："子曰：'今天下书同文，车同轨。'"视今本两句倒置，此或因正文而误。然《奏弹曹景宗文》曰："将一车书。"《曲水诗序》曰："合车书于南北。"《注》并引《礼记》曰："书同文，车同轨。"此则非因正文而然。疑李氏所据《礼记》与今不同也。

《论语·公冶长篇》："朋友信之，少者怀之。"《韩诗外传》引作"少者怀之，朋友信之。"《雍也篇》："知者乐水，仁者乐山。"李鼎祚《周易集解》引作"仁者乐山，知者乐水"。《泰伯篇》："启予足，启予手。"《魏书·崔光传》引作："启予手，启予足。""巍巍乎其有成功也，焕乎其有文章。"《后汉书·马融传·注》引作："焕乎其有文章，巍巍乎其有成功。""菲饮食而致孝乎鬼神，恶衣服而致美乎黻冕。"《文选·东京赋·注》引作："恶衣服而致美乎黻冕，菲饮食而致孝乎鬼神。"《乡党篇》："与下大夫言，侃侃如也；与上大夫言，訚訚如也。"《史记·孔子世家》作："与上大夫言，訚訚如也；与下大夫言，侃侃如也。"《先进篇》："言语宰我、子贡，政事冉有、季路。"《盐铁论》作："政事冉有、季路，言语宰我、子贡。""有民人焉，有社稷焉。"《论衡·问孔篇》作："有社稷焉，有民人焉。"《颜渊篇》："非礼勿视，非礼勿听，非礼勿言，非礼勿动。"《礼记·曲礼·正义》引作："非礼勿动，非礼勿言，非礼勿视，非礼勿听。"《子路篇》："父为子隐，子为父隐。"《韩诗外传》引作:"子为父隐,父为子隐。"《宪问篇》:"晋文公谲而不正,齐桓公正而不谲。"《风俗通·皇霸篇》引作:"齐桓公正而不谲,晋文公谲而不正。"《季氏篇》:"危而不持,颠而不扶。"《后汉书·安帝纪》引作:"颠而不扶,危而不持。"《子张篇》:"仕而优则学,学而优则仕。"《玉篇·人部》仕下引作:"学而优则仕,仕而优则学。"以上并见翟氏灏《论语考异》。按,即《论语》一书,而它书所引上下倒置者已不可胜计,则群经可知矣。虽于义理无甚得失,亦读古书者所宜知也。

《大戴记·礼三本篇》:"天地以合,四时以洽,日月以明,星辰以行。"按,"日月以明"当在"四时以洽"之上,自此至终篇,皆两句一韵也。《荀子·乐论》、《史记·乐书》,皆不误,可据以订正。又,《少闲篇》:"糟者犹糟,实者犹实,玉者犹玉,血者犹血,酒者犹酒。"按"酒者犹酒"句当在"糟者犹糟"下,二语相对成文,糟浊而酒清也。"玉者犹玉","血者犹血",二语亦相对,玉白而血赤也。至"实者犹实"句,或别有对文而今阙之,当为衍句。

《老子》弟二十一章:"道之为物,惟恍惟惚。惚兮恍兮,其中有象;恍兮忽兮,其中有物。"按,"惚兮恍兮"两句,当在"恍兮忽兮"两句之下。盖承上"惟恍惟惚"之文,故先言"恍兮惚兮,其中有物",与上文"道之为物,惟恍惟惚"四句为韵。下云"惚兮恍兮,其中有象",乃始转韵也。王弼《注》曰:"万物以始以成,而不知其所以然,故曰'恍兮惚兮,惚兮恍兮,其中有象'也。"《注》文当是全举经文,而夺"其中有物"四字,可知王氏所据本犹未倒也。

《淮南子·俶真篇》:"势利不能诱也,辩者不能说也,声色不能淫也,美者不能滥也,智者不能动也,勇者不能恐也。"按,"声色"句当在"辩者"句前，则声色货利以类相从；辩者、美者、智者、勇者，亦以类相从矣。《文子·九守篇》正如此，可据以订正。

字以两句相连而误叠例

《周书·度训篇》："是故民主明丑以长子孙，子孙习服鸟兽。"按，"子孙"字不当叠，叠者误也。此以"是故民主明丑以长子孙"为句，"习服鸟兽"为句，叠"子孙"字则不可通矣。又，《程典篇》："土劝不极美，美不害用，用乃思慎。"按，"美"字"用"字均不当叠，叠者误也。"土劝不极美不害"，当作"土物不极美不割"，即《文传篇》所谓"毋伐不成材"也。"劝"与"物"形似而讹，"害"与"割"声近而借，今叠"美"字"用"字，则不可通矣。又，《大开武篇》："天降瘼于程，程降因于商，商今生葛，葛右有周，维王其明用开和之言，言孰敢不格。"按，"程"字不当叠，降瘼于程，降因于商，皆天所降也，若作程降因于商，则不可通矣。"葛"字亦不当叠。孔《注》曰："商朝生葛，是祐助周也。"可知孔所据本不叠"葛"字也。"言"字亦不当叠。孔《注》曰："可否相济曰和，欲其开臣以和，则忠告之言无不至也。"是孔读"维王其明用开和之"为句，"言孰敢不格"为句，其不叠"言"字可知也。今叠"葛"字"言"字，义皆不可通矣。一行之中，误叠之字，累累如贯珠，古书岂易读哉！

《大戴礼·四代篇》："于时鸡三号以兴庶虞，庶虞动，蝁征作。"按，"庶虞"字不当叠，"于时鸡三号以兴"七字为句，兴，即谓鸡兴也。鸡夜伏而晨兴，故曰"三号以兴"。学者误读"以兴庶虞"为句，遂重出"庶虞"字耳。杨氏大训本"庶虞"字不叠，可据以订正。《孟子·告子篇》："施于四体，四体不言而喻。"按，"四体"字不当叠，"四体不言而喻"，义不可通。若谓四体不言而人自喻，则四体岂能言者？若谓我之四体，不待我言而自喻我意，则凡人皆然，岂必君子？《文选·魏都赋》刘渊林《注》、应吉甫《华林园集诗》李善《注》引此文，并作"不言而喻"，不连"四体"字，可据以订正。

文九年《公羊传》："非王者则曷为谓之王者？王者无求。"按，"王者"字不当叠。上文言"王者无求"，故此发问，言"非王者曷为谓之王者无求？"今叠"王者"字则无义矣。《国语·晋语》："夫利君之富，富以聚党，利党以危君。"按，"富"字不当叠，"利"与"赖"古字通。此言"赖君之富以聚徒党，又赖徒党以危君也"。今叠"富"字，义反隔矣。《管子·乘马篇·阴阳章》："正地者其实必正，长亦正，短亦正，小亦正，大亦正，长短大小尽正，正不正则官不理。"末句本作"不正则官不理"，涉上句而误叠"正"字。又，《爵位章》："是故爵位正而民不怨，民不怨则不乱，然后义可理，理不正则不可以治。"末句本作"不正则不可以治"，涉上句而误叠"理"字。凡此皆两句相连而误叠者也。

字以两句相连而误脱例

《周书·程典篇》："思地慎制，思制慎人，思人慎德，德开开乃无患。"按，"德开开"三字文不成义。本作"慎德德开，开乃无患"，与上文皆四字为句。两"慎德"字相连，误脱其一而义不可通矣。

《尚书序》:"殷既错天命,微子作诰父师、少师。"按,"微子作诰父师、少师",文义未足;本作"诰父师、少师",两"诰"字相连,误脱其一而义不可通矣。

《周易·涣》:"上九,涣其血,去逖出,无咎。"《传》曰:"涣其血,远害也。"则当于"血"字绝句;然"去逖出"三字殊不成义。疑本作"血去逖出无咎",因两"血"字相连而误脱其一也。《小畜·六四》曰:"血去惕出无咎。"正与此爻文义相近。

《老子》六十一章:"故大国以下小国,则取小国;小国以下大国,则取大国;故或下以取,或下而取。"按"或下以取,或下而取"两句,文义无别,殊为可疑。当作"故或下以取小国,或下而取大国",即承上文而申言之。因下文云,"大国不过欲兼畜人,小国不过欲入事人"。两"大国"字适相连而误脱其一,遂并删上句"小国"字,使相对成文耳。

《列子·仲尼篇》:"孤犊未尝有母,非孤犊也。"此本作"孤犊未尝有母,有母非孤犊也"。《庄子·天下篇·释文》引李云,"言孤则无母,孤称立则母名去",是其义也。因两"有母"字相连,误脱其一。《商子·算地篇》:"故民生则计利,死则虑名,利之所出,不可不审也。"此本作"名利之所出,不可不审也"。下文云,"利出于地,则民尽力;名出于战,则民致死",即承此而言。因两"名"字相连,误脱其一。《春秋繁露·执贽篇》:"暘有似于圣人者。""圣人"下当叠"圣人"字。下所说皆圣人之德,至"暘亦取百草之心",始说暘之似圣人,则此当作"圣人者"明矣。因两"圣人"字相连,误脱其一。《淮南子·主术篇》:"雍门子以哭见孟尝君,涕流沾缨。""孟尝君"下当叠"孟尝君"字。涕流沾缨,以孟尝君言,非以雍门子言也。因两"孟尝君"字相连,误脱其一。又,《泰族篇》:"小藐破道,小见不达,必简。"此文"道"下当叠"道"字,"达"下当叠"达"字,"见"字乃"则"字之误。本云:"小藐破道,道小则不达,达必简。"《文子·上仁篇》作"道小必不通,通则必简",是其明证也。因两"道"字两"达"字相连,误脱其一。

字句错乱例

古书传写或至错乱,学者宜寻绎其前后文理,悉心考正。《周易·说卦传》:"为曳,其于舆也为多眚。"按"为曳"二字,当在"其于舆也"之下,"其于舆也为曳",如《睽》"六三,见舆曳"是也。《睽》自三至五正互坎,以《经》注《经》,莫切于此矣。《序卦传》:"豫必有随,故受之以随;以喜随人者必有事,故受之以蛊。"按,"以喜"二字,当在"必有随"之上。其文曰:"豫以喜必有随,故受之以随;随人者必有事,故受之以蛊。"《正义》引郑《注》曰,"喜乐而出,人则随从",正解"豫以喜必有随"之义也,可据以订正。

《归妹》:"初九,归妹以娣,跛能履,征吉。象曰:'归妹以娣,以恒也。跛能履,吉相承也。'九二,眇能视,利幽人之贞。象曰:'利幽人之贞,未变常也。'"按,"眇能视"三字,当在"跛能履"之上。"眇能视,跛能履"两句连文,与《履》六三爻同。九二则但曰"利幽人之贞",与《履》"九二,履道坦坦,幽人贞吉"辞意相近。《履》九二言"幽人",《归妹》九二亦言"幽人";《履》六三言"眇能视,跛能履",则知《归妹》初九亦言"眇能视,跛能履"矣。两句一意,不得分属二爻也。《象传》止曰"跛能履",不及"眇能视",乃文具于前而略于后之例,说已见前。后人不达此例,以《象传》无此三字,乃误移之下爻耳。余著《群经平议》,未见及此,因附著于此。

《尚书·盘庚篇》:"乃祖乃父,丕乃告我高后曰:'作丕刑于朕孙。'"《释文》曰:"'我高后'本又作'乃祖乃父'。"按,"我高后"既作"乃祖乃父",则"乃祖乃父"必作"我高后",《释文》传写夺去耳。寻绎文义,以别本为长。上言"乃祖乃父,乃断弃女,不救乃死",就臣而言也。此言"我高后丕乃告乃祖乃父曰:'作丕刑于朕孙。'"就君而言。上文"高后丕乃崇降罪疾曰:'曷虐朕民。'"又曰:"先后丕降与女罪疾曰:'曷不暨朕幼孙有此。'"亦是一就君言,一就臣言,可证。

《周书·克殷篇》:"泰颠、闳夭皆执轻吕以奏王,王入即位于社太卒之左。"孔《注》曰:"执王轻吕当门,奏太卒,屯兵以卫也。"按《经》文本作"泰颠、闳夭皆执轻吕以奏王太卒,王入即位于社之左"。故孔《注》如此。《尧典·枚传》曰:"奏,进也。"奏王太卒者,言进王之大卒以卫王也。后人误读"皆执轻吕以奏王"为句,谓与"周公把大钺,召公把小钺以夹王"相对成文,因移"太卒"字于"社"字之下耳。孔晁作注时,尚未误。又,《世俘篇》:"时甲子夕,商王纣取天智玉琰五环身厚以自焚。凡厥有庶告焚玉四千。五日,武王乃俾千人求之,四千庶玉则销,天智玉五在火中不销。"按,"凡厥有庶告焚玉四千","告焚"二字当在"四千"之下,"庶玉"二字连文。此云"凡厥有庶玉四千",故下云"四千庶玉则销",两文正相应也。"告焚"二字自为句,既告焚之五日,武王乃使人求之。告焚者,以商王纣自焚告,非以焚玉告也。《注》曰:"众人告武王焚玉四千。"

则孔氏作注时已误矣。

《诗·皇矣篇》：“维此王季，帝度其心；貊其德音，其德克明；克明克类，克长克君。王此大邦，克顺克比；比于文王，其德靡悔；既受帝祉，施于孙子。”《笺》云：“王季之德，比于文王，无有所悔也。必比于文王者，德以圣人为匹。”按，父比于子，义殊未安。“维此王季”句，昭二十八年《左传》及《礼记·乐记》所引，并作“维此文王”，《正义》谓《韩诗》亦作“文王”。“维此王季”既作“维此文王”，则“比于文王”，必作“比于王季”，《毛诗》盖传写误耳。

《大戴记·王言篇》：“明王之所征，必道之所废者也。彼废道而不行，然后诛其君，致其征，吊其民，而不夺其财也。”按，“致其征”三字，当在“诛其君”之上。其文曰：“彼废道而不行，然后致其征。”此乃申说上文。又曰：“诛其君，吊其民，而不夺其财也。”则起下文时雨之意，文义甚明。传写误倒。王肃作《家语》，遂易“致其征”为“改其政”矣。又，《夏小正篇》：“初俊羔助厥母粥。”按，《经》文言“初”者，如“初岁祭耒”，“初服于公田”，皆以人事言。至禽兽之事，无一言初者。且不曰“俊羔初助厥母粥”，而曰“初俊羔助厥母粥”，义亦未安。此文“初”字当在上经“禅”字之上。其文曰：“往馌黍初禅。”言往馌黍者，初著单衣也。传写误倒耳。又，《武王践阼篇》：“觞豆之铭曰：‘饮自杖，食自杖，戒之憍，憍则逃。’”按，“戒之憍，憍则逃”，乃上“履屦之铭”。其文云：“慎之劳，劳则富；戒之憍，憍则逃。”两文相对，而义亦反复相成，传写误移于此耳。

《大戴记·小辨篇》：“礼乐而力忠信其君其习可乎？”按，此当作“君其习礼乐而力忠信，其可乎？”“君其习”三字误移在“可乎”之上,则不可通。《礼记·礼运篇》:"故圣王所以顺山者不使居川,不使渚者居中原而弗敝也。"按,此当作"故山者不使居川,不使渚者居中原,圣王所以顺而弗敝也"。"敝"读作"弊"。《诗·采薇篇·释文》引《埤苍》曰:"弊,弓末反戾也。"顺而弗弊者,顺而弗戾也。"圣王所以顺"五字,误移在"山者"之上,则不可通。

昭元年《左传》:"十二月,晋既烝,赵孟适南阳,将会孟子余,甲辰朔,烝于温。"按,此本作"十二月甲辰朔,晋既烝,赵孟适南阳,将会孟余子烝于温"。盖言"甲辰朔晋烝祭之后,赵孟将适南阳,会合余子之在孟邑者,与之烝祭于温也"。温、孟皆赵氏之邑,余子即宣二年《传》所谓"又宦其余子,亦为余子"者也。因"甲辰朔"三字,传写误移在"烝于温"之上,而"余子"又倒作"子余",虽服子慎不得其解矣。又,二十一年《传》:"翟偻新居于新里,既战,说甲于公而归。"按,翟偻新既居新里,安得脱甲于公? 疑左氏原文本作"翟偻新居于新里,既战,说甲而归于公"。亦传写误倒其文也。

《管子·霸形篇》:"于是令之县钟磬之榬。"按,下文两言"钟磬之县",疑此"县榬"二字传写误倒,本作"榬钟磬之县"。"榬"通作"缳",《广雅》曰:"缳,络也。"

《墨子·非儒下篇》:"夫仁人事上竭忠,事亲得孝,务善则美,有过则谏。"按,"得"字"务"字传写误倒,本作"事亲务孝,得善则美"。"务孝"与"竭忠","得善"与"有过",皆相对成文。

《庄子·大宗师篇》:"俄而子舆有病,子祀往问之曰:'伟哉! 夫造物者将以予为此拘拘也。'"按,子舆有病,当作"子来有病"。《淮南子·精神篇》作"子求",《抱朴子·博喻篇》作"子永"。"求"与"永",并"来"字之误也。下文"俄而子来有病",当作"子舆有病",传写误倒之。

《吕氏春秋·审己篇》:"今夫攻者砥厉五兵,侈衣美食,发且有日矣。所被伐者不乐,非或闻之也,神者先告也。"按,"侈衣美食"四字,当在"所被伐者"下。又,《审应篇》:"待其功而后知其舜也,是市人之知圣也。"按上"舜"字当作"圣",下"圣"字当作"舜"。

《春秋繁露·盟会要篇》:"《传》曰:诸侯相聚而盟,君子修国曰:'此将率为也哉。'"按,"修国"二字当在"此将率为"之下。又,《循天之道篇》:"是故当百物大生之时,群物皆生而此物独死。可食者,告其味之便于人也;其不可食者,告杀秽除害之不待秋也。当物之大枯之时,群物皆死,如此物独生。"按,"可食者告其味之便于人也"十一字,当在"如此物独生"之下。

《贾子·时变篇》:"今俗侈靡,以出相骄,出伦逾等,以富过其事相竞。"按,"出伦逾等"四字,"出"衍文,"伦逾等"三字,当在上"出"字之下。本作"以出伦逾等相骄,以富过其事相竞"。又,《瑰玮篇》:"作之费日挟巧,用之易弊,不耕而多食农人之食。"按,"挟巧"二字,当在"不耕"之上,本作"挟巧不耕而多食农人之食"。

《淮南子·主术篇》:"夫寸生于䄵,䄵生于日,日生于形,形生于景。"按,王氏引之以"䄵"为"䅺"字之误,是也。惟"䅺生于日",义不可通。疑本作"寸生于䅺,䅺生于形,形生于景,景生于日",与下文"乐生于音,音生于律,律生于风",文义一律。此皆字句之错乱者,不可不正也。

简 策 错 乱 例

　　凡字句错乱者，寻其文义，移易其一二字，即怡然理顺矣。若乃简策错乱，文义隔绝，有误至数十字者，则非合其前后，悉心参校，不易见也。郑君注《礼》，屡云烂脱；今举数事，以见例焉。

　　《周易·系辞下传》："神农氏没，黄帝、尧、舜氏作，通其变使民不倦，神而化之，使民宜之。《易》穷则变，变则通，通则久，是以自天祐之，吉无不利。黄帝、尧、舜，垂衣裳而天下治，盖取之乾坤。"按，"易穷则变"二十字，以上下文法言之，殊为不伦。疑"《易》穷则变，变则通，通则久"，乃上篇"动则观其变而玩其占"以下之脱简。"是以自天祐之，吉无不利"，乃文之重出者也。幸此文重出，而烂脱之迹，犹未尽泯，可以校正；当移至上篇曰："是故君子居则观其象而玩其辞，动则观其变而玩其占，《易》穷则变，变则通，通则久，是以自天祐之，吉无不利。"

　　《礼记·儒行篇》："儒有不陨获于贫贱，不充诎于富贵，不慁君王，不累长上，不闵有司，故曰儒。"按，上文所陈十五儒，皆以"儒有"起，"有如此者"结。此文亦以"儒有"起，而以"故曰儒"结之，既不一律，且义亦未足。岂所谓儒者，止以其不慁君王，不累长上，不闵有司乎？疑"儒有不陨获"至"不闵有司"二十六字，当在上文"其尊让有如此者"之前，与前所列十五儒一律。孔子说儒者之行，盖十有六也。上文"温良者仁之本也"至"犹且不敢言仁也"，当在此文"故曰儒"之上，乃孔子总论儒行也。自简策错乱，而十六儒止存十五儒。郑君说温良者一节为圣人之儒行,说儒有不陨获于贫贱一节为孔子自谓,其失甚矣。

宣十八年《左传》:"楚庄王卒,楚师不出,既而用晋师,楚于是乎有蜀之役。"按此二十一字,本在上文"夏,公使如楚乞师,欲以伐齐"之下,编次者因《经》书"甲戌楚子旅卒",在"邾人戕鄫子于鄫"之后,遂割传文而缀诸此,使经事相次耳,非左氏之旧。

《国语·周语》:"是日也,瞽帅音官以省风土,廪于藉东南,钟而藏之,而时布之于农。"按:是日者耕藉之日也,甫耕未及敛也,何遽及此。且王所藉田以奉粢盛,何以布之于农乎?疑"廪于藉东南钟而藏之而时布之"十三字,当在下文"耰获亦如之"之下,"民用莫不震动恪恭于农"之上,"于农"二字,即涉下文而衍。幸衍此二字,烂脱之迹,尚未尽泯,可以校正。今移至下文曰:"耰获亦如之,廪于藉东南,钟而藏之,而时布之,民用莫不震动,恪恭于农。"如此则文义自顺矣。

《孟子·尽心篇》下:"貉稽曰:'稽大不理于口。'孟子曰:'无伤也,士憎兹多口。'"按,此章之文止于此。下文《诗》云"忧心悄悄"一节,当在"貉稽曰"之前,与上章合为一章。其文曰:"孟子曰:'君子之厄于陈、蔡之间也,无上下之交也。《诗》云:"忧心悄悄,愠于群小。"孔子也。"肆不殄厥愠,亦不殒厥问。"文王也。'"盖因孔子而及文王,正以文王比孔子也。若果孟子为貉稽引《诗》,则当有次弟,安得先孔子而后文王乎?又,《乡原章》"曰:'何以是嘐嘐也?'言不顾行,行不顾言,则曰:'古之人,古之人,行何为踽踽凉凉?'"按此三十字,当在"其志嘐嘐然"之下,"夷考其行"之上。"曰:'何以是嘐嘐也?'"万章问也,"言不顾行"以下,孟子答也。狂者言行不相顾，每以古人之行为隘小而非笑之，则曰："古之人古之人，行何为踽踽凉凉?"此狂者讥古人之词；及考其所为，实未能大过古人，故曰："夷考其行而不掩焉者也。"此三十字误移在后，而前文止存"曰古之人古之人"七字，乃烂脱之未尽者，可藉以考见其旧也。

《管子·幼官篇》："二千里之外，三千里之内，诸侯五年而会至习命，三年名卿请事，二年大夫通吉凶，十年重适入正礼义，五年大夫请受变。"按，三年二年之后，又云十年五年，于义难晓，此二句当在下文"三千里之外诸侯世一至"之下，盖世一至则太疏阔，故五年必使大夫请受变，十年必使重适入正礼义也。又，《揆度篇》："二五者童山竭泽，人君以数制之人。味者所以守民口也，声者所以守民耳也，色者所以守民目也。人君失二五者亡其国，大夫失二五者亡其势，民失二五者亡其家。"按，"童山竭泽"四字，当在上文"至于黄帝之王"句下。《轻重戊篇》，"黄帝之王，童山竭泽"，是其明证。"人君以数制之人"句下"人"字衍文。此本云："二五者，人君以数制之。人君失二五者亡其国，大夫失二五者亡其势，民失二五者亡其家。"至"味者所以守民口也"三句，当在"二五者人君以数制之"之上。试连上文读之曰："其在色者，青、黄、白、黑、赤也；其在声者，宫、商、羽、徵、角也；其在味者，酸、辛、咸、苦、甘也。味者所以守民口也，声者所以守民耳也，色者所以守民目也。"如此，则文义俱顺矣。"二五者人君以数制之"，本与"人君失二五者"相连。虽羼入此三句而尚留一"人"字，亦其迹之未泯者也。

《杨子法言·学行篇》："吾不睹参辰之相比也，是以君子贵迁善。迁善者圣人之徒也。百川学海而至于海，丘陵学山而不至于山，是故恶夫画也。频频之党，甚于鸒斯，亦贼夫粮食而已矣。"按

"迁善"与"参辰"不相比,意不相承;"频频之党"与"恶画"之义,亦不相承,此两节疑传写互易。当曰:"吾不睹参辰之相比也,频频之党,甚于鹪斯,亦贼夫粮食而已矣。百川学海而至于海,丘陵学山而不至于山,是故恶夫画也。是以君子贵迁善,迁善者圣人之徒也。"两节传写互易,而其义皆不可通。此皆简策之错乱者,不可不正也。

卷 七

不识古字而误改例

学者少见多怪,遇有古字而不能识,以形似之字改之,往往失其本真矣。今略举数事示例。

"其",古文作"亓"。《周易·杂卦传》:"噬嗑,食也。贲,其色也。"盖以食、色相对成文,加"其"字以足句也。"其",从古文作"亓",学者不识,遂改作"无"字,虽曲为之说而不可通矣。《周书·文政篇》:"基有危倾。""基"字假"其"为之,盖古字通用。《诗·昊天有成命篇》,"夙夜基命宥密",《礼记·孔子闲居篇》作"夙夜其命宥密",是其证也。因"其"字从古文作"亓",学者不识,改作"亓"字,"示有危倾",义不可通矣。《国语·吴语》,"伯父多历年以没其身",语意甚明;因"其"字从古文作"亓",学者不识,改作"元"字,"以没元身",义不可通矣。

"旅",古文作"朲"。《尚书·康诰篇》:"绍闻旅德言。"旅者,陈也。言布陈其德言也。因"旅"字从古文作"朲",学者不识,改作"衣"字矣。《周书·武称篇》:"冬寒其衣服。""衣"亦"旅"字之误。《史记·天官书》曰:"主葆旅事。"是"旅"与"葆"同义。此篇曰"冬

寒其旅",《大武篇》"冬冻其葆",文义同也。因"旅"字从古文作
"裗",学者不识,改作"衣"字而又加"服"字矣。《官人篇》:"愚依人
也。""衣"亦"旅"字之误。"旅"读为"鲁",《说文》曰,"裗"古文
"旅",古文以为鲁、卫之"鲁"是也。"愚鲁"连文,义正相近,因假
"旅"为"鲁",而又从古文作"裗"。学者不识,改作"衣"字,以"愚
衣"无义,又从人作"依"矣。

　　"服",古文作"𠬝"。《尚书·吕刑篇》:"何敬非刑,何度非服。"
刑、服对言,古语如此。《尧典》曰:"五刑有服,五服三就。"此篇曰:
"上刑适轻下服,下刑适重上服。"并其证也。《史记》作"何居非其
宜"。《尔雅》曰:"服、宜,事也。"是服、宜同义,故《经》文作"服",
《史记》作"宜"也。"服"字从古文作"𠬝",学者不识,改作"及"字,
则《史记》作"宜"之故不可晓矣。《大戴记·王言篇》,"服其明德
也",其义明白无疑。因"服"字从古文作"𠬝",学者不识,改作"及"
字,孔氏广森作《补注》曰:"明德之所及也。"夫明德所及,不得言及
其明德,可知其非矣。《淮南子·主术篇》,"盖力优而德不能服
也",其义亦明白无疑。因"德"字从古文作"悳","服"字从古文作
"𠬝",学者不识,改"悳"为"克",改"𠬝"为"及"。高《注》曰:"克,犹
能也。"则"克不能及"为"能不能及",文义不可通矣。按僖二十四
年《左传》:"子臧之服,不称也夫!"《释文》"服"作"及"。盖亦由古
本是"𠬝"字,故误为"及"也。

　　"近",古文作"岸"。《礼记·大学篇》,"见贤而不能举,举而不
能近",与"见不善而不能退,退而不能远",相对成义。因"近"字从
古文作"岸",学者不识,疑篆文"先"字之误,遂改为"先"字,与下句
不一律矣。

"自"，古文作"白"。《大戴记·文王官人篇》，"自分其名以私其身"，与《周书·官人篇》"自以名私其身"，虽字句小异，意义则同。因"自"字从古文作"白"，学者以为黑白之"白"，遂移至"分"字之下，作"分白其名"，非《戴记》之旧矣。

"终"，古文作"𠂤"。《大戴记·本命篇》，"女终日乎闺门之内"，义本甚明。因"终"字从古文作"𠂤"，隶变作"夂"，学者不识，改作"及"字，孔氏《补注》曰，"及日犹终日"，则义不可通矣。

"君"，古文作"𠮷"。《国语·晋语》："楚成王以君礼享之。"谓以国君之礼享之。下文"秦穆公飨公子如飨国君之礼"，正与此同。因"君"字从古文作"𠮷"，学者不识，改为"周"字。《管子·白心篇》："知苟适可为天下君。"犹下文言"可以为天下王"也。因"君"字作"𠮷"，学者不识，亦改为"周"字。

"讙"，古文作"吅"。《周书·时训篇》："鹖旦不鸣，国有讹言；虎不始交，将帅不讙；荔挺不生，卿士专权。""讙"与"欢"古字通用。因"讙"字从古文作"吅"，学者不识，改为"和"字，则与上下文"言"字、"权"字不协韵矣。

"师"，古文作"𠂤"。《墨子·备蛾傅篇》，"敌引师而去"，其文甚明。因"师"字从古文作"𠂤"，学者不识，改为"哭"字。"引哭而去"，义不可通矣。

"𤲖"，古偪字也。《说文·人部》："偪，相败也。从人，𤲖省声。""𤲖"字亦从人、从𤲖省，而止省去中间一回。犹"鷝"字从鸟，𤲖省声，而籀文作"𤲖"，止省去中间一回也。《管子·侈靡篇》："若是者必从是𤲖亡乎？"𤲖亡，犹言败亡也。学者不识"𤲖"字，传写误作"𤲖"，尹《注》以为即"𦥛"字，洪氏筠轩又疑是"罟"字之讹，胥失之矣。

"垂",古文作"手",见《说文·我部》。《管子·地员篇》,"山之手",即山之垂也。《说文·土部》:"垂,远边也。"谓山之边侧也。学者不识"手"字,误作"才"字,又加木旁作"材",失之矣。

"起",古文作"辺"。《汉书·孝哀帝纪》:"建平元年诏曰:'其与大司马、列侯、将军、中二千石、州牧、守相,举孝弟敦厚、能直言、通政事,辺于侧陋、可亲民者,各一人。'""起于侧陋",谓从微贱起家,故能周知民间疾苦,可使亲民也。学者不识"辺"字,误作"延"字。师古训为可延致而仕者,文义迂回;王氏念孙遂议移此四字于州牧守相之下矣。

不达古语而误解例

古人之语,传之至今,往往不能通晓,于是失其解者,十而八九。今略举数事示例。

艸蔡,古语也。《说文·丰部》:"丰,艸蔡也。象艸生之散乱也。"亦或作"草窃",窃与蔡一声之转。"艸蔡"之为"草窃",亦犹《庄子》"窃窃"之或为"察察"也。《尚书·微子篇》:"好草窃奸宄。""草窃"即"艸蔡",其本义为艸乱。引申之,则凡散乱者皆得言之,故与奸宄连文。"好草窃",即"好乱"也。枚《传》训为草野窃盗,不达古语矣。

旅距,古语也。《后汉书·马援传》:"黮羌欲旅距。"李贤《注》曰:"旅距,不从之貌。"亦或作"据旅","据"与"距"声近。《说文·

酉部》，"醲，或作酳"，是其证也。"旅距"、"据旅"，语有倒顺耳。凡双声叠韵之字，往往如此。《大戴记·曾子制言篇》："行无据旅。"言其行之无所违也。卢《注》训为"守直道无所私"，未达古语。

　　土芥，古语也。哀元年《左传》，"以民为土芥"是也。芥，即丰字。《说文·丰部》："丰，艸蔡也，读若介。"因"丰"读若"介"，故即以"介"为之，而又假用从艸之"芥"也。亦或作"土察"。察者，蔡之假字，犹芥者介之假字也。《大戴记·用兵篇》，"作宫室高台污池，以民为土察"，犹《左传》所云"以民为土芥"也。学者不识土察之语，乃移至"污池"之下，使"污池土察"四字连文，而"以民为"下增"虐"字以成句，"以民为虐"，文不成义，可知其非矣。

　　弱植，古语也。"植"，读为脂膏胆败之"胆"，字本作"殖"。《说文·歺部》："殖，脂膏久殖也。"亦通作"埴"。《释名·释土地》："土黄而细密曰埴。埴，膱也。黏泥如脂之膱也。"然则人之弱者谓之胆，犹土之黏者谓之埴矣。襄三十年《左传》："其君弱植。""植"即"胆"之假字。《正义》训"植"为"树立"，则弱植二义不属矣。

　　究度，古语也。《诗·皇矣篇》，"爰究爰度"是也。亦或作鸠度。襄二十五年《左传》："度山林，鸠薮泽。"是也。说本王氏《经义述闻》。亦或作轨度，二十一年《传》"轨度其信"是也。究、鸠、轨，并从"九"声，故得通假。刘炫曰："轨，法也；行依法度而言有信也。"未达古语。

　　娄空，古语也。《说文·女部》："娄，空也。从母、中、女，娄空之意也。"凡物空者无不明，故以人言则曰离娄，以屋言则曰丽廔。"离"与"丽"，皆娄字之双声也。《论语·先进篇》："回也其庶乎，娄空。"此言颜子之心，通达无滞，若窗牖之丽廔阎明也。《史记·伯夷传》,"回也屡空,糟糠不厌",则西汉经师已失其解;而"娄空"之语独见于《说文》,乃叹许君之书,有裨经学不浅也。

迁延,古语也。襄十四年《左传》,"晋人谓之迁延之役"是也。亦或作"迁衍","衍"与"延",古通用。《周官·大祝·注》,"衍字当为延"。又《男巫·注》,"衍读为延"。并其证也。《管子·白心篇》,"无迁无衍",犹曰无迁延耳。尹《注》曰,"无迁移,无宽衍",未达古语。

斟愖,古语也。《后汉书·冯衍传》:"意斟愖而不澹兮。"李贤《注》曰:"斟愖,犹迟疑也。"亦或作谌斟。"谌"与"愖"同,"斟愖"、"谌斟",语有倒顺耳。《管子·任法篇》:"然故谌斟习士,闻识博学之人,不可乱也。"习士即俗士。《说文·人部》:"俗,习也。"习、俗双声,故义得相通。"谌斟习士",谓流俗之士,意识迟疑者也;此指愚不肖者而言。下云"闻识博学之人",则指贤知者而言。今"斟"字误作"杵",盖由古书"斟"字或作"圦",见《汉书·地理志》应劭《注》。圦、杵形近而误。尹《注》曰:"杵所以毁碎于物者也。谓奸诈之人,伪托于谌以毁君法。"此不达古语而强为之说,迂曲甚矣。

比要,古语也。《周官·小司徒职》:"大比则受邦国之比要。"郑司农云:"要,谓其簿。"然则比要者,大比之簿籍也。《管子·七臣七主篇》:"比要审则法令固。"可知管子治齐,犹本周制。后人不识比要之语,改"比"为"皆",尹《注》训为"事皆得要",失之。

寠数,古语也。《释名·释姿容》曰:"寠数,犹局缩,皆小意也。"字亦作"屡缕"。"屡缕"与"寠数",并从娄声;古双声叠韵字无一定也。《管子·轻重甲篇》:"北郭者尽屡缕之甿也。""屡缕"即"寠数",犹小民耳。自来不达古语,莫得其解。

稽秫，古语也。《说文·禾部》："秫，稽秫也。"徐锴曰："稽秫，不伸之意。"亦或作"支苟"；古文以声为主，无定字耳。《墨子·亲士篇》："分议者延延，而支苟者诤诤。""支苟"即"稽秫"，盖谓在下位者，虽见凌压而不得伸，必诤诤然自伸其意也。自来莫得其解，毕氏沅遂疑其字误矣。

諜诟，古语也。《说文·言部》："诟，諜诟，耻也。"《荀子·非十二子篇》作"諜询"，"询"即"诟"之或体。《汉书·贾谊传》作"奊诟"，"奊"即"諜"之或体，作"謑"者之省也。又或作"奊后"。"奊"即"諜"之省，"后"即"诟"之省，古文省偏旁耳。《墨子·节葬下篇》："内积奊后，并为淫暴，而不可胜禁也。""奊后"即"諜诟"，言其内积耻辱也。今本"积"误为"续"，"后"误为"吾"，于是古语愈不可解矣。

解果，古语也。《荀子·儒效篇》："解果其冠。"杨《注》引《说苑》"蟹螺者宜禾"为证。《富国篇》云："和调累解。"又《韩非子·扬榷篇》："若天若地，是谓累解。""累解"亦即"蟹螺"也。彼从虫而此否者，书有繁简；"蟹螺"、"累解"，语有倒顺耳。《说苑》以"蟹螺污邪"对文，则"蟹螺"犹平正也。注者不知古语，均失其解。

逡巡，古语也。亦或作"逡遁"。汉《郑固碑》，"逡遁退让"是也。亦或作"蹲循"。《庄子·至乐篇》："忠谏不听，蹲循勿争。"按，《外物篇·释文》引《字林》曰："踆，古蹲字。"然则汉碑作"逡遁"，《庄子》作"蹲循"，字异而义同。谓人主不听忠谏，则人臣当逡巡而退，勿与争也。郭《注》曰："惟中庸之德为然。"此不达古语而曲为之词。

敬文，古语也。《荀子·劝学篇》曰："礼之敬文也。"《礼论篇》

曰:"事生不忠厚,不敬文,谓之野;送死不忠厚,不敬文,谓之瘠。"是《荀子》书屡有此言。《性恶篇》:"不如齐、鲁之孝具敬父者,何也?"则误"文"为"父"。《大略篇》:"不时宜,不敬交,不欢欣。"则误"文"为"交"。皆由浅人不达古语而臆改。

鲜黸,古语也。《说文·黹部》:"黸,合五采鲜色。"是鲜色谓之"黸",故合而言之曰"鲜黸"。《墨子·节用上篇》"芊俎"字四见,皆当作"鲜且",盖鲜字左旁之鱼,误移在且旁耳。"鲜且"即"鲜黸",黸从卢声,卢从且声,故"且"字可通作黸也。古书多古语,又多假借字,殆难为拘文牵义者道矣。

两字一义而误解例

《诗·天保篇》:"俾尔单厚。"《传》曰:"单,信也。或曰,单,厚也。"《笺》云:"单,尽也。"按,《传》、《笺》三说,当以训"厚"为正。"俾尔单厚",单、厚一义,犹下文"俾尔多益",多、益亦一义也。古书中两字一义者,往往有之。

《尚书·无逸篇》:"用咸和万民。"按,咸、和,一义也。"咸"读为"诚"。《说文·言部》:"诚,和也。"咸和即诚和。枚《传》以为"皆和万民",则不辞矣。《多方篇》:"尔曷不夹介义我周王。"按,夹、介,一义也。《一切经音义》引《仓颉》曰:"夹,辅也。"《尔雅·释诂》曰:"介,助也。"夹介,犹言辅助。枚《传》以为"近大见治于我周王",则不辞矣。

《周书·商誓篇》:"昏忧天下。"按:"忧"当为"扰",隶变作

"扰",阙其左旁,则为"忧"矣。昭十四年《左传·注》曰:"昏,乱也。"襄四年《传·注》曰:"扰,乱也。"昏、扰二字同义。

《诗·板篇》:"尔用忧谑。"按,忧、谑同义。"忧"读为"优"。襄六年《左传·注》曰:"优,调戏也。"是优即谑也。《荡篇》:"而秉义类。"按,义、类同义,"义"与"俄"通,邪也;说本王氏念孙。"类"与"戾"通,《说文·犬部》:"戾,曲也。"义类犹言邪曲也。昭十六年《左传》:"刑之颇类。""颇类"亦与"义类"同,颇、义,古同部字也。郑《笺》训忧谑为"可忧之事,反如戏谑"。训义类为"宜用善人"。不知二字同义,而曲为之说,宜其迂远矣。

《周官·庾人》:"正校人员选。"按,员、选同义,皆数也。《说文·员部》:"员,物数也。"选通作"算",《说文·竹部》:"算,数也。"正校人员选者,正校人之数也。郑《注》云:"选择可备员者。"失之。

《大戴记·文王官人篇》:"其老观,其意宪慎。"按,意、宪同义。原宪,字子思,是宪有思义,意宪,犹意思也。《礼记·乐记篇》:"发虑宪,求善良。""良"与"善"同义,"宪"与"虑"亦同义。自来但知宪之训法,而不知宪之训思,则意宪也,虑宪也,皆两字不伦矣。又曰:"微忽之言。"按,微、忽同义,《广雅·释诂》:"总,微也。"曹宪音忽,是总即忽也。《汉书·律历志》曰:"无有忽微。"此云"微忽",犹彼云"忽微"。卢《注》曰:"谓微细及忽然之语。"则微忽二字不伦矣。

文十八年《左传》:"其人则盗贼也,其器则奸兆也。"按,盗、贼二字同义,奸、兆二字亦同义。兆读为佻。《周语》曰:"奸仁为佻。"此奸佻之义也。杜《注》训兆为域,失之。襄三十一年《传》:"寇盗充斥。"按,充、斥二字同义。充,大也,见《淮南·说山篇》、《吕氏春秋·必己篇》高诱《注》。斥，亦大也，见《文选·魏都赋》李善《注》。凡有大义者皆有多义，如"殷"训"大"，亦训"盛"；"丰"训"大"，亦训"满"：皆是也。充、斥，并为大，故并为多；充斥，言多也。杜《注》曰："充满斥见。"失之。昭十二年《传》："唯是桃弧棘矢以共禦王事。"按，共、禦二字同义。"禦"与"御"通。《广雅·释诂》："供奉献御，进也。""共御"犹曰"共奉献御"。质言之，则止是以共王事耳。御亦共也，杜《注》曰："以禦不祥。"失之。

《国语·周语》："叔父若能光裕大德，更姓改物，以创制天下，自显庸也。"按，创、制二字同义。《论语·宪问篇·释文》曰："创，制也。"显、庸二字亦同义，庸读为融。下文"谷洛斗章，显融昭明"，彼作"显融"，此作"显庸"，一也。《郑语》："命之曰祝融。"韦《注》："融，明也。"然则"显融"二字，止是一义；"显融昭明"四字，亦止是一义。又曰："制戎以果毅，制朝以序成。"按果、毅二字一义，序、成二字亦一义。序，次也。成，亦次也。言制朝廷之位则以次序也。《仪礼·觐礼篇·郑注》曰："成，犹重也。"凡相重者即有相次之义，故成为重，亦为次；犹序为次，亦为重。《史记·赵世家·正义》曰："序，重也。"足证其义之通矣。又曰："弃衮冕而南冠以出，不亦简彝乎？"按，简、彝二字同义。《尔雅·释诂》："夷，易也。""彝"与"夷"古字通。简彝，即简易也。又曰："若能类善物以混厚民人者。"按混、厚二字同义，混亦厚也。《说文·心部》："惃，重厚也。"今惃厚字皆以"浑"为之，而"混"与"浑"又通用，故混厚即浑厚矣。又曰："四闲林钟，和展百事，俾莫不任肃纯恪也。"按，和、展二字同义。展，布也；和展，犹和布也。《周官·太宰之职》："正月之吉，始和布治于邦国都鄙。""和"读为"宣"，和布者，宣布也，说本王氏引之。然则和展亦犹宣布也。以上诸条，并二字同义，而韦《注》皆失其解。

《孟子·公孙丑篇》："弟子齐宿而后敢言。"按，齐、宿二字同义。《仪礼·特牲馈食礼》、《礼记·祭统篇·注》，并曰："宿读为肃。"然则齐宿即齐肃也。《贾子·保傅篇》"有司齐肃端冕"，《国语·楚语》"故齐肃以承之"，并"齐肃"连文之证。《离娄篇》："又从而礼貌之。"按，礼、貌二字同义。《周易·系辞传》："知崇礼卑。"蜀才本"礼"作"体"。《诗·谷风篇》："无以下体。"《韩诗外传》"体"作"礼"。然则礼貌即体貌也。《战国·齐策》："令人体貌而亲郊迎之。"《汉书·贾谊传》："所以体貌大臣而厉其节也。"并体貌连文之证。

两字对文而误解例

凡大小长短是非美恶之类，两字对文，人所易晓也；然亦有其义稍晦，致失其解者。如《尚书·洪范篇》："木曰曲直，金曰从革。""曲直"对文，"从革"亦对文。《汉书·外戚传·注》曰："从，因也，由也。"盖从之义为由，故亦为因。从革，即因革也。金之性可因可革，谓之从革，犹木之性可曲可直，谓之"曲直"也。人知因革，莫知从革，斯失其解矣。《酒诰篇》："作稽中德。"按，"作稽"二字对文。稽字从禾，《说文》曰："禾，木之曲头，止不能上也。"故"稽"亦有"止"义。《说文·稽部》："稽，留止也。"作稽者，作止也。言所作所止，无不中德也。人知"作止"，莫知"作稽"，斯失其解矣。

《周书·文政篇》："充虚为害。"按，充、虚二字对文。《荀子·

儒效篇》："若夫充虚之相施易也。"杨倞《注》曰："充，实也。"是充虚即实虚也。《大聚篇》："殷政总总若风草，有所积，有所虚。"此即充虚为害之义。人知"虚实"，莫知"充虚"，斯失其解矣。

《诗·野有蔓草篇》："邂逅相遇。"《绸缪篇》："见此邂逅。"按"邂逅"二字对文。《庄子·胠箧篇》："解垢同异之变多。"解垢，即邂逅也。与"同异"并言，是"邂逅"二字各自为义。解之言解散也，逅之言构合也。《野有蔓草篇·传》曰"不期而会"，是专说逅字之义，谓因逅而连言邂也。《绸缪篇·传》曰"解说之貌"，是专说邂字之义，谓因邂而连言逅也。毛公，六国时人，犹达古义。

《国语·楚语》："吾闻君子唯独居思念前世之崇替。"按，"崇替"二字对文。韦《注》曰："崇，终也；替，废也。"是未达崇字之义。《文选·东京赋》薛综《注》曰："崇，犹兴也。"然则"崇替"犹言"兴废"。

《管子·五辅篇》："修道途，便关市，慎将宿。"按，"将宿"二字对文。《广雅·释诂》："将，行也；宿，止也。"然则"将宿"犹言"行止"。又，《水地篇》："违非得失之实也。"按，"违非"二字对文。"违"读为"韪"。隐十一年《左传》："犯五不韪。"杜《注》曰："韪，是也。"然则"违非"犹言"是非"。

文随义变而加偏旁例

《周易·讼》九三《象传》："患至掇也。"《集解》引荀爽曰："如拾掇小物而不失也。"《释文》曰："郑本作惙，忧也。"按，此字郑、荀各异，疑本字止作"叕"。《说文·叕部》："叕，缀联也。""患至叕也"，言忠害之来，缀联不绝也。荀训"掇拾"，因变其字为"掇"；郑训"忧"，因变其字为"惙"。皆文之随义而变者也。

《尚书·尧典篇》："黎民阻饥。"《诗·思文篇·正义》引郑《注》曰："阻，厄也。"《释文》曰："马融注《尚书》作祖，始也。"按，此字马、郑各异，疑本字止作"且"。《说文·且部》："且，荐也。""黎民且饥"，言黎民荐饥也。马训"始"，因变其文作"祖"。郑训"厄"，因变其文作"阻"。亦文之随义而变者也。

《诗·载芟篇》："有饹其香。"《传》曰："饹，芬香也。"《释文》曰："字又作苾。"按，苾，本字；饹，俗字也。后人因其言酒醴，变而从食。《说文》遂于《食部》出饹篆曰："食之香也。"然则下文"有椒其馨"，椒字何又不从食乎？经典之字，若斯者众，山名从山，水名从水，鸟兽草木，无不如是；而字亦孳乳浸多矣。

《周官·内饔》："鸟皫色而沙鸣狸。"按，《说文》无"皫"字。《释文》出"犥"字曰："本又作皫。"是陆氏所据本作"犥"也。《说文·牛部》："犥，牛黄白色。"又《马部》："㯗，黄马发白色。"二字义同。以牛言故从牛，以马言故从马耳。此经言鸟，而古无从鸟从票之字，故借用"犥"字。传写者以其言鸟不得从牛，又改而从"白"；《玉篇·白部》遂收"皫"字矣。

字因上下相涉而加偏旁例

字有本无偏旁，因与上下字相涉而误加者。如《诗·关雎篇》，

"展转反侧",展字涉下"转"字而加车旁;《采薇篇》,"狁允之故",允字涉上"狎"字而加犬旁,皆是也。

《周官·大宗伯职》:"以襘礼哀围败。"郑《注》曰:"同盟者会合财货以更其所丧。"按,《周礼》原文本作"会礼",故郑君直以"会合财货"说之。若经文是"襘"字,则为襘襚之"襘",非会合之"会",郑君必云"襘读为会"矣。郑无读为之文,知其字本作"会",涉下"礼"字而误加"示"旁也。

《大戴记·夏小正篇》:"缇缟。"按,"缇"字,《古夏小正》当作"是","是"与"寔"通,"寔"与"实"通,故《传》曰:"是也者,其实也。"今作"缇",涉下"缟"字而误加"纟"旁。

两字平列而误倒例

平列之字,本无顺倒,虽有错误,文义无伤;然亦有不可不正者。《礼记·月令篇》:"制有小大,度有长短。"按,"长短"当依《吕氏春秋·仲秋纪》作"短长",今作"长短",则与韵不协矣。又云:"量小大,视长短。"按,"小大"当依卫湜《集说》本作"大小"。上文云:"制有小大,度有短长。"则小字当在大字之前,以下句短字在长字之前,"小大"、"短长"各相当也。此云:"量大小,视长短。"则大字当在小字之前,以下句长字在短字之前,"大小"、"长短",亦各相当也。《正义》曰:"大,谓牛、羊、豕成牲者;小,谓羔、豚之属也。"先释大字,后释小字,是其所据本不误。此类宜悉心订正,庶不负古人文理之密察也。

两文疑复而误删例

《周书·酆保篇》:"不深乃权不重。"按,此当作"不深不重,乃权不重"。盖承上文"深念之哉,重维之哉"而言。谓不深念之,不重维之,则其权不重也。后人因两句皆有"不重"字而误删其一,不知上句"不重"乃重复之"重",下句"不重"乃轻重之"重",字虽同而义则异也。

《商子·农战篇》:"国作一岁者十岁强,作一十岁者百岁强,修一百岁者千岁强。"按,此承上句"是以圣人作壹抟之也"而言。本云"国作壹一岁者十岁强,作壹十岁者百岁强,作壹百岁者千岁强",乃极言"作壹"之效。本篇"作壹"字屡见,此四言"作壹",乃一篇之宗旨也。读者误谓"壹""一"同字,而于"作壹一岁"句删去"壹"字,于下两句又改"壹"为"一",末句"作"字又误为"修",于是其义全失矣。

据他书而误改例

《礼记·坊记篇》引《诗》:"横从其亩。"按,《毛诗》作"衡从其亩"。《传》曰:"衡猎之,从猎之。"《释文》引《韩诗》作"横由其亩"。东西耕曰横,南北耕曰由。此《经》引《诗》,上字既同《韩诗》作"横",下字亦必同《韩诗》作"由"。郑君疑南北耕不可谓之由,故不从韩义而别为之说曰:"横行治其田也。"《广雅·释诂》曰:"由,行也。"郑训"横由"为"横行",其意如此。后人据《毛诗》以改《礼记》,而注义晦矣。

《墨子·七患篇》:"为者疾,食者众,则岁无丰。"按,"疾"当作"寡"。为者寡而食者众,虽丰年不足供之,故岁无丰也。今作"为者疾",后人据《大学》改之。

《荀子·劝学篇》:"君子博学而日参省乎己。"按"省乎"二字衍文。《大戴记·劝学篇》作"君子博学如日参己焉"。"如"、"而"古通用,无"省乎"二字。此作"君子博学而日参省乎己",后人据《论语》增之。

《吕氏春秋·孟春纪》:"乘鸾辂。"按,"鸾",本作"銮"。高《注》曰:"鸾鸟在衡,和在轼,鸣相应和,后世不能复致,铸铜为之,饰以金,谓之銮辂也。"高意铸铜象鸾鸟,故其字从金,从鸾省。若本是鸾字,不必有铸铜饰金之说矣。今作"鸾辂"者,后人据《礼记》改之,遂并高《注》而窜易之。

《淮南子·诠言篇》:"此四者,耳、目、鼻、口,不知所取去,心为之制,各得其所。"按,上文云"目好色,耳好声,口好味"。此承上文而言,不当有"鼻"字,盖后人据《文子·符言篇》增入之。不知彼上文"目好色,耳好声,鼻好香,口好味,"与此不同,未可据彼增此也。

据他书而误解例

《诗·郑风·羔羊篇》:"三英粲兮。"《传》曰:"三英,三德也。"

《笺》云："三德，刚克、柔克、正直也。"按，三德，即具本《诗》。首章"洵直且侯"一句有二德，次章"孔武有力"一句为一德。直也，侯也，武也，所谓三德也。郑以《洪范》说此诗，恐未必然。盖一经自有一经之旨，牵合他书为说，往往失之。

《董子·三代改制质文篇》："故四法如四时然。"按，四法，即上文所谓"主天法商而王，主地法夏而王，主天法质而王，主地法文而王"也。卢氏文弨《注》引钱说云，"四法，即夫子所以告颜渊者"，亦犹郑君之以《洪范》三德说三英矣。

《书序》以武庚、管叔、蔡叔为三监，《逸周书·作雒篇》以武庚、管叔、霍叔为三监。《左传》以"皇皇者华"一诗为有五善，《鲁语》则谓有六德。《周礼·天官》有九嫔，无三夫人；《昏义》则有三夫人。《周礼·六官》为六卿，《考工记·匠人》则有九卿。《匠人》营国方九里，旁三门，凡十二门；《月令》则但有九门。《王制》："士一庙。"《祭法》则云："适士二庙，官师一庙，庶士无庙。"《曲礼·王制》并云："大夫祭五祀。"《祭法》则云："大夫立三祀。"凡此之类，当各依本文为说，援据他书，牵合异义，则反失之矣。说详王氏《经义述闻》。

分章错误例

《诗·关雎篇》："《关雎》五章，章四句。故言三章：一章，章四句；二章，章八句。"《释文》曰："五章，是郑所分，'故言'以下是毛公本意，后放此。"按，《关雎》分章，毛、郑不同，今从毛，不从郑。窃谓此诗当分四章，每章皆有"窈窕淑女"句，凡四言"窈窕淑女"，则四章也。首章以"关关雎鸠"与"窈窕淑女",下三章皆以"参差荇菜"与"窈窕淑女";惟弟二章增"求之不得,寤寐思服,悠哉悠哉,展转反侧"四句。此古人章法之变。"求之不得"正承"寤寐求之"而言,郑分而二之,非是。毛以此章八句,遂合三四两章为一,使亦成八句,则亦失之矣。

《论语》分章亦有可议者。如"子曰雍也可使南面"为一章,"仲弓问子桑伯子"以下又为一章。必谓仲弓闻夫子许己,因问子桑伯子以自质,则失之泥矣。此古注是而今非也。"子谓颜渊曰,用之则行,舍之则藏,惟我与尔有是夫"为一章,"子路曰"以下又为一章。子路之问,乃是自负其勇;必谓因夫子独美颜渊而有此问,则视子路太浅矣。此古注与今本俱失者也。

《老子》五十七章:"以正治国,以奇用兵,以无事取天下,吾何以知其然哉?以此。"按,此数句当属上章。如二十二章曰:"吾何以知众甫之然哉?以此。"五十四章曰:"吾何以知天下之然哉?以此。"并用"以此"二字为章末结句是也。下文"天下多忌讳而民常贫",乃别为一章。今本误。

分篇错误例

《吕氏春秋·贵信篇》:"管子可谓能因物矣。以辱为荣,以穷为通,虽失乎前,可谓后得之矣,物固不可全也。"按,《贵信篇》文止于"可谓后得之矣"。言管仲失乎前而得乎后,其意已足;"物固不可全也",乃下《举难篇》之起句。故其下云,"由此观之,物岂可全哉?"正与起句相应也。今本误。

《董子·深察名号篇》:"诘其名实,观其离合,则是非之情,不可以相谰也。"按,此下当接"春秋辨物之理"至"五石六鹢之辞是也"六十三字;《深察名号篇》至此已毕。"今世暗于性言之者不同"至"离质如毛则非性矣,不可不察也"八十三字,与"柾众恶于内"云云相接,即为《实性上篇》。今此八十三字误羼入《深察名号篇》"春秋辨物之理"一节之上,而两篇遂不可分矣,非《董子》之旧。

误读夫字例

"夫"字古或用作咏叹之辞,人所尽晓,乃亦有误属下读者。《论语·子罕篇》:"未之思也,夫何远之有。"此当于"夫"字绝句,今误连"何远之有"读之。《孟子·离娄篇》:"仁不可为众也,夫国君好仁,天下无敌。"此亦当于"夫"字绝句,今误连"国君好仁"读之。

《庄子·徐无鬼篇》:"其求唐子也而未始出域,有遗类也夫。"按,"有遗类也夫",乃反言以明之,言必无遗类也。郭《注》以"夫"字连下"楚人寄而蹢阍者"读,故失其义。

《吕氏春秋·开春篇》:"先君必欲一见群臣百姓也,天故使栾水见之。"按,"天"乃"夫"字之误。《战国策·魏策》、《论衡·死伪篇》并作"夫","夫"字属上读。此误作"天"者,失其读因误其字也。

误增不字例

古书简奥，文义难明，后人不晓，率臆增益，致失其真，比比皆是。乃有妄增"不"字，致与古人意旨大相刺谬者。《管子·法法篇》："尽而不意，故能疑神。"疑神犹言如神。《形势篇》曰，"无广者疑神"，是其证也。后人不晓"疑神"之语，改作"故不能疑神"，失其旨矣。又《参患篇》："法制有常，则民散而上合。"与上文"治国无法，则民朋党而下比"相对为文。散者，散其朋党也。后人不晓"民散"之语，改作"则民不散而上合"，失其旨矣。又《商子·修权篇》"故多惠言而克其赏"，此谓口惠而实不至也，故与"数加严令而不致其刑"相对为文。后人不晓，改作"不多惠言"，失其旨矣。《吕氏春秋·淫辞篇》："罪不善，善者故为畏。"此"故"字当读为"胡"，"胡"与"故"，古字通用。言所罪者止是不善者，则善者胡为畏也。杨倞注《荀子·解蔽篇》引《论衡》，正作"善者胡为畏"，是其明证。后人不晓，改作"善者故为不畏"，失其旨矣。凡此之类，皆后人妄加，致与古人立言之旨南辕而北辙。善读者宜体会全文，订正其误，不可为其所惑也。

《庄子》一书，文章超妙，读者不得其用笔之意，拘牵文义，妄加"不"字甚多。如《胠箧篇》："然则乡之所谓知者，乃为大盗积者也。"此即上文而断之。下曰："故尝试论之，世俗所谓知者，有不为大盗积者乎？所谓圣者，有不为大盗守者乎？"又承此而推言之，与此文不同。读者误据下文，于此文亦增"不"字，作"不乃为大盗积者也"，则文不成义矣。又，《天道篇》："世人以形色名声为足以得之。夫形色名声，果足以得彼之情，则知者不言，言者不知，而世岂识之哉？"四十二字一气相属。今妄增"不"字，作"果不足以得彼之情"，则不相属矣。《达生篇》："世之人以为养形足以存生。而养形果足以存生，则世奚足为哉？"二十五字亦一气相属，"而"字当读为"如"。今妄增"不"字，作"而养形果不足以存生"，则不相属矣。凡此皆拘牵文义者所为也。

《贾子·属远篇》："故陈胜一动而天下振。"言天下为之振动也。今作"天下不振"，失之。《淮南子·原道篇》："夫内不开于中而强学问者，入于耳而不著于心。"此言道听而途说也。今作"不入于耳"，失之。于是知不善读书而率臆妄改，皆与古人反唇相讥也。

《杨子法言·学行篇》："川有渎，山有岳，高而且大者，众人所能逾也。"又曰："使我纡朱怀金，其乐可量也。"从《文选注》订正。此两"也"字均当读为"邪"。古"也"、"邪"字通用。"众人所能逾也"，言不能逾也；"其乐可量也"，言不可量也。学者不达古语，妄加"不"字，作"众人所不能逾也"，"其乐不可量也"。浅人读之，似乎文从字顺，而实则翻其反矣。

《列子·仲尼篇》："不治而自乱。"乱，治也。谓不治而自治也。与下文"不言而自信，不化而自行"一律。今作"不治而不乱"，此则臆改而非妄加，然其失当，则亦同科。